La fraude et la contrebande minières en R.D. Congo

Collection « Études africaines »

dirigée par Denis Pryen et son équipe

Forte de plus de mille titres publiés à ce jour, la collection « Études africaines » fait peau neuve. Elle présentera toujours les essais généraux qui ont fait son succès, mais se déclinera désormais également par séries thématiques : droit, économie, politique, sociologie, etc.

Dernières parutions

Mgr Léonard KASANDA LUMEMBU, *La sorcellerie chez les Baluba du Kasayi (RDC),* 2021.

Boubacar NIANG, *Le gouverneur Faidherbe à Saint-Louis et au Sénégal (1854-1861/1863-1865). Mythes et réalités dans l'œuvre du précurseur de la colonisation française en Afrique occidentale*, 2021.

Debeau MUNAYENO MUVOVA et Didier PIDIKA MUKAWA, *Covid-19 au Congo-Kinshasa, Représentations sociales et gestion publique au cœur d'une crise sanitaire*, 2021.

Safiatou DIALLO, *Politiques de santé en Guinée, de la colonisation au début du XXI*[e] *siècle*, 2021.

Gaptia LAWAN KATIELLOU, Vieri TARCHIANI et Maurizio TIEPOLO (dir.), *Risque et adaptation climatique dans la région de Dosso au Niger*, 2021.

Joël IPARA MOTEMA, *Maladie et quête de sante en République démocratique du Congo,* 2021.

Julien IRUMU AGOZIA-KARIO, *Spiritualité logo au contact de la colonisation*, 2021.

NIAMKEY-KOFFI, *La notion de système philosophique. Spinoza et Nietzsche*, 2021.

Mylène DANGLADES, Babou DIÈNE et Denis Assane DIOUF (dir.), *L'esclavage en mots/maux et en images,* 2021.

Benjamin KAGINA SENGA, *Quelle protection pour les enfants déplacés et refugies non accompagnés en République démocratique du Congo ?,* 2021.

Princesse Odya KALINDA
et Gédéon INGONDE BOTSHINDO

La fraude et la contrebande minières en R.D. Congo

Préface de MATATA PONYO Mapon

L'Harmattan

5-7, rue de l'Ecole-Polytechnique, 75005 Paris

www.editions-harmattan.fr

ISBN : 978-2-343-24821-9
EAN : 9782343248219

Du même auteur

Princesse Odya KALINDA, *Ma terre, ma foi — Le réveil coûte que coûte*, Éditions universitaires Européennes, 2020, 116 p.

À tous les acteurs du secteur minier.
Qu'ils trouvent en cet ouvrage l'expression
du couronnement de leurs efforts.

Remerciements

Nous tenons à remercier le Ministère des Mines à travers le Centre d'Expertise, d'Évaluation et de Certification des substances minérales précieuses et semi-précieuses (CEEC) ainsi que la Cellule Technique de Coordination et de Planification Minière (CTCPM) pour l'appui qui a rendu possibles l'édition et la publication de ce livre. Nous présentons aussi nos remerciements tant au sénateur Matata Ponyo Mapon pour l'insigne honneur qu'il nous a fait de préfacer cet ouvrage qu'à tous ceux qui ont apporté leur contribution quelle qu'en soit la nature dans l'élaboration de cette œuvre, notamment le professeur Willy Kitobo d'en avoir été la source d'inspiration et d'encouragement.

Préface

À propos de la République Démocratique du Congo, ci-après l'une des assertions génériques que l'on entend le plus souvent dans les documentaires, émissions de télé et conférences ou que l'on lit le plus fréquemment dans les articles et ouvrages : « Le Congo est l'un des pays les plus riches en ressources naturelles, notamment minières. Cependant son économie est prise dans une spirale de paupérisation qui n'est pas sans lien avec les modes de gestion de ses ressources minières ».

L'assertion en cause est d'autant vraie que d'actualité, dans la mesure où le Congo a occupé en 2020 le 175e rang sur 189 pays considérés dans le classement de l'indice du développement humain, publié par le Programme des Nations Unies pour le Développement (PNUD). Dès lors, examiner les causes profondes de ce paradoxe entre pauvreté effective et richesse potentielle, et surtout identifier les éventuelles solutions pouvant permettre de le casser devraient naturellement occuper le sommet de l'agenda de toute réflexion sur le développement socio-économique du Congo et la nature des réformes à promouvoir.

Le présent ouvrage, co-rédigé par Princesse Odya Kalinda et Gédéon Ingonde, s'emboîte parfaitement dans cette double perspective. L'un des mérites du livre est celui d'examiner dans quelle mesure une gouvernance de qualité dans le secteur minier peut financer une croissance économique plus inclusive et soutenable à long terme au Congo. En effet, d'après les statistiques de la Banque mondiale, sur les 186 pays répertoriés dans le classement de ceux dont la rente des ressources naturelles représente une part élevée du PIB en 2012, le Congo a occupé la 16e place. Le total des bénéfices tirés des ressources naturelles a représenté 26,9 pour cent du PIB. En parallèle, durant la même période, le Congo s'est retrouvé à la 104e position sur les 117 pays classés suivant la capacité de recouvrement des recettes, pour avoir atteint seulement 14,4 pour cent du PIB[1]. Subséquemment, comme le notent si bien les auteurs, parmi les canaux de fuite ou de

[1] Cf. Banque Mondiale (2016)

coulage des ressources financières devant renflouer les caisses de l'État, la fraude et la contrebande dans le secteur minier en constituent un. Le Congo étant un mauvais élève dans la lutte contre la corruption (171e rang sur 180 pays), la corruption dans le chef de l'agent public réduit donc davantage les risques de détection tout en augmentant le gain indu du fraudeur ou du contrebandier au détriment de la prospérité.

Dans ce contexte, un des leviers sur lequel peuvent agir les décideurs politiques est sans nul doute le binôme leadership-gouvernance. La mise en œuvre de ce binôme peut ainsi se manifester à travers, d'une part, la promotion des mécanismes normatifs tels que la certification et la traçabilité et les initiatives du rétablissement ou du maintien de la paix et la sécurité et, d'autre part, l'implémentation des mécanismes institutionnels. Ces derniers s'appuient sur les différents organes et services publics, tels que l'inspection minière et la Commission Nationale de Lutte contre la Fraude Minière, qui ont été spécifiquement créés pour administrer les activités dans le secteur minier, lutter contre la fraude et la contrebande minières, et soutenir les différentes initiatives liées aux changements institutionnels dans le secteur en cause. Encore faut-il noter que, sur le plan analytique, la littérature sur les changements institutionnels souligne l'importance des leaders et du leadership sur le profil du développement socio-économique d'un pays. Cette importance peut s'expliquer par le fait que, dans de nombreuses situations, les dirigeants politiques sont au cœur des réformes structurelles, et donc au cœur de la transformation espérée des institutions politiques et économiques d'un pays[1]. Autrement dit, le succès ou l'échec dans la mise en œuvre des réformes structurelles repose fondamentalement sur l'efficacité des dirigeants politiques qui sont élus ou nommés dans les différents

[1] Par exemple, le Botswana a connu le taux de croissance du PIB par habitant le plus élevé de tous les pays du monde entre 1965 et 1998. Selon ACEMOGLU, JOHNSON et ROBINSON (2003), cela s'est produit à cause de l'existence des institutions précoloniales inclusives, imposant des contraintes aux élites politiques, mais aussi à cause d'un certain nombre de décisions critiques prises par les dirigeants de l'après-indépendance, en particulier les présidents Seretse Khama et Quett Masire. Une lecture similaire est proposée dans FRANKEL (2016) pour l'île Maurice, où l'auteur souligne le leadership de Sir Seewoosagur Ramgoolam dans le choix du type des institutions promues dès 1968 au moment de l'indépendance de l'île. Voir aussi HERMALIN (1998)

postes de responsabilité[1]. Le secteur minier n'échappe pas à cette règle.

La lutte contre la fraude et la contrebande minières est l'une des mesures politiques qui exigent véritablement un leadership éclairé et une approche méthodologique basée sur le courage, la persévérance et le patriotisme. Par exemple, sous mon leadership en tant que Premier ministre, la RDC fut le premier pays de la Région à délivrer le certificat régional de la CIRGL, ce qui était un véritable outil de lutte contre l'exploitation illégale des ressources minières. Dans le but de renforcer la traçabilité des 3T (Étain, coltan et wolframite), le Gouvernement par le canal du ministère des Mines, avait signé un protocole d'accord sur la coopération avec l'association internationale de l'Étain, ITRI en sigle. Ces deux exemples montrent qu'à la base, le leadership requiert fondamentalement une vision et des résultats. Entre la vision et les résultats, il y a des actions. La manière, l'intensité ou le rythme de poser ces actions pour parvenir à des résultats varient d'un type de leadership à un autre[2]. La nature de leadership dans chaque secteur détermine la nature des résultats qu'on obtient, mais aussi la qualité des valeurs que reflète ce secteur aux yeux des personnes externes.

L'autre mérite du présent ouvrage, notamment dans son chapitre deuxième, est celui d'avoir pu identifier de manière plausible une série d'options stratégiques utiles pour la mise œuvre des politiques destinées à briser le lien entre les conflits armés et l'exploitation illégale des minerais. Toutefois faut-il encore souligner que, dans un contexte où l'exploitation illégale des ressources naturelles identifiée à la fraude et à la contrebande constituent l'une des causes des conflits armés persistants dans la région est de la RDC, il est quasiment impossible de parvenir aux résultats escomptés sans s'inscrire dans une approche associant le courage, la persévérance et le patriotisme dans la mise en œuvre des mesures politiques devant renforcer la transparence et la traçabilité dans le secteur minier. In fine, les

[1] Faut-il souligner ici que tout dirigeant politique n'est pas automatiquement un leader. En effet, un leader est celui qui a le pouvoir d'inspirer les changements (cf. LEVI 2006, p. 12), mais aussi de les imprimer effectivement au gré des groupes de pression (souvent, une minorité) ou obstacles divers. De ce fait, le leadership peut donc être analytiquement perçu comme la probabilité qu'un dirigeant politique soit susceptible d'inspirer et de provoquer effectivement un changement en faveur de la majorité de la population. Une discussion documentée à ce sujet peut être trouvée dans MATATA et TSASA (2019, 2020).

[2] Cf. LYONS et SCHNEIDER (2009).

questions abordées dans le livre, étant foncièrement vitales pour la promotion d'une croissance inclusive et soutenable à long terme au Congo, son contenu peut ainsi intéresser les étudiants et les chercheurs en sciences sociales, mais aussi les décideurs politiques et les différents acteurs œuvrant dans les institutions qui sont directement ou indirectement concernés par les activités dans le secteur.

MATATA PONYO Mapon
Professeur et Sénateur

Liste des sigles, acronymes et abréviations

ACCL	: Accord de Lusaka
AIEA	: Agence Internationale de l'Énergie Atomique
ARECOMS	: Autorité de Régulation et de Contrôle des Marchés des Substances minérales stratégiques
ASADHO	: Association Africaine de Défense des Droits de l'Homme
ASBL	: Association Sans But Lucratif
BCC	: Banque Centrale du Congo
BGR	: Bundesanstalt für Geowissenschaften und Rohstoffe (Institut Fédéral Allemand pour les Géosciences et les Ressources Naturelles)
BIVAC	: Bureau International de Vérification Avant Chargement
BSP	: Better Sourcing Program
CAD	: Comité d'Aide au Développement
CAMI	: Cadastre Minier
CARF	: Centre Arrupe pour la Recherche et la Formation
CEEC	: Centre d'Expertise, d'Évaluation et de Certification des substances minérales précieuses et semi-précieuses
CENADEP	: Le Centre National d'Appui au Développement et à la Participation Populaire
CGEA	: Commissariat Général à l'Énergie Atomique
CGI	: Code Général d'Impôts
CICR	: Comité International de la Croix-Rouge
CIJ	: Cour Internationale de Justice
CIRGL	: Conférence Internationale sur la Région des Grands Lacs
CJUE	: Cour de Justice de l'Union Européenne
CNE	: Centre National d'Expertise

CNLFM	: Commission Nationale de Lutte contre la Fraude Minière
Coltan	: Colombo-tantalite
CPSRGL	: Conférence pour la Paix et la Sécurité pour la Région des Grands Lacs
CREGD	: Collectif de Recherche en Économie, Gestion et Développement
CSJ	: Cour Suprême de Justice
CTC	: Certified Trading Chains
CTCPM	: Cellule Technique de Coordination et de Planification Minière
CVE	: Certificat de Vérification à l'Exportation
DGDA	: Direction Générale des Douanes et Accises
DGI	: Direction Générale des Impôts
DGRAD	: Direction Générale des Recettes Administratives, Domaniales et Judiciaires
DGRK	: Direction Générale des Recettes de Kinshasa
EAD	: Entité Administrative Décentralisée
EGC	: Entreprise Générale de Cobalt
EMAPE	: Exploitation Minière Artisanale et à Petite Echelle
EMGE	: Exploitation Minière à Grande Echelle
EMK — Mn	: Entreprise Minière de Kisenge-Manganèse
EPI	: Equipement de Protection Individuelle
Eurac	: Réseau européen pour l'Afrique Centrale
f.a.b	: Franco à bord
FARDC	: Forces Armées de la République Démocratique du Congo
FDLR	: Forces Démocratiques pour la Libération du Rwanda
FEC	: Fédération des Entreprises du Congo
GECAMINES	: Générale des Carrières et des Mines
IPIS	: International Peace Information Service
IRRN	: Initiative Régionale sur les Ressources Naturelles
ISA	: International Standardization for Auditing (Normes internationales d'Audit)
ITIE	: Initiative pour la Transparence dans les Industries Extractives

ITOA	: Initiative de Traçabilité de l'Or d'exploitation Artisanale
ITRI	: International Tin Research Institute (Institut international de recherche sur l'étain)
iTSCi	: Initiative Internationale sur la Chaîne d'approvisionnement en Etain/International Tin Supply Chain Initiative
M. 23	: Mouvement du 23 mars
MIBA	: Société minière de Bakwanga
MONUC	: Mission de l'Organisation des Nations Unies au Congo
MONUSCO	: Mission de l'Organisation des Nations Unies pour la Stabilisation au Congo
NIF	: Numéro d'Identifiant Fiscal
OCC	: Office Congolais de Contrôle
OCDE	: Organisation pour la Coopération et le Développement Economique
OFPRA	: Office Français de Protection des Réfugiés et Apatrides
OGEFREM	: Office de Gestion de Fret Maritime
OHADA	: Organisation pour l'Harmonisation en Afrique du Droit des Affaires
OKIMO	: Office des mines d'or de Kilo-Moto
OMC	: Organisation Mondiale du Commerce
OMD	: Organisation Mondiale des Douanes
ONU	: Organisation des Nations Unies
OPJ	: Officier de Police Judiciaire
PARECO	: Coalition des Patriotes Résistants Congolais
PK	: Processus de Kimberley
PNC	: Police Nationale Congolaise
PNUD	: Programme des Nations Unies pour le Développement
PROMINES	: Projet de Bonne Gouvernance dans le Secteur Minier comme Facteur de Croissance
PV	: Procès-verbal
QPC	: Question Prioritaire de Constitutionnalité
RCCM	: Registre de Commerce et de Crédit Mobilier
RDC	: République Démocratique du Congo
RECOS	: Régime Commercial Simplifié

SADC	: Southern Africa Development Community (Communauté de Développement de l'Afrique Australe)
SAEMAPE	: Service d'Assistance et d'Encadrement de l'Exploitation Minière à Petite échelle
SAKIMA	: Société Aurifère du Kivu et du Maniema
SARW	: South African Resource Watch
SODIMICO	: Société de développement Industriel et Minier du Congo
SOKIMO	: Société minière de Kilo-Moto
STABEX	: Système de Stabilisation des exportations des matières premières
3T	: Tin, Tantalum and Tungstène
3TG	: Tin, Tantalum, Tungstene, Gold
TVA	: Taxe sur la valeur ajoutée
UPDF	: Force de Défense du Peuple Ougandais
URSS	: Union des Républiques Socialistes Soviétiques
USD	: Dollars des États-Unis
ZEA	: Zone d'Exploitation Artisanale

Introduction

La République Démocratique du Congo est un scandale géologique. On y trouve plus de 1100 différentes substances minérales, des ressources forestières, pétrolières, énergétiques et gazeuses[1]. Le sous-sol de son territoire national en général et en particulier celui de l'Est, est très riche en réserves constituées des minerais susceptibles d'attirer à coup sûr de la convoitise et de faciliter le recours à des pratiques illicites. Les trois principaux minerais extraits du sous-sol du Nord-Kivu, du Sud-Kivu et de l'Ituri sont la cassitérite (15 % des réserves mondiales), le coltan (80 % des réserves mondiales), et l'or[2]. Les deux premiers minerais susmentionnés forment avec le wolframite (Tungstène) les 3 T (une forme d'association technique et commerciale). L'exploitation des diamants est opérationnelle dans le Grand Kasai tout comme à l'Est du pays. Toutefois, le secteur minier peine à desservir à satiété l'intérêt général en permettant aux pouvoirs publics d'intervenir dans l'amélioration des conditions socio-économiques de la population.

---

[1] Ferdinand MUHIGIRWA RUSEMBUKA, « Bonne gouvernance et secteur minier en RD Congo », in *Congo-Afrique* n°439, novembre 2009, p. 677

[2] OFPRA, *République Démocratique du Congo : l'exploitation et l'exportation des minerais à l'Est de la RDC. Conditions d'extraction, d'exploitation et d'exportation des minerais. Implication des groupes armés et des autorités. Sanctions prévues par la législation et leur application*, 14 août 2014, p. 1

Réserves de principales substances minérales
en République Démocratique du Congo[1]

N°	Substances minérales	Quantités (tonnes)
1	Cuivre	75 000 000
2	Lithium	455 000
3	Zinc	7 000 000
4	Cobalt	6 000 000
5	Fer (plus de 60 %)	10 000 000 000
6	Cassitérite	800 000
7	Or	750
8	Diamant	700 000 000 (carats)

Le potentiel du sous-sol de la RDC ne se limite pas aux minerais figurant dans le tableau ci-dessus. D'après les cartes du Centre des Recherches Géologiques et Minières, la quasi-totalité des provinces de la RDC sont minières et recèlent d'innombrables minerais devenus indispensables aux besoins de l'industrie mondiale engagée dans une ascension fulgurante depuis les années 90. La décennie 1995 – 2005 marqua l'ère d'investissements miniers de grande ampleur en Afrique avec des projets miniers, à l'instar de celui de Tenke Fungurume Mining ayant fait débourser 1,2 milliard de dollars américains au consortium américain[2].

---

[1] PROMINES, *Plan stratégique de développement du secteur minier (2016 – 2021)*, Rapport final R-2, Kinshasa, 18 mars 2016, p. 10

[2] Thierry VIRCOULON, « Matières premières, régulation internationale et Etats rentiers », in *Etudes* n° 4105, mai 2009, p. 595

Répartition des occurences minérales en RDC

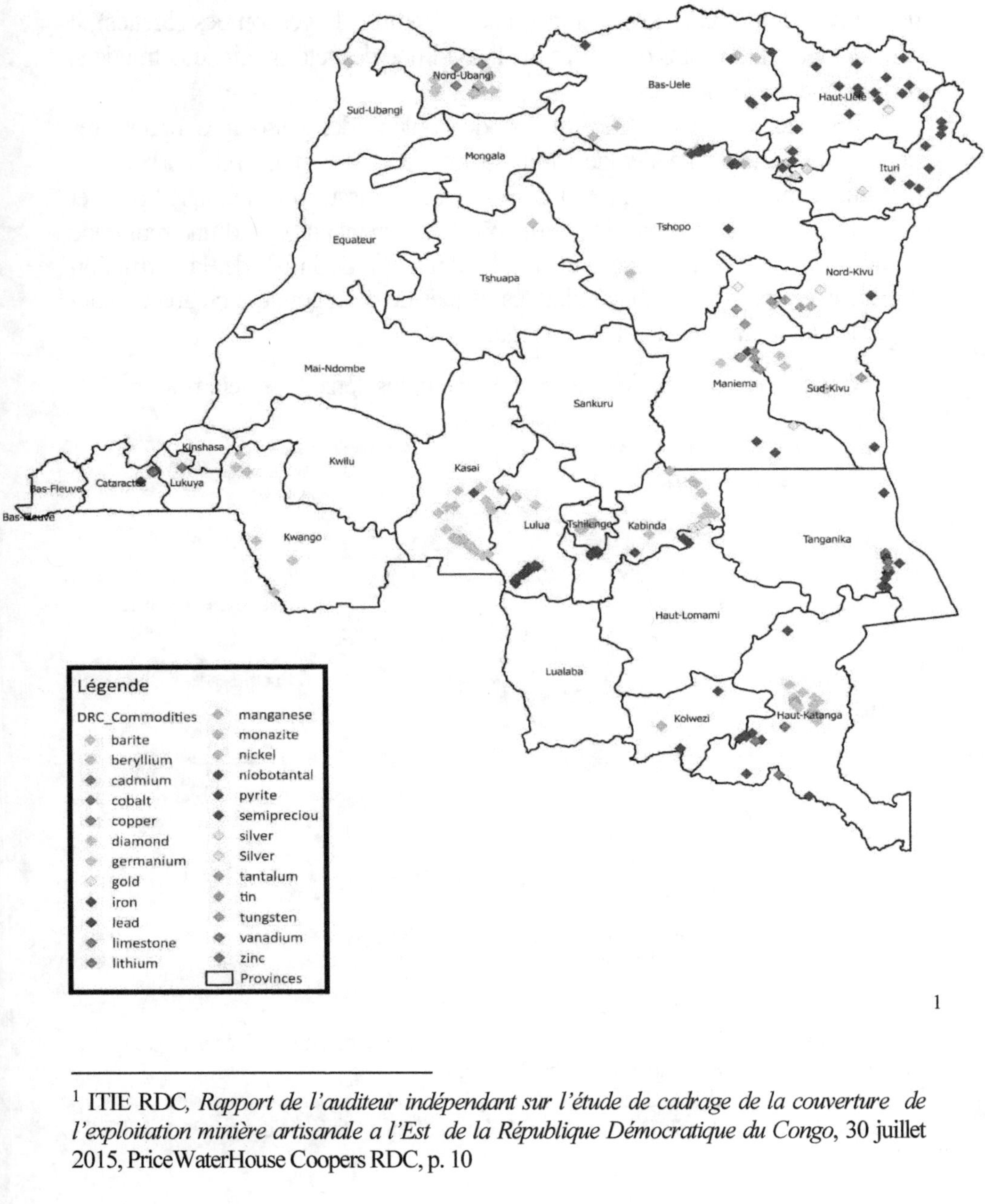

[1]

[1] ITIE RDC, *Rapport de l'auditeur indépendant sur l'étude de cadrage de la couverture de l'exploitation minière artisanale a l'Est de la République Démocratique du Congo*, 30 juillet 2015, PriceWaterHouse Coopers RDC, p. 10

D'après le rapport de la Banque Mondiale, sur les 186 pays répertoriés dans le classement de ceux dont la rente des ressources naturelles représente une part élevée du PIB en 2012, la RDC occupe la 16e place. Par contraste, elle se retrouve à la 104e position au milieu de 117 pays classés suivant la capacité de recouvrement des recettes, pour avoir atteint seulement 14,4 % du PIB[1]. Et pourtant, le tonnage élevé et la forte teneur des minerais congolais allèchent les investisseurs miniers. Si en aval le phénomène explicatif est imputable à la gouvernance du secteur dans sa globalité (y compris la gestion des recettes), il n'en demeure pas moins qu'en amont, il soit l'une des retombées de la fraude et de la contrebande minières.

S'il existe des canaux de fuite ou de coulage des ressources financières devant renflouer les caisses de l'État, la fraude et la contrebande en sont un. Comme le montre ce graphique ci-dessous établi à l'issue d'un audit, la fraude et la contrebande appuyées par la corruption (1.2) trônent au cœur d'une multitude de défis prévalant dans le secteur minier. Au profit de la fraude, la corruption dans le chef de l'agent public réduit les risques de détection tout en augmentant le gain indu du fraudeur ou du contrebandier.

La fraude et la corruption au cœur de multiples défis du secteur minier[2]

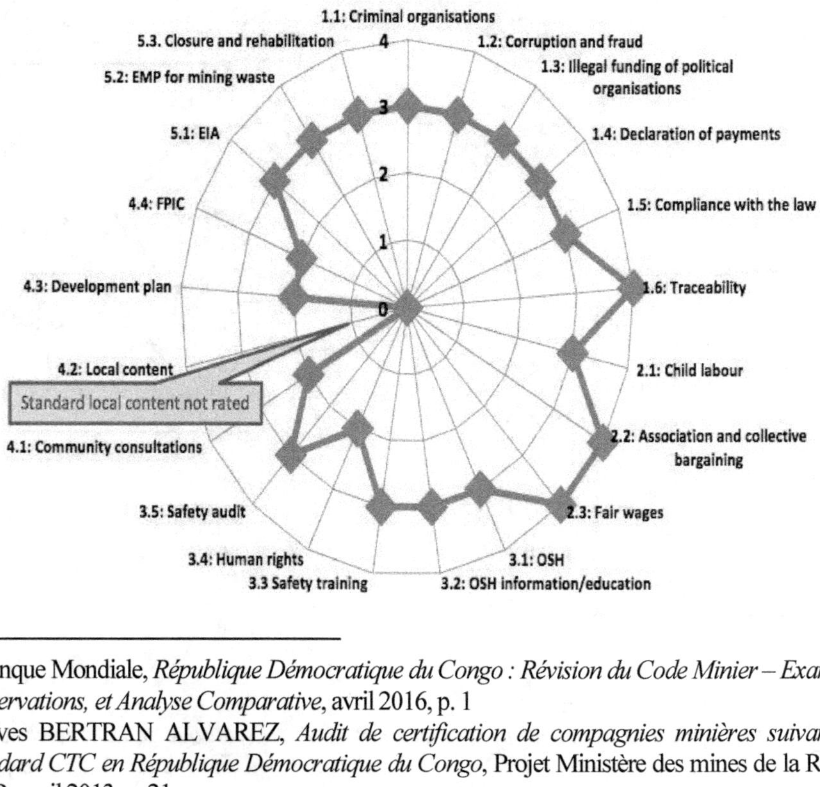

[1] Banque Mondiale, *République Démocratique du Congo : Révision du Code Minier – Examen, Observations, et Analyse Comparative*, avril 2016, p. 1

[2] Yves BERTRAN ALVAREZ, *Audit de certification de compagnies minières suivant le standard CTC en République Démocratique du Congo*, Projet Ministère des mines de la RDC-BGR, avril 2013, p. 21

La fraude minière se définit comme étant « l'exploitation, la détention, le transport, la commercialisation ou l'exportation des produits miniers en violation du Code minier et de ses mesures d'application, du Code douanier, du Code des impôts ainsi que des dispositions de la règlementation de change et ce, dans le but de se procurer un bénéfice illicite au détriment des intérêts de l'Etat ». Il ressort de cette définition tirée de l'acte créateur de la Commission nationale de lutte contre la fraude minière, structure de conception et de planification des stratégies de lutte contre le fléau, que ces deux infractions siègent au carrefour de cinq disciplines juridiques : le droit pénal, le droit fiscal, le droit douanier, le droit minier et le droit financier (règlementation du change).

Assimilée à la fraude, la contrebande est souvent liée à l'aspect transfrontalier. Elle est définie comme étant « l'exportation ou l'importation des produits miniers en dehors des points officiels de sortie ou d'entrée du territoire national, ou encore l'exploitation, la détention ou le transport des substances minérales réservées en violation des règles auxquelles elles sont soumises »[1]. Les substances réservées sont celles qui sont décrétées comme telles par le Premier ministre pour des raisons de sécurité publique. Il s'agit bien entendu des substances radioactives comme l'uranium, le thorium. En sus, la contrebande est une forme de fraude qui se rapporte à l'exportation des produits interdits. Étant une infraction propre au droit des douanes, le droit minier, quant à lui, s'en approprie en ce qui concerne les produits miniers marchands.

Étant une notion transversale à plusieurs disciplines juridiques dont elle explique le mode opératoire de leurs infractions y relatives, la fraude se définit de plusieurs manières. Gerard Kraud considère la fraude électorale comme un ensemble « d'actes juridiques ou matériels délibérément accomplis dans le but d'orienter ou d'altérer les résultats d'un scrutin, de mesures qui exercent une influence abusive ou illégitime sur la sincérité de la consultation électorale[2].

---

[1] Arrêté interministériel n°719/CAB.MIN/MINES/01/OCT/2010 et n° 140/CAB.MIN/INT.SEC/2010 du 20 Octobre 2010 portant création, organisation et fonctionnement de la Commission Nationale de Lutte contre la Fraude Minière cité par CENADEP, *La fraude et la contrebande minière dans le territoire de Kalehe (Sud-Kivu) Cas de la chaîne d'approvisionnement de Numbi/Lumbishi*, Anvers/Bukavu, avril 2018, p. 9

[2] Gilbert KNAUB, *Typologie juridique de la fraude électorale en France*, Paris, Dalloz, 1970, p.8 cité par Mamadou Sene, *La juridictionnalisation des élections nationales en Afrique noire francophone : les exemples du Bénin, de la Côte d'Ivoire et du Sénégal. Analyse politico-juridique*, thèse de doctorat soutenue le 20 mars 2017, Université de Toulouse/Université Cheikh Anta Diop, p. 157

Elle trouve notamment son application en droit fiscal. Barilari et Drape définissent la fraude en la distinguant de l'évasion fiscale comme une « action visant à soustraire à l'impôt tout ou partie de la matière imposable sans contrevenir formellement à la loi. En ce sens, l'évasion fiscale se distingue de la fraude fiscale, qui implique un comportement actif ou passif en infraction avec les règles fiscales »[1].

La fraude apparaît notamment dans la gestion des entreprises : La norme internationale d'audit (ISA 240) considère la fraude comme « un acte intentionnel commis par un ou plusieurs membres de la direction, par une ou plusieurs personnes constituant le gouvernement d'entreprise, par un ou plusieurs employés ou tiers à l'entité, impliquant des manœuvres dolosives dans le but d'obtenir un avantage indu ou illégal » (ISA, 2012)[2]. En définitive, la fraude implique le fait pour son auteur d'élaborer des manœuvres fallacieuses dans le but de s'approprier des intérêts indus et personnels au grand dam d'autrui.

Pourquoi fraude-t-on ou se livre-t-on résolument à la contrebande ? C'est juste pour éviter les impôts. Et pourquoi évite-t-on les impôts ? En effet, on planche sur la maximisation du gain notamment par optimisation fiscale.

Le Glossaire des termes douaniers internationaux de l'Organisation Mondiale des Douanes distingue la fraude commerciale en général de la fraude douanière. La première est définie comme : « Toute infraction aux dispositions législatives ou réglementaires que les administrations sont chargées de faire appliquer, commise en vue :

- d'éluder ou de tenter d'éluder le paiement des droits, redevances ou taxes applicables aux marchandises ;
- et/ou d'éluder ou de tenter d'éluder les prohibitions ou les restrictions applicables aux marchandises ;
- et/ou de percevoir ou de tenter de percevoir de manière indue des remboursements, subventions ou autres versements ;

[1] BARILARI A. et DRAPE R. [1992], « Lexique fiscal », 2ème édition, Dalloz, Paris, p.80 cité par Cécile BAZART, *La fraude fiscale : modélisation du face à face Etat-contribuables*, thèse de doctorat, Faculté des sciences économiques, Université MontPellier I, p. 15

[2] OUASHIL M. & OUHADI S. (2019) « Le contrôle interne face à l'émergence de nouvelles formes des risques : cas de la fraude », *Revue Internationale des Sciences de Gestion* « Numéro 3 : Avril 2019 / Volume 2 : numéro 2 » p. 808

- et/ou d'obtenir ou de tenter d'obtenir des avantages commerciaux illicites portant atteinte aux principes et aux pratiques de la concurrence commerciale licite »[1].

Il découle de ces actes constitutifs de la fraude commerciale que celle-ci englobe de biais la contrebande laquelle figure parmi les pratiques commerciales vicieuses des opérateurs économiques.

Néanmoins, la fraude douanière est perçue par la même organisation comme : « Tout acte par lequel une personne trompe ou tente de tromper la douane et, par conséquent, élude ou tente d'éluder en tout ou en partie, le paiement de droits et taxes, ou l'application de mesures de prohibition ou de restriction prévues par la législation douanière, ou bien obtient ou tente d'obtenir un avantage quelconque en enfreignant ces dispositions, commettant ainsi une infraction douanière ».

Le régime juridique de la fraude et de la contrebande minières trouve son soubassement dans divers textes généraux et spécifiques incriminant la fraude en général et la fraude minière en particulier. Il s'agit, comme indiqué précédemment, de textes relatifs au droit pénal, au droit fiscal, au droit des douanes, au droit minier et ses mesures d'application ainsi qu'à la règlementation du change.

Comme toute autre infraction, la fraude minière est constituée d'éléments légal, matériel et intentionnel. L'incrimination en soi est la preuve légale de l'existence de cette infraction. L'élément moral ou psychologique est à rechercher dans l'intention générale ou spécifique ayant mû l'auteur de l'acte. La matérialité de l'acte se manifeste par la tentative punissable ou la consommation de l'acte commis par la personne concernée.

Substantiellement, la fraude et la contrebande minières se matérialisent par plusieurs actes et formes dont le regroupement s'avère nécessaire pour raison d'étude méthodologique conformément aux solutions et modalités précises. En définitive, ces actes se rangent d'après plusieurs paramètres : les différentes opérations successives du circuit minier (la prospection, la recherche, l'exploitation, le traitement, la transformation, le transport, la commercialisation et l'exportation des substances minérales), les mesures administratives et/ou judiciaires, la violation de la législation douanière, fiscale et de la réglementation du change.

---

[1] Organisation Mondiale des Douanes, *Glossaire des termes douaniers internationaux*, Bruxelles, juin 2018, p. 21

Le présent ouvrage s'intéresse à ce phénomène tel que perpétré en République Démocratique du Congo et plus particulièrement à l'Est de la RDC. Région considérée comme l'épicentre de la violence et de l'insécurité, l'Est de la RDC est marqué par des facteurs favorisant la fraude et la contrebande minières. D'ailleurs, Thierry Vircoulon qualifie le conflit à l'Est de guerre minière[1]. De la présence armée sur des sites miniers à la porosité des frontières, ledit phénomène est récurrent, constant, systémique et ne fait plus l'ombre d'aucun doute. À côté des enjeux sécuritaires, les contrôles publics sont défaillants à bien d'égard et pour plusieurs raisons. Tant il est vrai que l'insécurité paralyse le fonctionnement de l'administration publique, le comportement de certains agents publics affecte négativement la lutte contre la fraude et la contrebande minières.

L'initiative de l'institution de la CEPGL a relevé de la RDC, à l'époque le Zaïre, du Burundi et du Rwanda. Son élargissement en CIRGL a été l'œuvre proposée par l'ONU et par l'UA aux fins de restaurer la paix, la stabilité et le développement dans cette Région.

Composée de 12 États membres de la Conférence internationale de la Région des Grands Lacs et de l'Afrique du Sud qui sont tous signataires de l'Accord-cadre de 2013 sur la paix, la sécurité et la coopération (PSCF), ladite Région porte en elle la vocation d'une économie émergente grâce à ses ressources potentielles. Une démographie chiffrée à 370 millions de personnes et un PIB total de plus de 1 milliard de dollars américains, sans cesse en progression, font de la Région un marché attrayant pour le commerce, l'investissement et surtout pour les consommateurs sous l'angle du commerce intra-régional[2].

Souvent réputée d'être la plaque tournante de l'insécurité et de l'instabilité dans lesquelles écument des groupes armés et des forces armées républicaines des États voisins, la Région des Grands Lacs connaît une riche activité économique au sein de ces 12 États de la CIRGL : La République Démocratique du Congo, la République d'Angola, la République du Burundi, la République Centrafricaine, la République du Congo, la République de l'Ouganda, la République du Rwanda, la République du Soudan (Khartoum), la République du Soudan du Sud (Juba), la République unie de Tanzanie, la République de Zambie et la République du Kenya.

---

[1] Thierry VIRCOULON, *op. cit.*, p. 598

[2] Nations Unies, *Investir dans la région des Grands Lacs: document sur les opportunités d'investissement, Tome 1. Promouvoir l'augmentation des investissements du secteur privé dans la région des Grands Lacs*, Marche 2015, p. 8

Auguste Mampuya la situe géographiquement en ces termes : « celle-ci s'étend, en gros de la pointe sud du Lac Tanganyika au Nil Bleu, de part et d'autre de l'axe « lacs Edouard-Albert-Kivu-Tanganyika-Moero » que surplombent des hauts plateaux du Katanga ainsi que la région des montagnes et des volcans du Ruwenzori, et comprenant les États situés à l'Est de cet axe ainsi que les provinces orientales du Congo-Zaïre »[1]. Cette Région comme toute autre planche sur une forte intégration.

L'étude en question aborde notamment les différents mécanismes de lutte contre ces pratiques mentionnées ci-haut. Ils sont regroupés en mécanismes normatifs et en mécanismes institutionnels. Deux types de normes permettent de lutter efficacement contre la fraude et la contrebande minières : les règles sur l'approvisionnement responsable en minerais et celles qui organisent l'établissement des rapports de gestion des opérateurs miniers. Cet approvisionnement responsable s'obtient grâce au fonctionnement d'un système de certification et/ou de traçabilité des minerais en provenance de l'exploitation artisanale et ce, de l'extraction à l'exportation. Il ne produira des effets positifs escomptés que dans un contexte de paix et de sécurité.

Les opérateurs miniers, selon des cas, ont l'obligation d'établir des rapports à périodicité variable (mensuel, trimestriel ou annuel) sur leurs activités, de tenir quelques registres sur la quantité et la valeur des minerais en vue de permettre à l'administration fiscale d'établir des notes de débit de la dette du fisc et tiennent au respect scrupuleux de la réglementation du change lorsqu'ils importent et exportent des biens, des services, les revenus, capital ou bien lorsqu'ils effectuent des opérations financières internationales. Tant les inspecteurs des mines que les agents des services intervenants qui relèvent d'autres services et ministères s'attèlent à des vérifications aux fins d'en établir la régularité. À cet effet, ils apprécient certaines situations passibles d'amendes transactionnelles. Au cas contraire, ils déferrent le concerné devant les instances judiciaires.

Ces normes de lutte contre la fraude et la contrebande minières sont mises en œuvre par des institutions spécialisées pour ce faire. C'est pourquoi, hormis l'inspection des mines, le ministre des mines et celui de l'intérieur ont créé par arrêté interministériel, une commission nationale de lutte contre la fraude minière. Parallèlement au fonctionnement de ladite commission dont l'attribution essentielle, est de coordonner la lutte y afférente entre plusieurs services intervenants, chaque province est

---

[1] Auguste MAMPUYA KANUNK'a-TSHIABO, *Le droit international à l'épreuve du conflit des Grands-Lacs au Congo-Zaïre : guerre-droit, responsabilité et réparations*, A.MA.ED-Nancy-Kinshasa, 2004, p.1

dotée, si besoin est, d'un comité provincial de lutte contre la fraude minière placé sous la supervision des ministres provinciaux des mines.

Au fil de la présente étude, est fait usage de la méthode juridique. Elle se base sur la dogmatique et l'analyse juridiques. Il s'agit respectivement de présenter les règles de droit sur la fraude et la contrebande minières telles qu'elles sont aménagées dans diverses sources (Constitution, loi, ordonnance-loi, ordonnance, décret, arrêté, circulaire...) avant de les analyser par confrontation avec les faits réels contenus dans les rapports de recherche. À cet effet, la technique documentaire est utilisée. Elle a encadré l'approche suivant laquelle cet ouvrage est rédigé.

Le plan suivi s'articule autour de deux chapitres dont le premier s'attèle à dresser l'état des lieux de la fraude et de la contrebande minières. Au second chapitre, sont simplement présentés les mécanismes de lutte contre ces deux infractions. Chaque chapitre à son tour est subdivisé en sections, paragraphes, litera, points et ainsi de suite.

Chapitre I.
État des lieux de la fraude et de la contrebande minières

En luminaire, il est soutenu que la fraude et la contrebande minières sont au confluent de plusieurs branches du droit : le droit pénal, le droit minier, le droit fiscal, le droit douanier et la réglementation du change. Ceci ne relève pas de notre propre invention, mais plutôt des composantes définitionnelles de ces deux notions telles que contenues dans l'arrêté interministériel portant création, organisation et fonctionnement de la CNLFM. Cet acte créateur a eu le mérite d'expliciter ce que le code et le règlement miniers énoncent à demi-mot. Étant donné qu'il s'agit des infractions, il conviendrait dans un premier temps d'en décortiquer le régime juridique (section 1) avant d'en établir le contexte particulier à l'Est du pays (section 2).

Section I. Régime juridique

Qui dit régime juridique, dit ensemble des règles applicables à une institution ; chaque infraction est encadrée de règles générales à toutes les infractions et *sui generis* à elle seule. De cette analyse se dégagent des disciplines juridiques qui encadrent les deux infractions sous examen, en premier lieu le droit pénal. Ce dernier étudie les infractions à partir de leurs éléments constitutifs (§ 1). L'élément matérialisant les incriminations importe le plus au point d'orienter et de jeter les bases sur les types, formes et actes de fraude et de contrebande minières (§ 2).

Paragraphe I. Branches juridiques et éléments constitutifs

Le droit pénal est loin d'être l'apanage du seul Code pénal et celui de la procédure pénale. Bien que ces deux codes soient considérés comme des textes de traitement général des infractions, certains textes en relation avec d'autres disciplines juridiques contiennent des dispositions à caractère pénal. Elles contribuent, au sens des définitions de la fraude et de la contrebande minières, à organiser leur régime juridique (A). Étant donné qu'il s'agit des infractions avant tout, la fraude et la contrebande minières sont caractérisées par des éléments constitutifs de toute infraction (B).

A. Disciplines organisant le régime juridique de la fraude et de la contrebande minières

Cinq disciplines juridiques interviennent, de par les définitions de la fraude et de la contrebande minières, à fournir de la matière. Le droit pénal s'occupe des notions relatives aux infractions puisqu'elles sont de prime abord des infractions. Le droit douanier se rattache plus à la contrebande dont elle est l'infraction spécifique. Étant le véritable siège central de la problématique, le droit minier organise le cadre de ces deux infractions.

La majeure partie d'actes de fraude et de contrebande minières vise à éluder les impôts, taxes, droits et redevances. C'est ce qui justifie le recours au droit fiscal. Enfin, la réglementation du change se focalise sur les modalités de transferts des biens, services, fonds en organisant des opérations financières internationales.

1. Le droit pénal

La fraude et la contrebande minières ne sont pas spécifiquement prévues dans le code pénal, premier texte de référence, mais dans des codes ou actes administratifs particuliers contenant des dispositions à caractère pénal. Il s'agit bien entendu du Code minier et ses mesures d'application, du code douanier, du code général des impôts et autres textes à caractère fiscal ou parafiscal en ce qui concerne la fiscalité minière sur renvoi du code et du règlement minier ainsi que de la réglementation du change.

Toute une section du Code pénal tel que modifié et complété à ces jours est relative à la fraude. Celle-ci est perçue comme un mode opératoire transversal à une catégorie d'infractions telles que la banqueroute, l'abus de confiance, du détournement de main-d'œuvre, de l'escroquerie, de la tromperie, du recèlement des objets obtenus à l'aide de l'infraction, du cel frauduleux, de la grivèlerie. À travers le Code pénal, la fraude dans l'exploitation de son champ lexical (frauduleux, frauduleuse, frauduleusement) renvoie à une modalité opérationnelle de commission d'un acte infractionnel émiettant la bonne foi. Par exemple, l'article 79 du Code sous examen dispose : « Quiconque a soustrait frauduleusement une chose qui ne lui appartient pas est coupable de vol ».

Cette courte incrimination retrace le mode opératoire de l'infraction de vol. Le fait de prendre à l'insu du propriétaire le bien qui n'appartient pas à l'actuel détenteur précaire est un vol. Il a toujours été jugé que l'auteur fasse recours à des stratagèmes dolosifs en vue d'entrer en possession du bien. De même, par analogie, la fraude et la contrebande minières requièrent pour qu'elles soient établies, le recours à de telles manœuvres d'usurpation.

De toute façon, les dispositions du droit pénal général contenues dans la première partie du Code pénal s'appliquent dans le traitement des actes de fraude et de contrebande minières. Il est question de règles sur la commission de l'infraction (tentative punissable[1], infraction manquée, consommée…), la nomenclature des peines[2] et des mesures de sureté, la participation criminelle en termes de la coactivité et de la corréité (co-auteurs, complices)[3], le concours matériel ou idéal des actes infractionnels[4]. En outre, il est fait recours aux règles contenues dans le code de procédure pénale concernant tel que nous le verrons plus loin, les règles sur l'administration de la preuve, la transaction, l'organisation du procès pénal…

2. Le droit douanier

Le Code des douanes a érigé la fraude en une infraction autonome portant sur certaines opérations relatives aux marchandises, y compris les produits miniers marchands. L'article 27 alinéa 2 du texte légal précité stipule que les brigades de douane ont pour tâches principales la surveillance des frontières, la recherche et la répression de la fraude. Plus loin dans la même ordonnance-loi, il est disposé : « Avant leur entrée en fonction, les agents des douanes ayant qualité d'officier de police judiciaire doivent prêter, devant le Procureur de la République du ressort, le serment ci-après :

---

[1] Article 4 du Décret du 30 janvier 1940 tel que modifié et complété à ce jour portant Code pénal congolais, journal officiel, 45ème année, numéro spécial du 30 novembre 2004 : « Il y a tentative punissable lorsque la résolution de commettre l'infraction a été manifestée par des actes extérieurs, qui forment un commencement d'exécution de cette infraction et qui n'ont été suspendus ou qui n'ont manqué leur effet que par des circonstances indépendantes de la volonté de l'auteur ».
La tentative est punie de la même peine que l'infraction consommée ».

[2] Article 5 : « Les peines applicables aux infractions sont :
1°. La mort ;
2°. Les travaux forcés;
3°. La servitude pénale;
4°. L'amende;
5°. La confiscation spéciale;
6°. L'obligation de s'éloigner de certains lieux ou d'une certaine région;
7°. La résidence imposée dans un lieu déterminé;
8°. La mise à la disposition de la surveillance du gouvernement.

[3] Article 21

[4] Article 20

« Moi... je jure obéissance à la Constitution et aux lois de la République. Je m'engage à remplir avec loyauté et intégrité les fonctions qui me sont confiées et à lutter contre la fraude douanière sous toutes ses formes ». Il en découle logiquement que la mission première de la douane est de lutter contre la fraude. Contrairement au Code pénal ayant traité la fraude comme un mode opératoire de plusieurs infractions, le code des douanes l'érige en une infraction autonome.

De ce fait, le régime répressif en matière douanière est constitué de :

a) l'amende ;
b) la confiscation spéciale ;
c) la servitude pénale[1].

À l'opposé de la contrebande qui est également une infraction douanière, la fraude n'est pas définie dans le code des douanes. L'article 393 point 1 se lit : « Par contrebande, on entend des importations ou exportations en dehors des bureaux de douane ainsi que toute violation des dispositions de la législation douanière relatives à la détention et au transport des marchandises à l'intérieur du territoire douanier ». Toutefois, la démarcation entre la fraude et la contrebande n'est pas toujours aisée à saisir en raison de l'imbrication de l'une dans l'autre. En effet, certains actes frauduleux sont assimilés aux termes de la présente loi, à des faits de contrebande. Tels sont les cas du fait d'entreposer frauduleusement dans les installations portuaires certaines marchandises non-déclarées et de toute fraude douanière relative au transport de marchandises expédiées sous régime suspensif des droits et taxes.

Le régime répressif de la contrebande est contenu en l'article 390 du code des douanes. Tout acte de contrebande ou tout fait d'importation ou d'exportation sans déclaration se rapportant à des marchandises prohibées ou soumises à des mesures de restriction est puni de la manière suivante :

- La servitude pénale maximum de 3 ans ;
- La confiscation des marchandises de fraude, des moyens de transport, des marchandises ayant servi à masquer la fraude (il s'agit ici d'une confiscation en nature et en valeur des biens) : « La confiscation est une dépossession forcée au profit du Trésor public ou même des particuliers, dans les cas prévus par la loi, particulièrement en cas de

[1] Article 383 du Code des douanes du 20 août 2010

condamnation pour crimes, délits ou contravention »[1]. Loin d'être une peine accessoire, la confiscation spéciale est une mesure primordiale en matière de lutte contre la fraude et la contrebande minières. Celles-ci sous-tendent le pillage et l'exploitation illégale des ressources naturelles ;

- L'amende dont la hauteur est comprise entre une et cinq fois la valeur des marchandises de fraude.

Les personnes susceptibles d'être poursuivies en qualité d'auteurs de contrebande sont : le détenteur de la marchandise en contrebande, le capitaine du navire ou de l'avion dont le manifeste est inexact, les commissionnaires en douane mandatés ayant mal exécuté les formalités douanières[2]. Cette énumération est simplement indicative.

Se comptent parmi les complices, les personnes ayant eu un intérêt direct à la fraude. La partie déclarante tout comme l'agent douanier ayant facilité l'acte, peuvent être reprochés de complicité.

3. Le droit minier

L'article 305 du Code minier définit la fraude minière comme toute exportation ou tentative d'exportation frauduleuse des substances minérales en contravention du régime douanier et des accises prévues par le Code minier et soumise aux pénalités et amendes prévues par la législation douanière et accisienne en la matière. À première vue, cette définition est restrictive d'autant plus que l'implication de ladite réalité est large.

L'arrêté interministériel n° 0719/CAB.MIN/MINES/01/2010 et n° 140/CAB.MIN/INT.SEC/2010 du 20 octobre 2010 portant création, organisation et fonctionnement de la Commission Nationale de Lutte contre la Fraude minière, définit à son tour, la fraude minière comme l'exploitation, la détention, le transport, la commercialisation ou l'exportation des produits en violation du Code minier et de ses mesures d'application, du Code Douanier, du Code des impôts ainsi que des

---

[1] B. DEJEMEPPE, *La confiscation – l'état du droit en 2004, Saisie et confiscation des produits du crime*, Maklu, 2004, p. 99 cité par Olivier MICHIELS, *Principes de droit pénal. Notes sommaires et provisoires*, 3ème édition, Année académique 2014-2015, p. 138

[2] Jean-Paul DOUCET, *Le droit criminel. La protection de la société*, Saint-Gildas-de-Rhuys, 2013, p. 488

dispositions de la règlementation du change et ce, dans le but de se procurer un bénéfice illicite au détriment des intérêts de l'État[1].

Le code minier en détermine le régime répressif en ces termes : « Est puni d'une peine de servitude pénale de dix à vingt ans et d'une amende dont le montant s'élève à l'équivalent en francs congolais de 250.000 à 500.000 USD, quiconque aura, par tout acte généralement quelconque, tout accord, toute convention, tout arrangement ou tout autre fait, qui a pour conséquence de priver la nation, les personnes physiques ou morales de tout ou partie de leurs propres moyens d'existence tirés de leurs ressources ou richesses minières, outre la confiscation des biens et avoirs issus du délit »[2]. Cette sanction globale se ventile au cas par cas dans des dispositions particulières aussi bien de la législation minière que de la législation fiscale et parafiscale, douanière et du change. À titre d'exemple, l'acte frauduleux sur la dette fiscale que doit verser un opérateur douanier est susceptible de faire l'objet d'amende transactionnelle devant un inspecteur des mines. Cette problématique fait l'objet du second chapitre.

4. Le droit fiscal

Le droit fiscal est l'ensemble des règles qui consistent « à apporter des recettes au budget de l'État (et des collectivités locales) et à fournir [de ce fait] au gouvernement les instruments de la politique [socio—] économique »[3]. Sous un angle extensif mêlant confusément la fiscalité et la parafiscalité, ces recettes sont constituées d'impôts, taxes, droits et redevances. Le fait d'éluder ou de se soustraire à l'acquittement de ces obligations fiscales et parafiscales est constitutif de fraude dès lors que l'assujetti recourt à des manœuvres, artifices dolosifs et intentionnels.

Le traitement fiscal de toutes les activités minières antérieures et concomitantes à l'exploitation est désigné sous le vocable de la fiscalité minière. La fiscalité minière est exhaustive en ce sens que le code et le règlement miniers prévoient les impôts, taxes, droits et redevances : « la législation fiscale de droit commun ne s'applique à l'activité minière qu'en cas de renvoi exprès par le code minier »[4].

---

1 Art. 2 de l'arrêté interministériel n°0719/CAB.MIN/MINES/01/2010 et n° 140/CAB.MIN/INT.SEC/2010 du 20 octobre 2010 portant création, organisation et fonctionnement de la Commission Nationale de Lutte contre la Fraude minière.

2 Article 311 *ter* du Code minier

3 Emmanuel DISLE et al., *Droit fiscal*, manuel DCG 4, 2018-2019, Dunod, 2018, p. 16

4 Jean-Marie F. MBOKO DJ'ANDIMA, *Code général des impôts,* Presses Universitaires du Congo, Kinshasa, 2007, p. 252

Il ressort des dispositions du code minier trois régimes de fiscalité minière suivant le regroupement des opérateurs miniers ou d'activités minières :

- La fiscalité minière de l'exploitation industrielle (ou à grande échelle) : grandes sociétés minières ;
- Le régime fiscal minier de l'exploitation à petite échelle (petite mine) : petite société minière utilisant des techniques d'exploitation semi-industrielles ;
- La fiscalité minière de l'exploitation artisanale : exploitants artisanaux, négociants, comptoirs agréés.

La fiscalité minière s'applique aussi bien antérieurement à l'exploitation lors de la procédure d'obtention des titres miniers ou de recherche que simultanément à l'exploitation des produits miniers. Ce régime fiscal minier traite des personnes et opérations imposables, de différents prélèvements, de la base d'imposition, des taux et sanctions applicables. Conformément à l'article 220 du Code minier, ce régime concerne les impôts, taxes, droits, redevances et autres prélèvements parafiscaux perçus tant au profit du Gouvernement central qu'à celui des provinces et des entités territoriales décentralisées.

Le siège de la matière est constitué de divers textes légaux et règlementaires : le code minier de 2002 tel que revu et complété par celui de 2018 et ses mesures d'application règlementaire, en particulier le règlement minier et autres arrêtés ministériels et interministériels. Il conviendrait de préciser que le régime fiscal minier est exhaustif, toutefois les modalités de perception s'opèrent conformément à certains textes de droit commun, à l'instar des ordonnances-loi à caractère général portant sur les impôts, taxes, droits et redevances. Il s'agit de l'ordonnance-loi n° 18/003 du 13 mars 2018 fixant la nomenclature des droits, taxes et redevances du pouvoir central et d'une série d'ordonnance-loi n° 13 du 23 février 2013 dont :

- l'Ordonnance-loi n° 13/001 du 23 février 2013 fixant la nomenclature des impôts, droits, taxes et redevances des provinces et des entités territoriales décentralisées ainsi que leurs modalités de répartition ;
- l'Ordonnance-loi n° 13/002 du 23 février 2013 fixant la nomenclature des droits, taxes et redevances du Pouvoir Central (cité expressis verbis dans le règlement minier) ;
- l'Ordonnance-loi n° 13/003 du 23 février 2013 portant réforme des procédures relatives à l'assiette, au contrôle et aux modalités de recouvrement des recettes non fiscales (cité *expressis verbis* dans le règlement minier) ;

- l'Ordonnance-loi n° 13/004 du 23 février 2013 portant abrogation de certaines dispositions de la loi n° 006/03 du 13 mars 2003 fixant les modalités de calcul et de perception des acomptes et précomptes de l'impôt sur les bénéfices et profits ;
- l'Ordonnance-loi n° 13/005 du 23 février 2013 modifiant et complétant certaines dispositions de la Loi n° 004/2003 du 13 mars 2003 portant réforme des procédures fiscales ;
- l'Ordonnance-loi n° 13/006 du 23 février 2013 portant régime fiscal applicable aux entreprises de petite taille en matière d'impôt sur les bénéfices et profits ;
- l'Ordonnance-loi n° 13/007 du 23 février 2013 modifiant et complétant certaines dispositions de l'ordonnance-loi n° 10/001 du 20 aout 2010 portant institution de la Taxe sur la Valeur Ajoutée ;
- l'Ordonnance-loi n° 13/008 du 23 février 2013 modifiant et complétant certaines dispositions de l'ordonnance-loi n° 69/009 du 10 février 1969 relative aux Impôts Cédulaires sur les Revenus.

5. La règlementation du change

La fraude minière telle que précisée de manière extensive dans l'arrêté interministériel se rapportant à la CNLFM fait intervenir les atteintes à la réglementation du change. Celle-ci est définie comme l'« ensemble des dispositions édictées par la Banque Centrale qui régissent les transactions en monnaies étrangères à l'intérieur du pays et celles entre la République Démocratique du Congo et le reste du monde »[1]. Les pouvoirs dévolus à la BCC de prendre des règlements reposent sur l'article 4 de l'ordonnance-loi de 1967 disposant : « La Banque Nationale définit par voie de règlement les opérations qui sont soumises à son autorisation ainsi que les formalités imposées en vue de lui faciliter sa mission de contrôle »[2].

Le Code minier contient des dispositions pertinentes à la réglementation du change (Titre X). Y sont édictés des règles concernant de manière spécifique : la liberté de conversion monétaire, les transferts des fonds vers l'étranger, le contrôle des transferts effectués au profit des

---

[1] Article 1er du Règlement de la Banque Centrale - Réglementation du change en République Démocratique du Congo du 25 mars 2014, Journal Officiel de la RDC, 55ème Année, Numéro spécial du 28 mars 2014

[2] Ordonnance-loi n°67/272 du 23 juin 1967 relative aux pouvoirs règlementaires de la Banque Nationale du Congo en matière de règlementation du change, Moniteur congolais, 8ème année, n°21 du 1er novembre 1967

sociétés affiliées, la gestion des recettes de vente à l'exportation, le rapatriement des recettes, le paiement de la redevance de suivi de change.

Par exemple en ce qui concerne le transfert des fonds vers l'extérieur du pays, l'État reconnaît aux titulaires des droits miniers la prérogative de transférer leurs revenus au bénéfice de non-résidents sur le territoire de la RDC. Ils exercent ce droit après qu'ils se sont acquittés des impôts, taxes, droits et redevances dus à l'État congolais[1]. Le transfert s'opère souvent en rémunération de l'acquisition des biens et de la jouissance de services. Le personnel expatrié est quasiment soumis au même régime : après acquittement de ses obligations fiscales et parafiscales, il peut rapatrier tout ou partie des revenus. S'agissant du contrôle des transferts effectués au profit des sociétés affiliées, l'État veille à ce que la fourniture des biens et services soit conforme aux règles de pleine concurrence, c'est-à-dire que les paiements doivent être justifiés par rapport aux prix pratiqués sur le marché pour les biens et services similaires[2].

Le groupe en droit de société est comparable à une famille. En vertu de ces liens étroits les unissant, les sociétés affiliées ou apparentées s'octroient des avantages de divers ordres comme des prêts sans intérêts, des cautions gratuites, même des ventes à perte[3]. Le prix de pleine concurrence est celui qui est fixé et payé dans les relations d'affaires entre les entreprises indépendantes[4].

Nirnal Thomas présente parfaitement les méthodes qu'utilise l'OCDE pour déceler l'avantage indu au sein des groupes d'entreprises. Cette organisation internationale recourt à deux types des méthodes traditionnelles et modernes. Les secondes sont utilisables à titre supplétif aux premières. Les méthodes traditionnelles fondées sur les transactions sont : la méthode du prix comparable sur le marché libre, la méthode du prix de revente et la méthode du prix de revient majoré. Cela s'entend respectivement de :

- de comparer le prix pratiqué par rapport à celui usuellement payé par les sociétés indépendantes pour les biens et services similaires ;
- de dégager la marge bénéficiaire à partir de la revente du bien acquis par la société affiliée ;

[1] Article 264 du Code minier
[2] Article 265
[3] Jérôme Nirnal THOMAS, *Le contrôle fiscal des opérations internationales*, l'Harmattan, Paris, 2004, p. 33
[4] Jérôme Nirnal THOMAS, *op. cit.*, p. 34

- d'ajouter une marge raisonnable qui tient compte du coût d'acquisition[1].

L'autre paire de manches est constituée de méthodes modernes ou transactionnelles des bénéfices qui consistent à tenir compte, à la loupe, de différentes transactions particulières effectuées entre les sociétés apparentées. De là, résultent la méthode du partage des bénéfices et la méthode transactionnelle de la marge nette. Dans la première, on procède à une répartition réaliste des bénéfices que se seraient partagés les sociétés indépendantes tandis que la seconde considère la marge nette sur laquelle aurait planché tout contribuable assujetti à un seuil normal d'impôt[2].

À travers la BCC, les pouvoirs publics vérifient le rapatriement de 60 % pendant la phase d'investissement, puis 100 % des recettes d'exportation du compte principal à l'étranger vers le compte national dès la phase d'amortissement. Cette opération entraîne le paiement au profit de la BCC de la redevance de suivi de change (0,2 %).

B. Analyse d'éléments constitutifs de l'infraction

La pensée pénale classique conditionne la qualification d'un acte infractionnel à la réunion de trois éléments constitutifs qui sont : l'élément légal, l'élément moral et l'élément matériel. C'est à ces trois éléments qu'est soumise l'analyse d'une quelconque infraction.

1. Élément légal

La loi trace le cadre de l'infraction[3]. Le principe de légalité (*nullum crimen, nulla poena sine lege*) est une garantie contre le pouvoir arbitraire des juges face à certains comportements que la société a en horreur. Leur rôle se cantonne en guise de voie d'expression de la loi, à ne pas légiférer, mais à appliquer la loi pénale. Ce principe renforce la garantie de présomption de connaissance de règles de droit pénal consacrée en l'article 62 de la Constitution congolaise : « Nul n'est censé ignorer la loi ».

En tant que fiction juridique reposant sur une présomption légale de connaissance de la règle de droit, ladite maxime latine « Nemo censetur

---

[1] *Ibid*, pp. 38-39

[2] *Ibid*, p. 40

[3] Adrien-Charles DANA, *Essai sur la notion d'infraction pénale*, LGDJ, Paris, 1982, p. 12

ignorare ius » traduite en français telle quelle interdit à tout justiciable de se prévaloir de son ignorance de la règle de droit, surtout pénale. C'est en connaissance de cause, dans le cas d'espèce, que le fraudeur (au sens transversal du terme) recourt à des astuces et manœuvres frauduleuses. Cela pourrait avoir pour implication, en matière des mines, la requalification de certaines infractions minières simples. À titre d'exemple, une exploitation illicite est susceptible de se commuer en une exploitation frauduleuse. Si pour certaines infractions, la recherche du dol général suffit. Par contre, pour d'autres, en l'occurrence la fraude, le dol spécial est nécessaire.

En dépit du fait que cette présomption juridique régit la capacité de connaître la loi pénale en raison de son caractère fictif, il s'en infère que la responsabilité pénale soit conditionnée en définitive par la connaissance de la législation pénale[1]. Le fraudeur ou le contrebandier est conscient du caractère infractionnel de son acte en recourant à des manœuvres de dissimulation.

En vertu de la légalité de l'infraction et de la peine, l'élément légal détermine l'incrimination et la sanction y assortie telles que fixées au préalable par le législateur dans un texte de loi. Cet intérêt est évident dans la mesure où la société ne peut « imposer sans arbitraire une mesure quelconque à un individu sous prétexte qu'il s'est révélé dangereux, ou qu'elle le considère comme tel ». C'est plutôt la loi qui énumère les situations juridiquement considérées comme antisociales[2].

Au vu de la définition de la fraude telle que tirée du Code minier, il y a lieu d'analyser l'élément légal de cette infraction quoique cette définition soit à la fois générale et imprécise. La définition proposée en l'article 2 de l'arrêté créant la Commission nationale de lutte contre la fraude minière, est plus étendue que celle que fournit le Code minier : « L'exploitation, la détention, le transport, la commercialisation ou l'exportation des produits miniers en violation du Code minier et de ses mesures d'application, du Code douanier, du Code des impôts ainsi que des dispositions de la règlementation de change et ce, dans le but de se procurer un bénéfice illicite au détriment des intérêts de l'État ».

Dans le code minier, le législateur se focalise uniquement sur l'exportation, omettant toutes les autres opérations minières : « Toute exportation ou tentative d'exportation frauduleuse des substances minérales en contravention du régime douanier et des accises prévues par

---

[1] Hugues PARENT, « L'imputabilité pénale. Mort d'un mythe, naissance d'une réalité », *Revue Juridique Thémis*, p. 230

[2] Adrien-Charles DANA, *op. cit.*, p.13

le présent Code est soumise aux pénalités et amendes prévues par la législation douanière et accisienne en la matière »[1]. Cette violation se reprenant comme un refrain exige le recours à des manœuvres de mauvaise foi pour échapper aux règles.

Cette imprécision n'affecte pas exclusivement l'incrimination, mais aussi l'énoncé pénal du régime répressif : « Est puni d'une peine de servitude pénale de dix à vingt ans et d'une amende dont le montant s'élève à l'équivalent en francs congolais de 250.000 à 500.000 USD, quiconque aura, par tout acte généralement quelconque, tout accord, toute convention, tout arrangement ou tout autre fait, qui a pour conséquence de priver la nation, les personnes physiques ou morales de tout ou partie de leurs propres moyens d'existence tirés de leurs ressources ou richesses minières, outre la confiscation des biens et avoirs issus du délit ». À notre entendement, il s'agit bel et bien de la peine la plus forte que ceux qui sont habilités à l'appliquer aménage selon la gravité et les circonstances de l'acte.

2. Élément matériel

Il existe plusieurs formes matérielles de l'infraction de fraude minière d'après les différents types de fraudes. L'exécution et la consommation matérielle de la fraude part de la mise en œuvre des manœuvres fallacieuses de contournement des règles de droit. Ses conséquences débouchent sur la violation des droits d'autrui et, *in casu specie*, de l'État. La tentative en soi est punissable conformément à l'article 4 du Code pénal congolais livre I dès lors que les actes extérieurs manifestent l'idée malicieuse de bénéficier indument d'un avantage.

Il s'agit d'une infraction de commission ou d'abstention. Il existe certaines formes de fraudes assimilées à des abstentions ou omission dont la matérialité quoique difficile à prouver, existe bel et bien en raison de la mauvaise foi à établir, le fait par exemple de ne pas déclarer le fait générateur d'un impôt. La mauvaise foi est prouvée à partir du schéma psychologique d'exécution de l'action criminelle : conception, délibération, exécution.

La fraude est une infraction complexe résultant de la pluralité d'actes distincts de commissions ou d'omission respectant l'*iter criminis* : résolution, préparation, exécution (passage à l'acte) et la consommation. Le Code pénal congolais livre II renseigne parmi les actes constitutifs de la corruption le fait pour un agent d'utiliser la fraude pour échapper ou

[1] Art. 305 du Code minier

faire échapper autrui aux obligations fiscales, douanières et administratives[1]. Ce préjudice sérieux que subit l'Etat résultant des manœuvres frauduleuses du concerné rendent parfaite la fraude minière.

En guise d'illustration, le triangle de passage à l'acte frauduleux selon CRESSEY, disciple de SUTHERLAND, comprend trois composantes : une opportunité, un besoin ou une pression financière et une rationalisation.

Le triangle de passage à l'acte de Cressey[2]

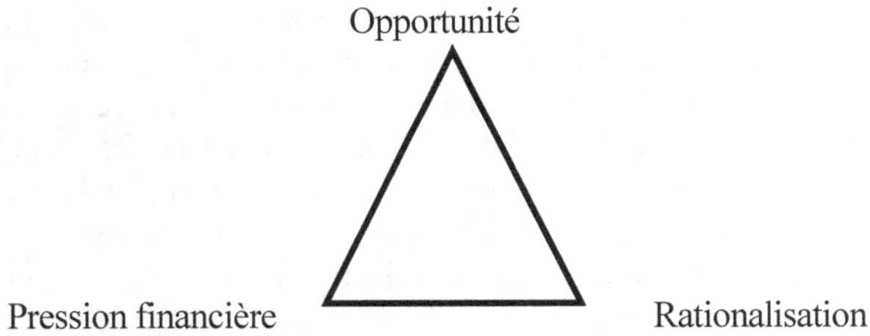

Le fraudeur après avoir détecté la vulnérabilité du système, conçoit son plan avant de se livrer à la dissimulation de son acte à l'aide des manœuvres dolosives. Grâce à l'opportunité qui se présente et à cause de la pression qu'il subit, il tentera de rationaliser son acte, c'est-à-dire de le justifier à ses yeux en vue de résoudre ses problèmes.

Plusieurs modalités caractérisent la fraude dans sa commission. Elle peut se consommer soit par un seul acte isolé, soit par une succession d'actes. Concernant la rapidité de l'acte, un rapport d'enquête sur la fraude à l'échelle mondiale estime qu'elle se consomme plus rapidement

[1] Article 147 *bis* tel que modifié par l'article 2 de la loi n°05- 006 du 29 mars 2005 modifiant et complétant le décret du 30 janvier 1940 portant code pénal congolais cité par Bony CIZUNGU MUGARUKA, *Infractions de A à Z*, volume 1, Coll. Connaissance et chemin de la Justice, éditions Nyangezi, Kinshasa, 2001, p. 145

[2] OUASHIL M. & OUHADI S. (2019), *op. cit.*, p. 809 ; SOUAD BENSID, *La prévention et la détection de fraude dans les organismes sans but lucratif au Canada*, mémoire de la maîtrise comptabilité, contrôle, audit, mai 2017, p. 29

dans l'hypothèse de la participation de deux ou plusieurs auteurs et dans celle de l'implication des autorités[1].

Une bonne gestion de risque de fraude dépend de l'implémentation de moyens de contrôle et de détection sophistiqués d'autant plus que les auteurs de ces actes conçoivent sans cesse des stratégies de plus en plus pointues dans la dissimulation de leur forfait. Patrick Dibout écrit : « L'imagination du fisc est sans doute moins grande que l'imagination des fraudeurs. Moderniser le traitement de la fraude fiscale n'est pas chose facile ».[2]

C'est pourquoi il y a lieu que les outils de l'administration soient à la hauteur de s'adapter. Par exemple, la CNLFM avait saisi en mars 2019 une importante quantité de coltan transporté illégalement dans une voiture. C'est la police des mines qui avait intercepté ce véhicule aux pneus minéralisés contenant sournoisement plus ou moins 600 kg de coltan broyé et bourré dans des chambres à air. D'après la déclaration du coordonnateur provincial de la CNLFM/Nord-Kivu, les professionnels de « quado » s'associent aux fraudeurs dans ce montage sophistiqué[3]. Ces derniers utilisent des subterfuges difficilement repérables tels que :

- Le fait d'enfouir des lots de minerais en dessous de grandes quantités de pommes de terre ;
- Le fait de stocker les minerais dans le réservoir de carburant vidé pour être mis dans un bidon ;
- L'utilisation des bidons de lait dans lequel on le mélange avec les minerais ;
- Le fait de faire usage des véhicules des autorités (civiles et militaires) et des organisations humanitaires bénéficiant de la priorité de traverser la barrière[4].

Qui plus est, Koffi Annan commenta en ce qui concerne la criminalité transfrontalière : « Les groupes criminels n'ont pas perdu de temps pour adopter d'enthousiasme dans l'économie mondialisée d'aujourd'hui et les technologies de pointe qui l'accompagnent. Mais nos efforts pour les

[1] Association of Certified Fraud Examiners, *Report to the Nations 2020 global study on occupational fraud and abuse*, p. 17

[2] Patrick DIBOUT, La lutte contre la fraude et l'évasion fiscales internationales, in Loïc CADIET et Erik NEVEU, *Regards sur la fraude fiscale*, coll. Travaux et recherches, Economica, Paris, 1986, p. 186

[3] www.business-humanrights.org consulté le 24 juillet 2020

[4] www.radiookapi.net/2017/12

combattre sont restés jusqu'à présent très fragmentaires et nos armes pratiquement obsolètes »[1].

Le profil des fraudeurs importe peu, car parmi eux se retrouvent même des criminels « en col blanc » d'après le vocable du criminologue américain SUTHERLAND, à l'instar des chefs d'entreprises. La fraude minière siège au cœur d'un bon nombre d'infractions prévues, définies et sanctionnées dans la législation minière :

- Achat et vente illicite des substances minérales sanctionnées d'une amende et de la confiscation des substances minérales ayant fait l'objet. Il a été jugé qu'en se livrant au trafic des substances minérales, sans les autorisations exigées par le code minier congolais, les auteurs ont commis le trafic illicite des substances minérales[2] ;
- Activités minières illicites s'appliquant au fait de procéder sans autorisation aux activités de recherche et d'exploitation des mines. Outre l'amende, elles sont sanctionnées de la confiscation des substances illégalement extraites ;
- Le détournement des substances minérales est réprimé de la servitude pénale et de l'amende ;
- Détention illicite des substances minérales punie de la servitude pénale et de l'amende : « Il a été jugé qu'il convient de prendre en compte la force probante des procès-verbaux dressés et des déclarations y contenues et qu'il ne peut être attaché aucune crédibilité aux dires d'un prévenu, connaissant avec pertinence le diamant pour s'être livré des années durant à son achat, déclarant pour se disculper que les pierres noires trouvées sur lui ne sont pas du diamant alors que l'expertise du centre d'Évaluation, d'Expertise et de Certification des Substances Minérales, précieuses et semi-précieuses, CEEC en sigle, atteste qu'il s'agit bel et bien des substances minérales et plus précisément du diamant industriel »[3] ;
- Entraves à l'activité de l'administration des mines ;
- Recel des substances minières ;
- Transport illicite des substances minérales

À notre entendement, toutes ces infractions minières sont à même de se commuer ou d'être requalifiées en une fraude dès lors qu'elles sont

---

[1] Office des Nations Unies contre la drogue et le crime, *Convention des Nations Unies contre la Criminalité transnationale organisée et protocoles s'y rapportant*, avant-propos, Vienne, 2004

[2] Cour de Sûreté de l'Etat, R.P. 2479, 18 mars 2004, inédit.

[3] Tribunal de Grande Instance de Kinshasa/ Gombe, R.P 263, Ministère public et partie civile contre le prévenu Ajudiya Pravin Kumar, 18 décembre 2009, inédit.

commises avec intention et manœuvres frauduleuses ou dolosives. Quant à ce, la tâche de qualification dépend de l'appréciation de l'autorité compétente administrative ou judiciaire.

Loin de prétendre établir de manière exhaustive les actes particuliers constitutifs de fraude fiscale, la jurisprudence française en dégage quelques-uns :

- Le fait de s'être frauduleusement soustrait ou d'avoir tenté de se soustraire frauduleusement de l'établissement ou du paiement total ou partiel des impôts ;
- Le fait d'avoir volontairement omis de faire sa déclaration dans les délais prescrits ;
- Le fait d'avoir volontairement dissimulé une part de la matière imposable ou un fait générateur sujet à l'impôt[1].

3. Élément moral

Sur le plan éthique, seul l'homme peut commettre une infraction d'autant plus qu'il est doué de volonté, doublé du libre arbitraire de ses actes. L'acte infractionnel entraîne la responsabilité ou la culpabilité que s'il est imputable à l'homme disposant d'une volonté et d'une intention claire de commettre le crime. Hugues Parent dans sa critique sur l'imputabilité en droit pénal en précise l'étymologie : « Sous sa forme actuelle, le mot intention provient de l'expression latine *intendere, intendo* qui signifie tendre vers quelque chose. Comme en témoignent ses origines étymologiques, l'intention réfère à un concept dynamique, à une réalité métaphysique qui engage, à l'intérieur d'une relation complexe, mais réciproque, la volonté et l'objet du désir »[2].

L'homme doté d'intelligence et de volonté est responsable de ses actes d'autant qu'il a le pouvoir de délibérer avant de passer à l'acte[3]. C'est pourquoi la doctrine subjective du droit pénal reconnaît les causes de non-imputabilité dans le chef de la personne ayant commis une infraction. La seule négligence ou erreur n'est pas de nature à fonder la fraude. Le législateur exige la recherche de la mauvaise foi, une intention

---

[1] Cass. Crim. 2 juillet 1998 (Gaz. Pal. 1998 II Chr. Crim. 190) : « La seule constatation d'une dissimulation volontaire de sommes sujettes à l'impôt suffit à caractériser, en tous ses éléments constitutifs, le délit de fraude fiscale sans qu'il ne soit nécessaire d'établir l'existence des manœuvres frauduleuses », cité par Jean-Paul DOUCET, *op. cit.*, p. 483

[2] Hugues PARENT, *op.cit.*, p. 196

[3] *Idem*, p. 209

de fraude comme dol général ayant entraîné le préjudice d'autrui, dans le cas d'espèce, de l'État.

La gymnastique des manœuvres fait de la fraude une faute délibérée caractérisée à la fois d'un dol général, spécial et des mobiles bien précis. La préméditation (dessein de commettre l'infraction spécifique) en tant que dol aggravé est caractéristique de la fraude. Le mobile en soi se déduit à partir de circonstances ayant amené le fraudeur à parfaire son crime. Bref, l'élément moral et ses composants (connaissance, intention, but, motivation) se déduit des circonstances factuelles objectives à la base de l'état d'esprit de l'infracteur.

Un auteur abonde dans le même sens : « En effet, la fraude est un acte commis délibérément en vue d'obtenir un avantage illégal en faveur du fraudeur ou/et des partenaires liées à l'opération concernée, et nuire aux droits d'autrui. Elle se caractérise par la présence de trois éléments principaux : un élément intentionnel (développement d'une méthodologie pour commettre l'acte et la mettre en pratique), une volonté de dissimulation (par exemple : cacher la fraude par une écriture comptable) et un mode opératoire (par exemple : blanchissement d'argent) »[1].

En droit pénal, d'autres notions connexes sont évoquées à côté du *mens rea* ou élément moral : tels sont les cas du mobile et du but. Le mobile de la fraude est la raison qui pousse un infracteur à commettre la fraude de manière intentionnelle. Souvent, la justice ne fait la part belle au mobile, car il ne figure pas parmi les éléments constitutifs du fait infractionnel. Dans une certaine mesure, il influe sur des faits justificatifs de l'acte soit pour atténuer la peine soit pour acquitter le présumé fraudeur. Le but est la finalité de l'acte frauduleux. Dans le cas d'espèce, l'auteur envisage la maximisation du gain à tirer de la vente du produit minier. Par contre, l'intention comme manifestation de la volonté humaine est contenue dans la fraude de par l'existence des manœuvres dolosives. Si le fait d'échapper au paiement des taxes constitue un mobile, l'intention se trouve dans la manifestation des stratagèmes conçus et mis en œuvre pour passer inaperçus au contrôle du fisc.

En ce qui concerne la contrebande, un léger dol général suffit à établir l'élément moral : une conscience libre de poser l'acte qui présume l'intention de manière évidente[2]. De fois, elle ne requiert pas plus d'exigence que la fraude proprement dite à la douane.

---

[1] OUASHIL M. & OUHADI S. (2019), *op. cit.*, p. 808

[2] Jean-Paul DOUCET, *op. cit.*, p. 487

Paragraphe II. Typologie sur la fraude et la contrebande minières

Comme le présent ouvrage aborde l'analyse de ces infractions, la typologie en vaut la peine. Il n'est pas toujours aisé de distinguer la fraude de la contrebande si ce n'est par qualification péremptoire du législateur.

La fraude et la contrebande minières s'expriment par plusieurs formes d'actes frauduleux dans un environnement que fréquente une multitude des services intervenants dans le processus des opérations minières. L'on distingue deux catégories de services ou organismes intervenants de l'État :

- Les services chargés du contrôle, de la surveillance des activités minières et du suivi des flux des produits marchands (L'Administration des Mines, le SAEMAPE, le CEEC, l'OCC, DGDA, DGRAD, le CGEA, les Gouvernorats des Provinces) ;
- Les services intervenant dans la prise en charge douanière des produits miniers à l'exportation (Les Services de l'Administration du Commerce extérieur, les Services de l'Administration des Mines, le CEEC, l'OCC, le CGEA, la DGDA, la DGRAD, les Gouvernorats des Provinces). Certains services aux allures omniprésentes dans le processus interviennent dans les deux catégories[1].

De la manière dont il est écrit dans le second chapitre, ils luttent également contre la contrebande laquelle se distingue à certains égards de la fraude minière. En tant que fait réel, les actes de fraude et de contrebande minières peuvent être catégorisés, regroupés.

De peur d'une divagation face au principe de la légalité pénale auquel la fraude et la contrebande sont loin de déroger, il conviendrait dans le cadre de cette étude d'identifier deux types principaux d'actes de fraude en vertu de leur origine :

- La fraude comme infraction autonome prévue dans la législation minière ou dans des législations particulièrement fiscales, parafiscales, de change, et ce, sur renvoi du Code minier ;
- La fraude en tant que mode opératoire susceptible de s'inférer de la commission d'autres infractions telles que nommées dans la législation minière.

En effet, ces actes en eux-mêmes détachables de certains comportements infractionnels explicitement prévus dans les lois

---

[1] Ministère des mines et des finances de la RDC, *Manuel des procédures de traçabilité des produits miniers : de l'extraction à l'exportation*, 2ème Edition, avril 2014, pp. 5-6

pertinentes, ont par ailleurs la prétention de constituer des infractions autonomes que nous avons pu analyser, décortiquer et éplucher selon des cas. Il y a lieu de reconnaître de par cette opération analytique que des actes de fraude, pour ne pas citer la contrebande, sont légions au gré de la créativité sur fond de malignité des personnes présumées d'avoir commis ces actes sans cesse diversifiés et sophistiqués.

A. Catégories et actes de fraude minière

C'est à travers les actes que s'expriment des intentions frauduleuses. Ils se rangent en catégories d'après les violations. De la recherche à l'exportation, la fraude fréquente toutes les étapes du circuit minier. De ce fait, l'ensemble de ces étapes forment une catégorie d'acte de fraude. Il en va de même de l'incidence de certaines mesures administratives dont les violations sont susceptibles de constituer des actes de fraude. Le non-respect de la fiscalité et de la réglementation du change peut aussi donner lieu à des actes de fraude.

La recherche de la maximisation du gain ainsi que le contournement des interdictions sous-tendent l'intention frauduleuse. Les actes de fraude minière peuvent être regroupés en quatre catégories suivant les opérations minières, une mesure administrative et/ou judiciaire, la violation de la législation fiscale, parafiscale et douanière ainsi que celle de la règlementation du change. Il est à noter qu'il existe une multitude d'actes de fraude au gré de la capacité imaginative malicieuse des fraudeurs. Nous en inventorions quelques-uns les plus courants.

1. D'après les opérations minières (Prospection, recherche, exploitation, achat, traitement, transformation, transport, commercialisation et exportation)

1. 1. Le dépassement frauduleux de la profondeur du trou dans l'exploitation minière artisanale

La zone d'exploitation artisanale est une aire géographique délimitée en surface et en profondeur par le ministre[1]. Le code minier annoté indique que cette définition vient d'être allégée comparativement à la loi de 2002 qui fixait le seuil maximal de la profondeur à 30 mètres[2]. C'est

---

[1] Article 1er point 56 du Code minier

[2] Article 1er point 21 de la loi n° 007/2002 du 11 juillet 2002 portant Code minier se lit : « Exploitation Artisanale : toute activité par laquelle une personne physique de

ainsi que dans le cadre d'une enquête menée par CARF en 2016, bien avant la promulgation du nouveau code minier, il a été constaté que l'obligation légale applicable à la profondeur de 30 mètres a été violée. D'une mine à une autre, elle atteignait jusqu'à 50 mètres dans les sites miniers de Kipushi et de Kolwezi[1]. Sans tergiversation, il est question d'une extraction ou exploitation frauduleuse.

1.2. Recherche ou exploitation des substances minérales autres que celles pour lesquelles son permis de recherche ou d'exploitation a été établi (article 77 du Code minier)

Il découle des dispositions du Code minier que l'extension du permis aux substances associées est de droit. Par substances associées, on entend des substances qui se mélangent naturellement sous forme de concentré avec les substances pour lesquelles le permis a été accordé au point que l'extraction de l'une ne puisse pas se faire sans être accompagnées simultanément de celle des autres. Dans ce cas, l'opérateur minier en fait la demande. Au cas contraire, la direction des mines le met en demeure de le faire. C'est presque un acquis soumis à une simple formalité. Par contre, l'extension du permis aux substances non-associées est soumise à la procédure d'acquisition d'un autre permis, faute duquel toute exploitation au cas échéant est frauduleuse. Il existerait même des exploitations aurifères qui n'ont jamais été déclarées ni identifiées par la division provinciale des mines, ni par le SAEMAPE et le CEEC.

1.3. Exploitation frauduleuse des minerais dans des aires protégées

En dépit du fait que le parc national de Kahuzi-Biega est érigé en patrimoine mondial de l'humanité, par ricochet, une aire protégée aux termes explicites de l'article 3 alinéa 4 du règlement minier, certains creuseurs souvent apparentés aux groupes armés comme les FDLR, y exploitaient (exploitent) des minerais[2]. L'article 279 j du Code minier

---

nationalité congolaise se livre, dans une zone d'exploitation artisanale délimitée en surface et en profondeur jusqu'à trente mètres au maximum, à extraire et à concentrer des substances minérales en utilisant des outils, des méthodes et des procédés non industriels ».

[1] CARF, *Exploitation minière artisanale en RDC. Défis et perspectives*. Etudes dans les sites miniers de Kipushi et de Kolwezi, édition du CARF, 2016, p. 18

[2] MUTABAZI NGABOYEKA et NYASSA SANGANYI, *L'exploitation du Coltan en République Démocratique du Congo:Trafic et Guerre*, Rapport de recherche N° 1, SARW, novembre 2008, p. 16 *in* www.sarwatch.org

dispose : « sauf consentement des autorités compétentes, nul ne peut occuper un terrain… compris dans un parc national et sites touristiques ».

Selon le règlement minier, par aire protégée, il faut entendre : « toute aire géographique délimitée en surface et constituant un parc national, un domaine de chasse, un jardin zoologique et/ou botanique ou encore un secteur de sauvegarde »[1]. Sur proposition des ministres sectoriels ayant l'environnement, le tourisme et la conservation de la nature dans leurs attributions, le Premier ministre peut, par décret délibéré en conseil des ministres, délimiter ou classer une portion du territoire en aire protégée[2]. L'article 1er 3 bis du nouveau Code minier propose une définition à la fois formelle et fonctionnelle d'une aire protégée. Bref, elle est consacrée par un acte juridique dans le but d'assurer la conservation de la nature et des valeurs culturelles.

Toutefois, la législation minière ne reste pas muette sur le déclassement d'une aire protégée. L'article 3 alinéa 5 précise : « En cas de changement de circonstances ou de besoins nationaux, une aire protégée peut être déclassée moyennant la même procédure précisée au premier alinéa ci-dessus pour le classement ». Ledit alinéa se lit : « Lorsque la conservation de la faune, de la flore, du sol, des eaux et en général d'un milieu sensible présentant un intérêt spécial nécessite de les soustraire de toute intervention susceptible d'en altérer l'aspect, la composition et l'évolution, le Premier ministre peut, par Décret délibéré en Conseil de ministres, sur proposition conjointe du ministre des Mines et des ministres ayant l'Environnement et la conservation de la nature ainsi que le Tourisme dans leurs attributions, délimiter une portion du territoire National en aire protégée, après avis du Cadastre minier et du Service géologique national du Congo ». De ce qui précède, une aire protégée est clairement assimilable à une zone interdite aux activités minières. Cette dernière est susceptible de faire l'objet de déclassement par décret du Premier ministre délibéré en conseil des ministres conformément au principe de parallélisme de forme et des compétences. Par voie de conséquence, une aire protégée peut aussi être déclassée dans les mêmes formes et compétences de son classement. D'ailleurs, l'article 6 in fine du nouveau Code minier dispose ce qui suit : « Il ne peut être octroyé de droits miniers ou de carrières dans une aire protégée, ni y être érigée une zone d'exploitation artisanale ». Ainsi, toute

---

[1] Article 1er du Décret n° 038/2003 du 26 mars 2003 portant Règlement minier tel que modifié et complété par le Décret n° 18/024 du 08 juin 2018 (Textes coordonnés), Journal Officiel de la RDC, 59ème année, numéro spécial du 12 juin 2018

[2] Article 9 point g du nouveau code minier

exploitation dans ses limites est constitutive d'une activité illicite, voire frauduleuse.

1.4. Le non-respect de la procédure de transformation du permis de recherche en permis d'exploitation

Après avoir découvert l'existence d'un gisement économiquement exploitable, le titulaire d'un permis de recherche a le droit de solliciter auprès du ministère des Mines la transformation de son titre en permis d'exploitation. Ainsi, l'étendue de son droit s'allonge. Quiconque exploite les substances minérales alors que son permis se limite à la recherche commet un acte de fraude répréhensible. Il est à constater des cas où l'extension, mieux la transformation du permis de recherche en permis d'exploitation ne se fait pas en bonne et due forme au point que certains détenteurs de permis de recherche exploitent paisiblement et contrairement à leur déclaration, des substances minérales en violation de la loi.

1.5. Procéder à l'exploitation minière artisanale sur un périmètre couvert par un permis exclusif ou dans une parcelle résidentielle

Pour permettre l'exploitation minière artisanale générant de l'emploi pour plusieurs concitoyens (creuseurs, concasseurs,...), l'Etat crée des zones d'exploitation artisanale à porter sur les cartes des retombes minières du Cadastre minier. De ce fait, une ZEA ne peut pas se greffer sur un permis exclusif.

Nombre de zones d'exploitation artisanale créées[1]

Provinces	Nombre des Zones d'exploitation	Nombre de sites d'exploitation
Bandundu	0	63
Kongo central	0	113
Equateur	22	134
kasai Occidental	21	61
kasai oriental	35	37
Nord-Kivu	21	174
Sud-kivu	13	230
Maniema	22	103
Katanga	44	208
Province Orientale	22	241
Total	200	1364

D'ailleurs, aux termes du nouveau code minier, une pratique consistant à faire louer à une coopérative minière, un périmètre couvert d'un permis exclusif moyennant une rémunération, est contra-legem. Il est clairement établi que l'octroi d'un titre minier d'exploitation est conditionné à la satisfaction de l'exigence d'une capacité financière conséquente étant donné que le gisement est économiquement rentable.

L'exploitation minière artisanale et à petite échelle, EMAPE en sigle revêt de son importance sous deux angles principaux : elle fournit une bonne quantité des substances minérales non moins négligeables que l'exploitation minière à grande échelle, EMGE en sigle. Ce secteur est pourvoyeur d'emploi à une dizaine des millions des Congolais. Selon les estimations, plus de 16 % de la population congolaise œuvre dans le secteur minier artisanal ou en dépendent directement ou indirectement

[1] PROMINES, *op. cit.*, p. 11

suivant la spécialisation régionale ci-après : or dans la province de l'Ituri, diamants dans les deux Kasaï, cuivre et cobalt au Katanga, et cassitérite/coltan dans la partie Est du pays[1]. Selon les chiffres du SAEMAPE enregistrés en 2016, sur près de 2 millions des creuseurs et négociants, 715.643 possèdent des cartes[2].

Même de nuit, certains creuseurs se hasardent d'exploiter frauduleusement des substances minérales dans les périmètres exclusifs. L'Ordonnance-loi n° 82/039 du 5 novembre 1982 est le premier texte législatif qui ait interdit cette pratique. La double imposition ou la sur taxation facilite la fraude dans le chef des exploitants artisanaux, notamment le prix le plus bas du rachat des minerais par la coopérative redevable envers le titulaire du droit minier dont une partie du périmètre est mis en bail. La solution palliative est de créer plus de zones d'exploitation artisanale (dont le taux d'exécution ou de création est de 1 % jusqu'en 2016 par rapport aux pourcentages des titres miniers octroyés) pour éviter des circonstances où les creuseurs (exploitants artisanaux) travaillent frauduleusement à l'intérieur des périmètres couverts de titres miniers exclusifs soumis illégalement à un contrat d'amodiation[3].

L'exploitation frauduleuse par des exploitants artisanaux sur des concessions minières couvertes d'un permis d'exploitation exclusif se diffère des actes de fraude et de contrebande minières qu'ils peuvent commettre dans le non-respect des clauses d'exclusivité de vente des minerais extraits en vertu d'un protocole d'accord entre la société minière et la coopérative minières dès lors que les membres de ladite coopérative vendent clandestinement leurs minerais à des concurrents extérieurs à la société détentrice du permis. Cette situation est source de conflit en ce sens que d'un côté la coopérative se plaint de temps en temps de l'imposition des prix inférieurs au cours normal et de l'autre, la société fustige l'absence de traçabilité et de transparence par le recours à la fraude et à la contrebande.

Prenons le cas concret du conflit ayant opposé Banro, société minière canadienne, aux creuseurs au Sud-Kivu. Cette société formula son grief pour contester la sortie de deux tonnes de cassitérite de ses concessions

---

[1] Banque Mondiale, *op. cit.*, p. 8

[2] CARF, *op. cit.*, p. 7

[3] L'article 177 du Code minier définit l'amodiation en ces termes : «L'amodiation consiste en un louage pour une durée fixe ou indéterminée, sans faculté de sous-louage, de tout ou partie des droits attachés à un droit minier ou une autorisation de carrières, moyennant une rémunération fixée par accord entre l'amodiant et l'amodiataire ».

ainsi que leur certification par les services attitrés, y compris l'ITRI. C'est l'unité de lutte contre la fraude qui intercepta le convoi. Banro et l'unité anti-fraude n'eurent guère gain de cause, car les minerais extraits illégalement de ses concessions furent rendus aux négociants[1] propriétaires. En effet, le ministre provincial des mines a estimé qu'ils ont payé tous les droits revenant à l'État et que les creuseurs occupaient les concessions antérieurement à l'arrivée de Banro. Il était donc préférable, selon lui, de certifier ces minerais plutôt que les voir se volatiliser dans des circuits illicites[2].

À Mbuji-Mayi, l'exploitation frauduleuse des diamants dans des parcelles résidentielles est devenue courante au mépris du principe de séparation entre la concession foncière et la concession minière. D'après la Radio Okapi, la commune de Kikula dans la ville de Likasi a connu l'afflux de centaines de creuseurs à la recherche du cobalt. De ce fait, ils ont illégalement exploité ce minerai pendant plusieurs jours dans des parcelles résidentielles avant que les autorités urbaines ne les déguerpissent (débusquent). Le phénomène déclencheur de cette ruée se produit lorsqu'un habitant du quartier Kalipopo découvre le cobalt en creusant une fosse septique. La nouvelle s'était aussitôt répandue au point qu'en l'espace de quatre jours plusieurs puits furent creusés au sein de plus de cent-cinquante parcelles. Cette découverte scandaleuse donna de la place à des activités de comptoir et à des contrats de sous-location des concessions résidentielles au profit des creuseurs[3]. C'est le phénomène de carrière spontanée.

Il y a lieu de souligner que l'exercice du droit de jouissance d'un fonds ne donne pas ipso facto accès à la jouissance du sous-sol si bien que le sol et le sous-sol sont la propriété de l'État. D'ailleurs, ce principe de distinction et de séparation du sol et des mines fait en sorte que le droit du dessus soit soumis à un régime autre que le droit du dessous[4]. De ce fait, un concessionnaire foncier qui souhaite extraire des minerais de son fonds devrait solliciter le titre minier auprès du Cadastre minier et être avant tout éligible à ce droit. La position du législateur exprimée dans l'exposé de motif du Code minier de 2002 est péremptoire et met fin à un

---

[1] Personne ou société (centre de négoce) qui achète et vend les minéraux à l'intérieur des frontières d'un Etat. Voy. Manuel de Mécanisme de Certification Régional de la CIRGL

[2] www.business-humanrights.org

[3] « RDC : le cobalt creusé dans des parcelles résidentielles de Likasi » publié le 5 avril 2018sur https://www.radiookapi.net

[4] Adolphe BAMBI KABASHI, *Le droit minier congolais à l'épreuve des droits foncier et forestier*, coll. Comptes rendus, L'Harmattan, Paris, 2012, p. 101

quelconque débat : « Le nouveau Code a le mérite de réaffirmer le principe que les droits découlant de la concession minière sont distincts de ceux des concessions foncières de sorte qu'un concessionnaire foncier ne peut se prévaloir de son titre pour revendiquer un droit de propriété quelconque sur les substances minérales contenues dans le sous-sol ».

1.6. Le fait pour un exploitant artisanal de dissimuler ou de cacher les minerais extraits

Dès lors que les minerais sont extraits des mines, ils se détachent d'elles pour devenir des biens meubles autrement appelés produits miniers marchands qui appartiennent au concessionnaire minier ou à l'exploitant artisanal[1]. Toutefois, l'État a le droit de prélever ses impôts, taxes, droits et redevance. À cet effet, il existe toute une procédure.

Les exploitants artisanaux remplissent au moment de l'extraction des produits miniers deux documents, le bordereau de constat de production artisanale (document émis par l'Administration des Mines et contresigné par le SAEMAPE) et le bon d'achat des substances minérales (document délivré par le SAEMAPE et contresigné par l'Administration des Mines). Toute manœuvre de soustraction à ces obligations ou toute fausse déclaration dans le contenu de ces deux documents frise l'honnêteté.

C'est sur base de ces documents qu'ils s'acquittent des frais rémunératoires revenant de droit au SAEMAPE tels que fixés dans l'arrêté du gouverneur concerné. Étant présente sur des sites d'exploitation artisanale, la police des mines est investie du pouvoir de détenir pendant 48 heures les exploitants artisanaux qui tombent sous le coup d'infraction comme la dissimulation des minerais. Endéans les 48 heures, elle est tenue de présenter les détenus au magistrat instructeur (parquet). Dépassé ce délai, il doit les relâcher.

1.7. Tripatouillage sur la teneur

Le CEEC joue le rôle superviseur des comptoirs et des exportations en ce sens que dans chaque comptoir, il y a, en plus d'un représentant de l'administration des mines, un agent du CEEC chargé d'expertise provisoire. De là, les minerais, en particulier, les diamants sont transportés à Kinshasa pour être triés, pesés et évalués. Les taxes étant

[1] Adolphe BAMBI KABASHI, *op. cit.*, p. 126

acquittées et le certificat de Kimberley délivré, le produit peut alors être exporté[1].

La taxe rémunératoire de la valeur expertisée des substances précieuses est de 1,25 % dont la quote-part de 0,55 % est le total du produit du CEEC qui s'en repartit avec d'autres services d'après la clé suivante : CTCPM (0,2750 %), Anti-fraude (0,1250 %), DGRAD (0,0875 %), DGDA (0,0500 %) et OCC (0,0125 %)[2].

Le CEEC ainsi que d'autres services (SAEMAPE et administration des mines) sont présents au centre de négoce ou au bureau d'achat des produits miniers aux fins de prélèvement de la teneur sur base de laquelle le prix et les taxes sont fixés. Toute fausse détermination de la teneur dans le chef du CEEC en connivence avec des intéressés pourrait être constitutive de fraude. Après vérification de la conformité de l'emballage, le lot est étiqueté (tag mine). Au sens du Manuel du mécanisme de certification régional de la CIRGL, le lot s'entend d'« une quantité de minéraux expédiés comme une unité d'un vendeur vers un acheteur »[3]. Le bordereau et l'attestation de transport sont délivrés par les services ci-dessus. À ce niveau, c'est le négociant qui s'acquitte des frais en rémunération des services rendus.

Il ressort d'un rapport de la Banque mondiale que l'évaluation correcte des productions destinées à l'exportation demeure un défi quotidien dans le chef du CEEC : Cet établissement public fait face à la fraude et aux exportations clandestines, surtout celle des pierres précieuses de grande valeur. Les responsables du CEEC sont conviés à veiller à ce que des évaluateurs du CEEC ne proviennent pas des comptoirs privés d'achat de diamants où ils ont travaillé dans le passé en vue d'écarter le risque de conflit d'intérêts[4].

---

[1] Sara GEENEN et Stefaan MARYSSE, « La fin des diamants du sang… un futur brillant pour les diamants du Congo? », in *L'Afrique des Grands Lacs*, Annuaire 2007-2008, Anvers, mai 2008, p. 351

[2] Point 5 et *in fine* de l'arrêté interministériel n° 013/CAB/MIN/MINES/2005 et n° 118/CAB/MIN/FINANCES/2005 du 4 août 2005 portant Taux des droits, taxes et redevances du secteur minier cité par Jean-Marie F. MBOKO DJ'ANDIMA, *op. cit.*, p. 285 et s.

[3] CIRGL, *Projet de Mécanisme de Certification Régional révisé pour consultation-révision*, Responsable Trade-Levin Sources, p. 7

[4] Banque mondiale, *République Démocratique du Congo. La bonne gouvernance dans le secteur minier comme facteur de croissance*, mai 2008, p. 41

1.8. Exploitation des substances minérales stratégiques par une coopérative, une entité de traitement ou un exportateur [1]non détenteur d'un certificat de conformité lui délivré par l'Autorité de régulation et de contrôle des marchés des substances minérales stratégiques, « ARECOMS » en sigle[2]

Conformément au décret n° 19/15 du 5 novembre 2019 portant sauvegarde des activités relatives aux substances minérales stratégiques d'exploitation artisanale, les exploitants des substances minérales stratégiques de production artisanale et semi-industrielle (cobalt, germanium,...) doivent obtenir auprès de l'ARECOMS un certificat de conformité en vertu duquel ils ne peuvent vendre leurs produits qu'auprès de l'entité juridique commerciale de monopole étatique comme l'Entreprise Générale de Cobalt (EGC). Celle-ci est une entité juridique commerciale que l'Etat créé en association avec la Gécamines (joint-venture) pour acheter tous les minerais stratégiques nécessitant une transformation[3] ou un traitement[4] préalable à leur commercialisation et exportation, dans le cas d'espèce, le cobalt et ses concentrés[5].

En d'autres termes, c'est une société minière publique chargée, sur pied des décrets n° 19/15 et 19/16 du 5 novembre 2019, du monopole d'achat, traitement, transformation, vente et exportation du cobalt en provenance

---

[1] Toute société, toute coopérative, tout individu ou toute autre entité disposant d'une licence d'exportation des minéraux en provenance d'un Etat. Voy. Manuel de certification Régionale de la CIRGL

[2] L'article 7 alinéa 1er du *Décret n° 19/16 du 05 novembre 2019 portant création, organisation et fonctionnement de l'autorité de régulation et de contrôle des marchés des substances minérales stratégiques dispose : « L'ARECOMS a pour missions spécifiques :*

- *la délivrance de Certificats de Conformité aux coopératives sélectionnées qui se conforment aux principes posés par le Décret n°19/15 du 05 novembre 2019 portant sauvegarde des activités relatives aux substances minérales stratégiques d'exploitation artisanale, sans lesquels lesdites substances ne peuvent être traitées ou exportées... ».*

[3] Le recours à plusieurs techniques permettant le passage de la matière première ou du concentré au produit fini, par exemple, l'obtention du lingot d'or.

[4] F. POULARD et al., *Exploitation minière et traitement des minerais*, Tome 6, Coll. « La mine en France », Février 2017, p. 27 : « Traitement du minerai, ou minéralurgie regroupe un ensemble de techniques de traitement physiques et physico-chimiques ayant pour objet d'obtenir » des produits ayant une valeur commerciale et transformables par la métallurgie

[5] Article 4 du décret n° 19/15 du 5 novembre 2019 portant sauvegarde des activités relatives aux substances minérales stratégiques d'exploitation artisanale

de l'exploitation minière artisanale et à petite échelle. Dans ses efforts de faire respecter le devoir de diligence de l'OCDE pour un approvisionnement responsable en minerais des zones de conflit ou à haut risque, l'EGC a conclu un accord de partenariat avec Trafigura, une firme suisse de négoce des matières premières à travers le monde. Le négociant minier, personne physique ou morale, s'occupe de l'approvisionnement, du stockage, de la vente, du transport et de la livraison des minerais à des fabricants des produits finis ou semi-finis. Cet accord d'approvisionnement entre les deux entreprises jugulera la fraude qui sévit à travers toutes les opérations minières allant des mines artisanales à l'exportation.

L'ARECOMS est un établissement public[1] chargé de :

- délivrer le certificat de conformité, outil de renforcement des mécanismes de l'OCDE sur l'approvisionnement responsable en minerais[2] ;
- veiller sur l'absence des personnes vulnérables (enfants mineurs, femmes enceintes) dans les sites d'extraction et le long de la chaîne d'approvisionnement[3] ;
- surveiller l'exercice de la prérogative de l'entité juridique commerciale qui, malgré le monopole lui reconnu par l'Etat, a la latitude de fonctionner en partenariat avec d'autres entreprises (publique ou privée) ou de leur déléguer tout ou partie de son activité[4].

Bref, cette entité juridique commerciale à l'instar de l'EGC, a la forme commerciale d'un comptoir d'achat à régime monopolistique. La déclaration de certaines substances minérales en substances minérales stratégiques ou réservées a pour fondement de renforcer le régime applicable à ces substances aux fins d'une importante rentabilité au plus fort d'une forte demande sur le plan international avec effet d'entrainement de la hausse des cours. Celle-ci n'est réalisable entre autres que si la fraude et la contrebande sont réduites jusqu'à un seuil presque nul. Rien n'explique le fait que la RDC est le premier producteur de cobalt avec une production mondiale incontestée atteignant 60 % alors que la contribution de ce métal au budget de l'État en termes de recettes est moindre.

---

[1] Article 6

[2] Article 7 alinéa 1er

[3] Article 7 alinéa 2

[4] Article 8

1. 9. Faire transporter les produits miniers alors qu'on n'en a pas le droit

Les titulaires des droits miniers, les entités de traitement, les coopératives minières, les négociants, les comptoirs d'achat et de vente des minerais ont la liberté de transporter ou de faire transporter leurs marchandises par le transporteur de leur choix. Toutefois, ce dernier doit se faire identifier auprès des services attitrés[1].

Le transporteur remplit le formulaire de demande de l'attestation de transport des produits miniers marchands d'exploitation industrielle ou artisanale délivré par l'administration des mines et signé par le requérant. Le défaut de satisfaction à cette procédure est un acte répréhensible au regard de la législation. À cette occasion, le transporteur verse la taxe EAD de 1 % de la valeur d'achat sur le compte de la province.

1.10. L'utilisation par l'exportateur d'un entrepôt non-agrée avec intention frauduleuse

Il est d'une obligation que les installations de l'exportateur destinées à entreposer les produits miniers fassent l'objet d'un agrément avant la prise en charge douanière. Le défaut d'accomplissement de cette procédure est assimilé à un acte frauduleux.

1.11. L'utilisation frauduleuse d'étiquetage (bag and tag) par contamination des sites miniers qualifiés verts par des minerais en provenance des sites rouges

Les opérateurs s'adonnent au loisir de mélanger des produits miniers illégalement extraits à partir des sites classés rouges avec des produits en provenance des sites verts pour être exportés par les biais de circuits légaux soumis à la certification ou à la traçabilité. Malheureusement, la RDC fut identifiée parmi les pays par l'entremise desquels les marchands véreux des diamants peuvent obtenir frauduleusement des certificats du processus de Kimberley pour permettre aux diamants de conflit de s'introduire dans le circuit légal.

Une enquête rapporte l'état des lieux de cette contamination frauduleuse sur la présentation des statistiques durant une période : « Il est surprenant que, depuis 2014, la partie de la production non couverte par l'iTSCi n'apparaisse plus dans les statistiques officielles des exportations du Ministère des Mines. Alors qu'en 2013, les exportations

---

[1] Article 108 *septies* du Code minier

de cassitérite de l'iTSCi représentaient 65 % du total des exportations, elles représentaient 104 % en 2014. Il en va de même pour le coltan. Étant donné que ni les erreurs statistiques ni l'existence de stocks ne semblent expliquer la différence entre la production et l'exportation de 3T non couverts par l'iTSCi, cette différence pourrait indiquer une contamination possible des chaînes d'approvisionnement et une contrebande transfrontalière »[1].

Suite aux difficultés liées à la mise sur pied d'une traçabilité, l'ampleur de la fraude et de la contrebande dans le secteur aurifère est indescriptible. Selon les estimations, la production artisanale de l'or en RDC est de 12 tonnes l'an pour une valeur équivalente à 500 millions de dollars US[2].

La grande quantité de l'or provenant de l'exploitation artisanale en RDC transite en contrebande par l'Ouganda qui n'applique pas de taxe d'exportation, avant de s'exporter vers les Émirats arabes unis[3]. La position stratégique de ce pays depuis une décennie nous intéresse. Hormis l'Ouganda, une bonne partie de l'or artisanal congolais transite en contrebande par l'entremise de la Tanzanie, souvent par Kigoma. Le Partenariat Afrique Canada (Impact) signale que selon les statistiques de 2013, 40 % du commerce mondial de l'or a transité par Dubaï, estimé à une valeur de 75 milliards de dollars US[4].

Cette ville joue aussi le rôle de plaque tournante concurremment avec Anvers en ce qui concerne les diamants bruts dont plus de 15 % représentant une valeur de 12, 4 milliards de dollars couvrant un tiers des exportations des diamants congolais, sont passés par là[5]. La contrebande du diamant est à même de nourrir la criminalité internationale organisée. Cette pierre précieuse sert de moyen parfaitement mis au point de

---

[1] Réseau européen pour l'Afrique Centrale, *Mesures d'accompagnement au Règlement de l'UE sur l'approvisionnement responsable en minerais. Pour un renforcement de la gouvernance du secteur minier artisanal en RDC*, mars 2017, p. 25

[2] « Striking Gold: How M 23 and its Allies are Infiltrating Congo's Gold Trade », Enough Project, octobre 2013; p. 1 cité par Partenariat Afrique Canada, *Tout ce qui brille n'est pas or : Dubaï, le Congo et le commerce illicitedes minéraux de conflit*, mai 2014, p. 6

[3] Office des Nations Unies contre la drogue et le crime, *op. cit.*, p. 62

[4] « Dubai gold trade grows to $70bn », The National, le 9 avril 2013; http://www.thenational.ÉAU/business/industry-insights/economics/dubai-gold-trade-grows-to-70bn cité par Parténariat Afrique Canada, *op. cit.*, p. 2

[5] « Dubai gold trade reached $75 billion in 2013 », Mining.com, le 7 avril 2014; http://www.mining.com/dubai gold-trade-reached-75-billion-in-2013-26806 cité par Partenariat Afrique Canada, *op. cit.*, p. 2

blanchiment d'argent de par sa modalité d'échange sur pièce plutôt que sur base du poids[1].

La carte mondiale des importations des diamants[2]

Globalement, selon les estimations, plus de 22 tonnes d'or ont été exportés de la CIRGL vers Dubai[3]. En définitive, le commerce de l'or issu de l'exploitation artisanale et de petite mine de la RDC vers les Émirats Arabes Unis manque de transparence malgré l'engagement pris par des sociétés minières et les personnes concernées de respecter le devoir de diligence[4]. La dernière nouvelle en date est relative à l'interception et à la saisie par la douane kenyane, d'un stock de 4 tonnes d'or en provenance de l'Est de la République Démocratique du Congo vers Dubaï. À vrai dire, c'est la preuve qui démontre qu'en dépit de l'établissement de la certification régionale des ressources naturelles et des incriminations contenues dans le nouveau code minier, la contrebande persiste encore.

Ce fléau annihile les effets positifs dont est porteuse la Covid-19 sur la montée en flèche de la demande en or. Au plus fort de la crise économique résultant de la prise des mesures publiques exceptionnelles face à la pandémie, le métal jaune continue d'assumer son rôle d'étalon.

---

[1] Thibault le PICHON (dir.), *Criminalité et développement en Afrique*, Rapport de l'office des Nations Unies contre la drogue et le crime, juin 2005, p. 24

[2] www.facebook.com/geopolitico.info

[3] Shawn BLORE, *La contrebande de l'or dans la région des Grands Lacs. Les flux d'or transfrontaliers dans la région et la contrebande vers l'extérieur de la région*, Rapport du Partenariat Afrique Canada, mai 2015, p. 8

[4] Partenariat Afrique Canada, *op. cit.*, p. 4

Ainsi, le World Gold Council soutenait-il le 14 juillet 2020 : « La pandémie aura probablement un effet durable sur l'allocation des actifs. Elle renforcera également la valeur de l'or en tant qu'actif stratégique »[1].

Vers le 5 août 2020, l'or coté en bourse avait atteint le plus haut prix jamais enregistré, soit 2048 dollars américains l'once (1 once = 28, 35 grammes). Cependant, ce prix en bourse ne reflète pas la réalité qui sévit dans les mines artisanales où règnent la fraude et la contrebande minières.

1.12. Détention sans titre ni autorisation des produits miniers (art. 108 sexies du Code minier)

Hormis les exploitants détenteurs des permis d'exploitation et les négociants attitrés, seuls les établissements de crédit régulièrement installés sur le territoire national, le Trésor public, l'Administration des mines et certaines universités et institutions de recherche sont autorisés à détenir les produits miniers sans remplir d'autres procédures. Toutefois, les bijoutiers, joailliers, artistes et dentistes peuvent les détenir sur base d'une autorisation délivrée par le gouverneur de province. En ce qui concerne les artistes, dès lors qu'ils sont agréés par le ministère ayant la culture et les arts dans ses attributions, ils reçoivent de la part de la division provinciale des mines l'autorisation de détenir ces substances pour le besoin de leur profession. La violation de cette procédure est susceptible d'être assimilée à la fraude.

1.13. De la fraude et du pillage des ressources naturelles minières (art. 311 ter *du Code minier)*

Cette disposition englobe tous les actes de fraude et des pillages des ressources naturelles minières en les assortissant d'un cadre répressif précis. Il se lit : « Est puni d'une peine de servitude pénale de dix à vingt ans et d'une amende dont le montant s'élève à l'équivalent en francs congolais de 250.000 à 500.000 USD, quiconque aura, par tout acte généralement quelconque, tout accord, toute convention, tout arrangement ou tout autre fait, qui a pour conséquence de priver la nation, les personnes physiques ou morales de tout ou partie de leurs propres moyens d'existence tirés de leurs ressources ou richesses minières, outre la confiscation des biens et avoirs issus du délit ». La

---

[1] Patrick SMITH, « Artisanat, contrebande…La nouvelle ruée vers l'or africain », in Jeune Afrique, 24 novembre 2020 à 13 heures 55 (www.jeuneafrique.com)

contexture de cet article tiré du code minier comporte trois parties : le régime répressif cumulant la servitude pénale principale, la peine d'amende et la confiscation, les moyens par l'entremise desquels l'infraction se commet (accord, convention, arrangement…) et les conséquences de l'acte sur la nation congolaise (privation de ressources et richesses).

À vrai dire, le législateur fait entendre que le mal le plus profond de la fraude est de priver une partie ou toute la Nation de ses ressources et richesses quelle qu'en soient leurs formes (naturelle, vénale, recettes financières). Il y a prévu un régime répressif sévère, souvent ventilé dans l'application des législations particulières au cas par cas (fiscal, douanier, financier) par l'administration et/ou par la justice. Les entreprises minières qui s'arrangent à évacuer leurs produits miniers la nuit sont auteurs de l'écart à l'allure d'incohérence et de contradiction entre les statistiques de production et celles d'exportation. En effet, elles se soustraient aux formalités de taxation et d'enregistrement à la diligence des services ad hoc.

Au motif de juguler la fraude douanière et la contrebande que favorise notamment le non-respect des heures d'ouverture et de fermeture· des postes frontaliers nationaux, une circulaire du Premier ministre fixe l'horaire d'ouverture et de fermeture des postes frontaliers nationaux (fluviaux, lacustres et terrestres) de 8 heures à 18 heures en ce qui concerne la traversée des biens[1] et enjoint différents ministres à y veiller (ministres de l'Intérieur et Sécurité, de la Justice et Garde des Sceaux, de l'Économie nationale, du Commerce extérieur, de la Défense nationale, des Finances, de l'agriculture et de la Santé).

Étant donné qu'habituellement ces infractions sus évoquées sont couvertes par des manigances à titre de trafic d'influence des personnes investies de pouvoir, Balingene Kahombo avise que le législateur aurait dû intégrer l'aspect relatif à la qualité officielle à titre de circonstances aggravantes dans la répression desdites incriminations prévues dans le Code minier[2]. De l'entendement du législateur, le pillage des ressources naturelles étant développé dans la section relative au contexte de la fraude et de la contrebande minières à l'Est de la RDC, est frère siamois à la fraude.

---

[1] Circulaire o° CAB/PM/CJDH/2017/02 relative aux heures d'ouverture et de fermeture des postes frontaliers nationaux concernant la circulation des biens du 16 août 2017

[2] BALINGENE KAHOMBO, « Les activités minières et le respect des droits de l'homme au Kivu », in *Recht in Afrika – Law in Africa – Droit en Afrique* 22 (2019), p. 212

1.14. De l'entrave à la transparence et à la traçabilité dans l'industrie minière (art. 311 quater du Code minier)

La disposition se lit de la manière suivante : « Est passible d'une amende dont le montant s'élève à l'équivalent en francs congolais de 100.000 à 1.000.000 USD, quiconque, par tout acte, tout accord, toute convention, tout arrangement ou tout autre fait, entrave à la transparence et à la traçabilité dans l'industrie minière ». Pour couper le lien entre l'exploitation minière et le financement des conflits, les opérateurs miniers sont soumis au devoir de transparence et de traçabilité dans l'exercice de leurs activités.

Les mécanismes de fonctionnement de l'ITIE assurent la transparence dans les industries extractives dès lors que sont publiés la propriété des sociétés extractives (y compris minières), les recettes collectées par des régies financières, les procédures. Toute obstruction cache par présomption des manœuvres frauduleuses.

1.15. Le transbordement (fragmentation et reconstitution des colis)

Au sens propre tiré du Glossaire des termes douaniers internationaux, le transbordement est un « régime douanier en application duquel s'opère, sous contrôle de la douane, le transfert des marchandises qui sont enlevées du moyen de transport utilisé à l'importation et chargées sur celui utilisé à l'exportation, ce transfert étant effectué dans le ressort d'un bureau de douane qui constitue à la fois le bureau d'entrée et le bureau de sortie »[1].

Il s'agit d'un mécanisme qui encadre le changement des modalités de transport des marchandises sous la supervision des services de douanes. De ce point de vue, un lot des minerais transportés par voie routière pourrait être déchargé et rechargé sur un bateau. Malheureusement, il ne fonctionne pas comme prévu aux alentours de certains postes frontaliers.

Pour illustration, les agents de douanes assistent impuissamment à un phénomène qui se produit assez fréquemment dans le sillage des postes-frontières : un camion bondé des marchandises arrive à la frontière entre la RDC et le Rwanda ou entre la RDC et la Zambie. Cependant, au lieu de se présenter au poste en vue de remplir les formalités d'entrée, le conducteur le stationne à côté. De là, il est déchargé et les marchandises sont fragmentées pour être soit vendues au détail, soit confiées à de petits

[1] OMD, *op. cit.*, p. 36

transporteurs devant franchir la frontière à dos d'homme, par moto, par pirogue, à pied ou à vélo. Arrivés de l'autre côté de la frontière, ils procèdent au montage du colis. Toutes ces manœuvres visent à exonérer les marchandises du paiement de droits de douane ou à en minimiser les frais à payer

N'étant pas en soi une infraction, mais une opportunité offerte aux fraudeurs de commettre des actes frauduleusement systémiques se perpétrant sous la barbe des agents de douane de Kasumbalesa, le transbordement consiste à faire d'une marchandise taxable une marchandise non taxable ou moins taxable, souvent avec la complicité ou le laxisme des agents douaniers.

1.16. Modification d'identification des marchandises qui occasionne un changement de classification

De connivence avec certains agents commis à la douane, le déclarant identifie autrement la marchandise pour échapper à la taxation. Par exemple, au lieu de déclarer le diamant réel, il l'identifie à une autre pierre de couleur comme l'émeraude exempté ou soumis à une taxation profitable au déclarant.

1.17. La modification frauduleuse de prix ou valeur

Il s'agit de la fausse déclaration sur la valeur réelle (teneur) du produit minier. D'où, la nécessité pour le CEEC de tenir en partenariat avec la Commission nationale de la mercuriale des prix des produits exportés et de façon régulière, l'actualisation des cours des minerais en fonction de la teneur et de la quantité.

Il est de coutume que le ministre ayant le commerce extérieur dans ses attributions communique, après avis d'autres ministères et services ad hoc, les mercuriales de produits à marchés exportés par la RDC, y compris les minerais aux ministères et services concernés dans l'exportation des produits miniers (ministère des finances, ministère des mines, OCC, OGEFREM, DGDA, Gécamines, CEEC, CTCPM). La transmission contient des rubriques suivantes : substances minérales, teneur, teneur limite, taux de valorisation, cours moyen boursier en dollars US/tonne, frais déductible et valeur frontière en dollars

US/tonne[1]. Cette fixation des prix a une incidence sur la valeur en douane des minerais[2].

Une dissension s'était nourrie sur la valeur en douane de la cassitérite entre l'Assemblée provinciale du Sud-Kivu et la FEC/Sud-Kivu. La première l'avait fixée à 4,3 % tandis que la seconde proposait 2,5 %. Il avait fallu que le Gouverneur intervienne pour trancher en la fixant à 4,3 %. Il s'est penché du côté de l'Assemblée provinciale, représentante des intérêts de la province en défaveur des opérateurs miniers.

En outre, la nomenclature devrait intégrer d'autres concentrés qui ne sont pas repris dans l'Arrêté Interministériel N° 0913 CAB.MIN/MINES/01/2018 et N° 243/CAB.MIN/FINANCES/2018 du 21 novembre 2018 portant nomenclature des produits miniers marchands. Un rapport d'une commission d'enquête du sénat a révélé l'existence de vice de nomenclature des produits miniers en ce sens que bon nombre d'opérateurs miniers octroient aux produits extraits, traités et transformés des appellations que l'administration des mines ne contrôle pas. Il s'agit des dénominations fantaisistes et non conformes aux règles de l'art minier (cuivre divers, cobalt divers, autres sables, concentré hétérogénite, anodes de cuivre) ne tenant pas compte de la valeur ajoutée issue du traitement et de la transformation[3].

1.18. Le traitement ou la transformation sans agrément des substances minérales

L'article 82 du Code minier dispose : « Toute personne qui se propose de se livrer uniquement à la transformation des substances minérales doit requérir et obtenir une autorisation de traitement ou de transformation qui relève d'une législation particulière ». À cet effet, les entités de traitement et de transformation ainsi que les comptoirs d'achat et de vente des minerais sont obligés, aux termes de la réglementation du change, de se faire immatriculer auprès de la direction de la règlementation du change de la BCC.

L'entité de traitement est une société quelle que soit la forme et qui obtient par des procédés minéralurgiques des produits marchands sous forme de concentrés, d'affiné ou de raffiné tandis qu'une entité de

---

[1] Ministère du Commerce Extérieur, *Lettre portant Transmission des mercuriales des produits à marchés exportés par la RDC*, 7 juin 2018

[2] MUTABAZI NGABOYEKA et NYASSA SANGANYI, *op. cit.*, p. 53

[3] David MUTAMBA DIBWE et al., *Rapport de la commission d'enquête du Sénat de la RDC sur le secteur minier*, 2008, p. 61

transformation est aussi une société qui, par des procédés industriels, transforme ces concentrés en produits finis. Toute fraude est une entorse à la prescription de la législation : « A l'exception des titulaires des droits miniers ou de carrières d'exploitation, nul ne peut procéder au traitement ou à la transformation des substances minérales sans en avoir reçu l'agrément au titre d'Entité de traitement ou de transformation octroyé par le ministre ayant les Mines dans ses attributions »[1].

1.19. Surcharger les camions ou véhicules transportant des matières premières brutes (défaut de tonnage par modification des quantités).

Tel est le cas de l'entrée en Zambie des camions pleins à ras bord. Par conséquent, le placement des agents du ministère des Mines à certains points stratégiques permettrait d'authentifier les charges déplacées sur les routes de sortie des produits marchands.

1. 20. Ne pas déclarer la totalité de leur cargaison

Cet acte frauduleux est puni autant par l'administration fiscale que par l'administration douanière entraînant des pénalités au prorata et des redressements à des fins utiles.

1. 21. Trafiquer sur les documents requis comme préalables à l'exportation en fournissant notamment de faux papiers ou des papiers inexacts

Le titulaire d'un titre minier d'exploitation, une entité de traitement ou de transformation et un comptoir d'achat des substances minérales de production artisanale est autorisé à exporter ses produits sous réserve de présenter à chaque opération et suivant le cas, les documents ci-après : le Registre du Commerce et du Crédit Mobilier « RCCM », le numéro d'identification nationale, le numéro import-export, l'autorisation pour étranger d'exercer le commerce en République Démocratique du Congo, la copie du titre minier d'exploitation en cours de validité, la copie de l'agrément au titre d'entité de traitement ou de transformation en cours de validité, la copie de l'agrément au titre de comptoir d'achat des

---

[1] Article 3 de l'Arrêté ministériel n° 3163/CAB.MIN/MINES/01/2007 du 11 août 2007 portant réglementation des activités de l'entité de traitement et de l'entité de transformation des substances minérales, *in* journal Officiel de la République Démocratique du Congo, 48ème année, 1ère partie, n° 20

substances minérales de production artisanale en cours de validité, la copie du document de change, l'attestation de gestion ou l'attestation fiscale en cours de validité, les numéros des comptes bancaires ouverts au pays et à l'étranger, le numéro d'identifiant fiscal « NIF »[1].

1.22. Fraude sur les documents à annexer à la demande d'exportation

Toute tentative de nature à s'usurper de la présentation d'un document requis lors de la demande d'exportation expose les contrevenants à des poursuites pour fraude. Conformément au manuel de procédures de traçabilité, l'exportateur doit se munir de documents ci-après : la copie du titre minier d'exploitation en cours de validité, la copie de l'agrément au titre d'entité de traitement ou de transformation en cours de validité, la copie de l'agrément au titre de comptoir d'achat des substances minérales de production artisanale en cours de validité, la copie du document de change, l'attestation de gestion ou l'attestation fiscale en cours de validité, l'attestation fiscale en cours de validité, la preuve de l'existence des comptes bancaires ouverts en son nom au pays et à l'étranger, la preuve de rapatriement obligatoire des 60 % des recettes de l'exportation précédente, le contrat de vente[2].

Sur base de faux documents, la société OBWIN SARL tenta en juin 2017 d'exporter illégalement de l'or extrait en RDC. Le Chef de la division provinciale des mines du Sud-Kivu a même confié au groupe d'Experts onusiens de n'avoir pas apposé la signature figurant sur lesdits documents[3].

1. 23. Fraude sur la déclaration d'origine et de vente de produits miniers marchands

Délivrée par la direction des mines ou par un service de mines du ressort, cette déclaration contient la nature, la quantité, la qualité, l'origine, le prix des produits miniers marchands. Elle est accompagnée de bulletin d'analyse des échantillons délivrés par le CEEC, l'OCC, le CGEA et éventuellement par un laboratoire d'analyse étranger[4]. Des cas de falsification des certificats d'origine dans des pays de transit ont aussi

[1] Ministère des Mines et des Finances de la RDC, *op. cit.*, p. 16
[2] *Idem*, p. 17
[3] ZOBEL BEHALAL et al., *Rapport final du Groupe d'experts sur la République Démocratique du Congo*, 4 juin 2018, Conseil de Sécurité des Nations Unies, p. 26
[4] Ministère des Mines et des Finances de la RDC, *op. cit.*, p. 23

été répertoriés. Assimilée à la contrebande, la fraude sur la déclaration d'origine se matérialise par un certificat d'origine ou un permis d'exportation faussé.

1. 24. La pratique frauduleuse de l'établissement des prix de transfert

Il est de pratique courante dans le circuit de l'or et des diamants à destination des Émirats Arabes Unis (Dubaï) que les prix et la valeur de ces produits marchands précieux soient sous-évalués à l'exportation, puis surévalués à Dubaï. Ainsi, la sous-évaluation déprécie la taxation tandis que la surévaluation n'infère pas de conséquences fiscales puisque les Émirats arabes unis sont considérés comme un paradis fiscal où il est fait application d'exemption. En les réexportant, ces négociants réalisent de superprofit atteignant même 70 % par rapport au prix initial d'achat, et ce, au grand dam du fisc des pays africains, grands exportateurs des diamants et de l'or.

En guise d'illustration, la RDC a quitté subitement en 2013 son piédestal de deuxième exportateur mondial des diamants brut pour se retrouver dixième en termes de valeurs ou recettes d'exportation de la même pierre précieuse. Elle n'a même pas, dans ces circonstances, bénéficié de la compensation du système STABEX pour cette perte en raison de ses propres failles : une simple volatilité en dehors de cours internationaux (prix). C'est pourquoi le Système de certification du Processus de Kimberley devrait se pencher (en ce qui concerne les diamants) sur la question en vue d'enrayer ce crime odieux aux apparences justificatives d'affaires et de spéculation.

Si le creuseur participant à la chaîne des valeurs régionales ou mondiales de la production artisanale des minerais ne jouit pas d'avantage conséquent, il en souffre et cette frustration le prédestine à la fraude. De même, le coût qu'occasionne la mise en œuvre de programme de traçabilité, à l'instar de l'iTSCi, pèse sur les exploitants artisanaux, premier chainon de la production de l'artisanat minier. Il importe de stabiliser les prix des minerais sur la longueur de toute la chaîne d'approvisionnement de sorte que tous les opérateurs intervenant en tirent profit. La disparité des prix amène les exploitants artisanaux à proposer leur produit ailleurs auprès du meilleur offrant.

D'ailleurs, dans le cadre du nouvel ordre économique mondial, de telles pratiques sont fustigées d'autant plus que l'écart béant entre le prix initial d'achat des matières brutes et le prix de vente du produit fini doivent être réduits et plus ou moins resserrés. Cette réduction permettra aux producteurs contribuant à la chaîne des valeurs mondiales de tirer un profit raisonnable de leur exploitation et activité. C'est aussi une stratégie pour lutter contre la pauvreté. À ce niveau, en tant qu'établissement public chargé notamment de l'évaluation, le CEEC[1] est le plus en vue. Plutôt que de recourir à un évaluateur indépendant pour assurer une contre-évaluation de ces produits, l'État congolais a la possibilité de renforcer les capacités humaines, opérationnelles et matérielles du CEEC. Sans doute, la maximisation des recettes fiscales et parafiscales en dépend. À l'heure actuelle, la DGI est encore en train d'étudier la notion du prix de transfert qui pour le moins est assimilé à une forme d'évasion fiscale plutôt que de fraude fiscale.

2. En raison d'une mesure administrative ou judiciaire (suspension d'activités, fermeture...)

Conformément à la législation minière, les opérateurs miniers doivent fonctionner après avoir satisfait aux préalables des activités minières, entre autres la constitution en bonne et due forme, la délivrance des autorisations. Aux termes du code minier, les opérateurs miniers sont : Les exploitants miniers artisanaux, les négociants, les comptoirs d'achat et de vente agréés, les entités de traitement ou de transformation agréées, les titulaires de droits miniers. Tout exercice de ladite activité dans le non-respect des préalables est susceptible de constituer une fraude à la législation minière. L'arsenal répressif y afférent est constitué des pénalités et amendes prévues notamment par la législation douanière et accisienne conformément à l'article 305 du Code Minier.

2.1. Procéder sans titre aux opérations dans le secteur minier

Tous les opérateurs miniers posent des actes juridiques respectifs en vertu de la qualité qui leur est reconnue : les permis de recherche (article 50 du Code minier) et d'exploitation (article 64 du Code minier et 86 pour les rejets des mines) sont une condition sine qua non pour procéder à la recherche ou à l'exploitation des substances minérales. Les coopératives minières (article 114 bis), les comptoirs d'achat et de vente

---

[1] Article 4 : « Le Centre a pour objet d'expertiser, analyse, analyser, évaluer et certifier en République Démocratique du Congo :
Les substances minérales précieuses, les substances minérales semi-précieuses et pierres de couleur, les métaux précieux et semi-précieux et les métaux rares associés ou non aux métaux majeurs ferreux et non ferreux... ».

des minerais (article 120 du Code minier) ainsi que les mandataires en mines et carrières (article 25 du Code minier) sont soumis à l'agrément que délivre le ministre des Mines. Les exploitants artisanaux (article 111 bis) et les négociants (article 117 alinéa 2) possèdent des cartes comme preuve de reconnaissance de leur qualité. De ce fait, tout acte posé comme tel en l'absence de titre ou qualité respective est assimilé à la fraude. L'hypothèse d'un mandataire en mines et carrière qui continue à exercer en vertu d'un agrément n'étant plus en cours de validité n'est pas à proprement parlé au regard de la définition de la fraude minière, un acte susceptible de constituer une fraude minière.

2.2. Continuer l'exploitation en dépit de sanction de suspension, d'interdiction, de déchéance, d'annulation

La suspension, l'interdiction, la déchéance l'annulation sont des sanctions administratives et/ou judiciaires que peuvent encourir des opérateurs miniers dès lors qu'ils accusent certains manquements dans le cadre de leurs activités (art. 289 à 292 du Code minier). Poursuivre le cours normal de l'activité sous sanction est apparenté à une fraude. La déchéance est décidée en cas d'exercice des activités minières illicites, c'est-à-dire celles qui se font sans autorisation aux termes de l'article 311 du Code minier, du vol et recel des substances minérales, du transport illégal et autres. La suspension est la riposte au constat de certaines fautes graves liées aux obligations environnementales et sociales. L'annulation est encourue en cas de déchéance non suivie de recours ou de décision définitive de rejet du recours. L'interdiction frappe ceux qui ont été déchus de leurs droits ou dont les droits ont été annulés. Il s'agit de l'interdiction de recouvrer un droit lié au secteur minier ou d'en être éligible endéans une période (un an, trois ans ou cinq ans).

2.3. Continuer à exercer le rôle d'un opérateur minier alors que le titre est retiré (exploitant artisanal, comptoir d'achat et vente...) ou n'est plus en cours de validité :

Dès lors que le titre ou la qualité est retirée par l'autorité compétente ou qu'il n'est plus en cours de validité, le concerné s'abstient de poser des actes qui relevaient jadis de ce titre ou de cette qualité. Y persister se déduit d'acte frauduleux puni par la législation. L'article 114 du code minier est inhérent au retrait de la carte de l'exploitant artisanal tandis que l'article 119 du même Code s'étale sur le retrait de la carte du négociant. Les deux exemples-types sont susceptibles de déduire de l'existence de fraude.

3. D'après la violation de la législation fiscale, parafiscale et douanière

Le régime fiscal minier fait intervenir outre le ministère des Mines et ses divers départements et services spécialisés, des services rattachés à d'autres ministères, à l'instar de celui des finances (douanes, impôts), de l'intérieur (sécurité), du commerce extérieur. La fraude minière sur le fisc fait en sorte que les prévisions fiscales se heurtent à des situations inattendues en dehors des marges prévisibles. La preuve éloquente de cet état des choses s'exprime par le décalage entre les impôts qui devraient être collectés avec les montants réellement collectés et annoncés.

3.1. Fausse déclaration dans le formulaire ad hoc à remplir à la fin de chaque mois (art. 216 in fine du Code minier)

Le titulaire de droit minier tient ce formulaire ad hoc contenant des indications sur les quantités produites, vendues ou exportées des substances minérales, leurs qualités, leurs valeurs, les montants de divers impôts, droits, taxes et redevances dus et payés au profit du Trésor public, aux entités territoriales décentralisées et aux organismes de l'État. Toute fausse déclaration, sous-évaluation que détectent des inspecteurs des mines et des régies financières est répréhensible.

3. 2. Tenter de faire bénéficier un bien non figurant sur la liste du régime privilégié des biens à importer pour le besoin du projet minier ou de son extension au régime préférentiel (art. 232 du Code minier) :

Un exportateur ayant bénéficié du régime préférentiel sur base de conventions et accords internationaux, peut demander à la DGDA un Certificat d'origine de facilités douanières/DGDA. En dehors de cette hypothèse, ses exportations sont soumises au régime de droit commun et du code minier. Passer outre à l'aide des manœuvres frauduleuses expose le contrevenant à des poursuites.

3. 3. Fraude sur la déclaration lors de l'importation (art. 233 du code minier) :

En principe, le titulaire des droits miniers est libre d'importer des biens, services et actifs sur le territoire de la RDC dans le cadre de ses investissements miniers. Dans ce cas, il est passible des droits d'entrée et de la TVA à l'importation au taux de droit commun. Le législateur fixe déjà la pénalité qui n'est rien d'autre que le retour à la case-départ, en l'occurrence l'application du droit commun.

3. 4. Ne pas intégrer la plus-value (superprofit) dans l'assiette fiscale de l'impôt sur les bénéfices et profits et de l'impôt mobilier (art. 253 alinéa 1er du Code minier) :

Les plus-values se dégageant de la cession des titres sociétaires sont imposables dans la catégorie des bénéfices non commerciaux[1]. Constitue un acte de fraude fiscale à incidence minière, le fait pour une société minière de ne pas déclarer la plus-value ou le superprofit résultant de la cession d'un titre minier ou d'un actif de peur qu'elle ne soit intégrée dans l'assiette de l'impôt sur les bénéfices et profits. Le superprofit dépassant 25 % des bénéfices prévisionnels fait l'objet de l'impôt au taux de 50 %. En quelque sorte, l'État et le titulaire concernés se partagent équitablement l'aubaine. Ce fort taux est de nature à dissuader la déclaration.

3.5. La fixation exagérée de frais généraux :

Les loyers, redevances, primes d'assurance, rémunération d'intermédiaires, honoraires, dons, subventions sont des frais généraux soumis aux conditions de déductibilité particulières[2]. Les opérateurs miniers organisent la fraude dans la fixation de certains frais, par exemple le coût du transport. À titre d'illustration, les frais de transport d'une usine au Katanga vers Ndola (40 kilomètres) coûteraient plus que le trajet Lubumbashi – Johannesburg (2000 kilomètres).

Les frais de transport rentrent dans les charges déductibles d'impôt sur les bénéfices. Alors, en gonflant l'enveloppe y consacrée, ils paient moins l'impôt. Les critères d'une charge d'exploitation déductible de l'impôt sont la réalité et la normalité. Pour le cas sous examen, le trajet ne

---

[1] Philippe OUDENOT, *Fiscalité approfondie des sociétés*, 2ème édition, Litec, Paris, avril 2001, p. 831

[2] Philippe OUDENOT, *op. cit.*, pp. 260 et s.

justifie pas normalement et réellement le coût excessif du transport. Même si le transporteur prétendrait courir plus de risques en convoyant les minerais, cette hypothèse ne se justifie pas. En vertu de la théorie de l'acte normal de gestion, le dirigeant d'une entreprise ne peut pas se permettre d'aligner « une dépense ou une perte à charge de l'entreprise sans qu'elle ne soit justifiée par les intérêts de l'exploitation »[1].

La présente logique s'applique aussi à la rémunération des intermédiaires. Les entreprises doivent apporter la preuve réelle de l'entremise utilisée pour justifier le paiement de la commission. Il importe aussi que le prix soit normal. Il a été jugé comme normale une commission payée « eu égard aux pratiques de négoce à l'exportation » ou encore « aux usages habituellement pratiqués »[2].

Lors des vérifications, les contrôleurs fiscaux procèdent au redressement en soumettant le superflu à l'imposition. Souvent, de telles astuces en amont sont assimilées à l'évasion fiscale. En effet, l'assiette fiscale se réduit. Telle est la raison pour laquelle la législation minière insiste sur les prix de pleine concurrence.

3. 6. La fraude dans le paiement des impôts, taxes, droits et redevances est sanctionnée conformément à la législation en la matière (art. 296 du Code minier) :

Le recouvrement fiscal se prête à un grand défi. Il est à constater que par expérience dans des nombreux pays, le harcèlement fiscal dont sont victimes les opérateurs miniers de la part des autorités chargées du fisc s'érige en obstacle pour l'investissement dans le secteur minier, empêchant par ricochet une déclaration honnête et correcte des revenus imposables et le paiement de la dette fiscale. Les impôts supplémentaires et les pénalités sanctionnatrices accroissent la pression sur l'opérateur minier au point que l'administration n'ait pas d'autre choix que d'engager des négociations aux fins de leur réduction ou suppression[3].

La confusion des missions de différents services intervenant dans la collecte des impôts, droits, taxes et redevances contribue à installer le flou sur la fiabilité, l'exhaustivité des statistiques sur la production et sur

---

[1] Jérôme Nirnal THOMAS, *op. cit.*, p. 24

[2] Conseil d'Etat 16 décembre 1987, n°55.790, 9ème et 7ème s.-s., SA Allibert exploitation ; Conseil d'Etat 17 mars 1990, n°54.533, 7ème et 9ème s.-s., Sté Triumph France cité par Jérôme Nirnal THOMAS, *op. cit.*, p. 300

[3] Banque mondiale, *op. cit.*, p. 23

les impôts payés[1]. Par conséquent, les chiffres que publie chaque institution sont de loin certains et conformes aux montants effectivement recouvrés et enregistrés au Trésorier de l'Etat, le dépositaire central de tous les paiements versés au Trésor public, en l'occurrence la Banque Centrale du Congo.

Plusieurs facteurs concourent à la différence entre les impôts dus et les montants effectivement recouvrés et annoncés :

- Certains exploitants miniers ne déclarent pas de volumes de production conforme et sous-évaluent des exportations ;
- Les services intervenant dans la détermination, le recouvrement, l'enregistrement et la publication des informations sur les recettes fiscales sont soupçonnés d'actes de fraude ;
- L'existence de la contrebande et des exportations clandestines, en particulier à l'Est du pays ;
- L'inexistence d'un système comptable harmonisé entre les régies financières et la Banque Centrale du Congo aux fins d'enregistrement des chiffres semblables ;
- L'incapacité dans le chef du gouvernement d'assurer la détermination indépendante du tonnage et de la teneur des substances minérales ;
- Les exportations minières ainsi que des taxes ne font pas l'objet d'audits indépendants ;
- Les déclarations des opérateurs miniers contiennent parfois des informations financières incomplètes et inexactes sur leurs revenus et activités »[2].

Le ministère des Mines a mis en place en 2015 la Commission interministérielle d'harmonisation et de consolidation des statistiques minières. Elle regroupe en son sein, telle que sa dénomination l'indique, plusieurs ministères et services : Plan, Mines, Économie, Commerce, Finances (DGI, DGDA, DGRAD, …), CTCPM, SAEMAPE, CAMI, CEEC…

En marge de ses travaux, ladite commission procède de la manière suivante :

- Le président de la Commission adresse l'invitation aux délégués des services intervenants ;
- Par service, la Commission collecte les données sur la production, l'exportation des produits miniers ainsi que sur les recettes ;

[1] *Idem*, p. 26

[2] *Idem.*, p. 29

- Les données sont analysées, harmonisées et consolidées par filière (diamantifère, aurifère, stannifère, cupro-cobaltifère) et par rubriques de recettes (impôts, droits de douane et recettes domaniales)[1].

D'après l'article 21 de l'arrêté ministériel portant mise en œuvre du Mécanisme régional de certification, le CEEC tient à jour une base nationale des données sur les flux matières et flux financiers rangés en trois rubriques :

- Inspection et certification des sites miniers des minerais désignés (3TG) ;
- Traçabilité de la chaîne d'approvisionnement ;
- Certification des exportations des minerais désignés[2].

Après examen et confrontation, doivent être centralisées, les données provenant de base des données sectorielles tenues à jour au sein de l'Administration des mines (SAEMAPE, CTCPM,..) et des services spécialisés (CAMI). En tout état de cause, la résolution de certains maux affectant l'exploitation minière artisanale est aussi une condition préalable à la quantification de la production réelle permettant d'obtenir des statistiques concordantes et complètes. Tels sont par exemple les cas de l'attitude migratrice des creuseurs, l'exploitation clandestine dans des mines isolées, les difficultés d'accès aux sites miniers en raison de l'état défectueux des infrastructures[3]. L'aménagement de toutes ces initiatives contribue certainement à la transparence et à la lutte contre la fraude minière sous l'angle fiscal, parafiscal et douanier.

4. Les actes de fraude minière en raison de la violation de la réglementation du change

Est de nature à constituer des actes de fraude minière dans le chef des titulaires des droits miniers, des entités de traitement et/ou de transformation et des comptoirs d'achat et de vente des minerais, le non-respect des obligations relatives à la réglementation du change dont la BCC exerce principalement le suivi.

---

[1] Ministère des Mines de la RDC, *Procès-verbal des travaux de la Commission interministérielle d'Harmonisation et de Consolidation des statistiques minières*, exercice 2016, février 2017, pp. 1-4

[2] Martin KABWELULU, *op. cit.*, p. 27

[3] ITIE RDC, *op. cit.*, p. 4

4.1. Le transfert des revenus, du capital et des opérations financières en fraude des droits de l'État :

Le principe est que le titulaire des droits miniers est appelé à respecter la protection du marché intérieur et du change. Les devises étrangères ne sortiront du territoire national que pour rémunérer des prestations non-équivalentes en termes de quantité, qualité et prix, aux prestations des nationaux congolais. Il en va de même des biens d'acquisition et de location, des services rendus (par des commissionnaires, intermédiaires), des prestations intellectuelles (formation), de l'octroi des dividendes aux actionnaires ou associés non-résidents, des produits de vente d'action ou part sociale[1].

4.2. Le défaut de souscription auprès d'une banque commerciale agréée d'un document de change par le titulaire des droits miniers :

Pèse sur le titulaire des droits miniers désireux de transférer des fonds conformément à la règlementation du change, l'obligation de souscrire auprès d'une banque commerciale locale un document de change sur base duquel la BCC aura la preuve du fait générateur de la redevance du suivi et du change[2]. Ladite souscription préalable se rapporte généralement à l'importation et exportation des biens (déclaration modèle IB et EB), des services (Déclaration IS et ES) et aux transferts des revenus, capital et aux opérations financières (Déclaration modèle RC).

La validité du document du change est de 90 jours pour les déclarations d'exportations des biens et des services et celles de transfert des revenus, capital et opérations financières[3]. Le contournement de cette obligation est susceptible de constituer une fraude à la réglementation du change, en définitive, une fraude minière au titre de l'arrêté interministériel créant la CNLFM.

L'article 6 de l'Ordonnance-loi de 1967 se lit que les règlements de la Banque Nationale peuvent inclure des autorisations générales dont l'obtention est conditionnée par l'accomplissement de certaines formalités auprès des intermédiaires. À juste titre, vaut autorisation générale, la souscription préalable à toute opération d'importation et d'exportation auprès d'une banque agréée.

---

[1] Article 264 du Code minier

[2] Article 264 alinéa 3

[3] Article 12 alinéa 1er de la Règlementation du Change

4. 3. Le fait pour un titulaire des droits miniers de rémunérer indument (avec favoritisme) une société affiliée

Contrairement à l'article 265 du Code minier, tout paiement d'un bien ou d'un service au-delà du prix du marché au profit d'une société affiliée, est constitutif de fraude quoique la sanction (redressement et astreinte) y assortie soit d'ores et déjà prévue dans la législation minière. Ces sociétés appartenant au même groupe peuvent se permettre de transférer des bénéfices vers un État à faible pression fiscale sous les formes de majorations artificielles des prix d'achat à l'importation ou des minorations des prix de vente à l'exportation.

Le but camouflé est de placer de manière illégale une partie de leurs bénéfices dans des paradis fiscaux où ladite société-écran bénéficiaire du transfert ne se limite par exemple qu'à des opérations de facturations[1]. Jean Cosson présente les paradis fiscaux comme « des ilots de liberté absolue caractérisée de vide juridique fiscal, d'anarchie et de corruption »[2]. Le fraudeur pourrait recourir à une contre-lettre. Quitte aux services intervenants d'être vigilants.

L'article 552 du Règlement minier institue deux garde-fous :

- L'obligation de déposer auprès de la Direction des mines dans les 10 jours après la signature de tout contrat avec une société affiliée, une copie certifiée conforme de ce contrat ;
- La transmission à la BCC et à la Direction des mines dans la quinzaine suivant la fin du mois, du rapport mensuel retraçant les mouvements des fonds transférés aux sociétés affiliées.

Au regard de la procédure y afférente, le concerné corrige les conditions et termes du contrat. Sinon, le surplus est pris en compte dans le redressement fiscal au niveau de la DGI qui l'intègre dans ses bénéfices et profits imposables[3], en plus de l'application de l'astreinte par jour. Les astreintes sont « une sanction pécuniaire frappant les personnes mises en demeure par pli recommandé avec accusé de réception ou remis en main propre sous bordereau de décharge, pour n'avoir pas donné suite, dans le délai, à une demande de renseignements de l'Administration des Impôts dans le cadre du droit de communication »[4].

---

[1] Patrick DIBOUT, *op. cit.*, p. 189

[2] Jean COSSON, *Les industriels de la fraude fiscale*, éditions du Seuil, Paris, 1971, p. 169

[3] Article 558 du Règlement minier

[4] Norbert BOKIE NDWAYA et Lepriya MIKOLE BONZALE, *Procédures fiscales congolaises*, éditions INADOF, mai 2006, p. 67

4. 4. Le refus de communiquer à l'administration des mines le contenu des conventions d'emprunt conclues avec les bailleurs des fonds étrangers

L'administration des mines, la BCC et la DGI vérifient la conformité desdites conventions d'emprunt aux conditions et termes similaires ou plus favorables à ceux qui se pratiquent sur le marché national[1].

4. 5. Refus d'ouvrir deux comptes dont un compte principal à l'étranger et un autre sur le plan national

L'État oblige tout titulaire des droits miniers de rapatrier les recettes d'exportations suivant un pourcentage requis dans son compte national du compte principal à partir duquel ses exportations sont domiciliées et ce, endéans 15 jours à dater du jour d'encaissement au compte principal à l'étranger.

4. 6. Omission frauduleuse de rapatrier les recettes d'exportation

Omettre de rapatrier les bénéfices réalisés à l'étranger est susceptible de constituer un acte frauduleux. Les concernés recourent à plusieurs techniques pour ce faire : affectation à une société affiliée se trouvant sous des cieux fiscaux cléments, rémunération des services fictifs à l'étranger, rapatriement des redevances sous forme de dividendes pour jouir d'un régime fiscal avantageux[2].

4.7. Le fait pour le titulaire de procéder au service de la dette sur une quotité de recettes qu'il garde sans avoir eu à communiquer ses coordonnées bancaires, ni à avoir transmis à chaque trimestre à la BCC le rapport de ses activités relatives au compte principal à l'étranger[3]

Au titre de l'article 558 in fine, les références bancaires à fournir sont : le nom et coordonnées de la banque à l'étranger, le numéro du compte principal, le nom du principal contact du titulaire de droit minier auprès de cette banque à l'étranger.

---

[1] Article 543 du Règlement minier

[2] Patrick DIBOUT, *op. cit.*, p. 189

[3] Article 269 alinéa 3

4. 8. Le fait pour un titulaire de débiter le paiement des biens acquis et loués ainsi que des services rendus à l'étranger sur la quotité rapatriée

L'interdiction découlant de l'article 269 alinéa 4 du Code minier est formelle et expresse. La quotité rapatriée financera exclusivement les dépenses domestiques. De ce fait, le titulaire des droits miniers n'a pas la latitude de la débiter afin d'honorer ses engagements à l'étranger. La clause de sauvegarde contraint dans une certaine mesure les opérateurs miniers à accorder la prépondérance aux opérations à effecteur sur le marché local, faute de quoi tout transfert vers l'étranger est frappé de la redevance à titre de compensation et découragement.

4. 9. Le fait d'échapper au paiement de la redevance du suivi du change à l'occasion de toute opération de crédit et de débit du compte domicilié en RDC vers l'étranger ou vice-versa

À l'exception des mouvements de rapatriement des fonds provenant du compte principal et des transferts opérés du compte principal à l'étranger vers les comptes subsidiaires de service de la dette, toute opération de crédit et de débit du compte domicilié en RDC vers l'étranger ou vice-versa est frappée du paiement de la redevance du suivi du change au profit de la BCC. Le taux est de 2 ‰ (2 sur 1000) sur la totalité du montant de toute exportation (100 %). C'est ce qui donne 0,002 x 100 = 0, 2 %. L'article 15 point h de la Règlementation du change dispose :

« Ne sont pas concernés par la perception de la redevance du suivi de change :

h) tout mouvement de débit effectué sur le compte principal à l'étranger d'un titulaire de droits miniers vers le compte affecté au service de la dette extérieure ».

Pour le cas précis, l'intention de la BCC est à la fois dissuasive et compensatrice en ce sens qu'elle décourage tout transfert de la RDC vers l'étranger privant le marché national de devises. Si par impossible, le titulaire prend ce risque, il compense l'opération en versant auprès de la banque agréée pour le compte de la BCC cette redevance.

4. 10. La fraude dans le chef des titulaires des droits miniers, sous-traitants et entité de traitement pour n'avoir pas respecté la règlementation du change sur la compétitivité des biens et services importés face au marché local (article 547 du règlement minier) :

La BCC et l'OCC, chacun dans l'exercice de ses compétences légales respectives, s'enquièrent et y statuent dans les 15 jours suivant la date à laquelle le différend fut porté par-devers eux. En définitive, tous les actes énumérés ci-dessus rentrent dans le champ des infractions à la réglementation du change aux termes de l'article 10 de l'Ordonnance-loi de 1967 qui se lit en ces termes :

« Constituent infraction à la règlementation du change :

— tout acte non-conforme aux dispositions législatives ou règlementaires relatives au contrôle de change ;

— l'obtention d'autorisation par des procédés illégaux ou irréguliers tels la falsification ou l'altération de documents, la fausse déclaration ainsi que l'utilisation de tels procédés en vue de les obtenir ».

Si la première incrimination reflète des infractions simples, la seconde est relative à des actes de fraude. À chaque fois qu'un titulaire des droits miniers souscrit préalablement à toute opération d'import-export à une licence auprès d'une banque agréée, il est supposé avoir été autorisé par la BCC à travers la délégation des pouvoirs. Par conséquent, tout manœuvre quant à ce relève de la fraude.

B. Distinction entre la fraude et la contrebande

Au-delà du monopole de lever des impôts et taxes sur son territoire, l'Etat exerce notamment le monopole du contrôle des relations des résidents sur son territoire avec l'étranger[1]. En érigeant l'infraction de contrebande, il organise sa politique commerciale, industrielle, sanitaire. La fraude et la contrebande minières sont deux sœurs siamoises en ce sens qu'elles sont liées, mais qu'elles peuvent aussi être séparées grâce à une opération chirurgicale. Elles entretiennent une relation tantôt d'inclusion, tantôt d'intersection. Au demeurant, le franchissement de la frontière en constitue le dénominateur commun en dépit de l'existence de la contrebande par présomption. Autant que la fraude, la contrebande comporte plusieurs formes et actes.

[1] Jean-Paul DOUCET, *op. cit.*, p. 485

Certains auteurs considèrent la fraude comme un mode opératoire générique de la commission des entorses aux lois et règlements, y compris la contrebande ; un mode opératoire à un large éventail d'infractions autonomes. Le droit pénal a tellement horreur de la fraude qu'il en a érigé en principe général « *Fraus omnia corrumpit* » (la fraude corrompt tout). Cette maxime latine exprime « la prohibition de toute tromperie ou déloyauté dans le but de nuire ou de réaliser un gain, exclut que l'auteur d'une infraction intentionnelle engageant sa responsabilité civile puisse prétendre à une réduction des réparations dues à la victime de cette infraction en raison des imprudences ou des négligences qu'elle aurait commises »[1].

Étant transversale à plusieurs disciplines de droit, la fraude est présente en droit constitutionnel, fiscal, douanier, international privé, pénal, social, civil, etc. D'autres estiment que la contrebande n'est qu'une forme parfaite de la fraude appliquée en matière douanière. Dans certaines législations douanières, d'autres agissements n'ayant aucun rapport avec le franchissement de la frontière sont assimilés à des actes constitutifs de contrebande. Par exemple, est constitutive de contrebande, la dissimulation dans des cachettes aménagées de certaines marchandises dont la commercialisation ou l'exportation est interdite ou dans le cadre du commerce d'État qui accorde le bénéfice du monopole aux entreprises publiques ou à certaines entreprises privées.

L'acte créateur de l'institution nationale congolaise spécialisée en matière de lutte contre la fraude et la contrebande minières la définit comme : « l'exportation ou l'importation des produits miniers en dehors des points officiels de sortie ou d'entrée du territoire national, ou encore l'exploitation, la détention ou le transport des substances minérales réservées en violation des règles auxquelles elles sont soumises »[2]. Le glossaire des termes douaniers internationaux de l'Organisation mondiale des Douanes propose simplement la définition suivante : « Infraction douanière consistant à passer clandestinement, par tout moyen, des marchandises à travers la frontière douanière, les soustrayant ainsi au contrôle de la douane »[3]. Cette définition est quasiment identique à la première manche de celle contenue dans l'arrêté interministériel créant la CNLFM en étendant sa couverture sur certaines violations du droit douanier même sans franchissement de la frontière, c'est-à-dire la

---

[1] Olivier MICHIELS, *op. cit.*, p. 65

[2] Article 2

[3] Organisation Mondiale des Douanes, *op. cit.*, p. 8

détention et la circulation des marchandises à l'intérieur du territoire douanier.

L'étendue de la conception de la contrebande diffère de l'orientation philosophique d'un Etat à un autre. Le dirigisme étatique amène un État l'ayant opté à avoir de l'emprise sur les activités au point d'utiliser une politique protectionniste. Pourtant, le libre-échangisme qu'adopte un État libéral restreint les actes constitutifs de contrebande aux devoirs essentiels à l'exercice des pouvoirs publics en vue de garantir la sécurité, la tranquillité et la salubrité publiques, bref l'ordre public[1]. La contrebande permet notamment d'introduire des produits contrefaits ou fabriqués en violation des règles relatives à la protection de la propriété intellectuelle, à l'insu ou avec la complicité des services chargés du contrôle de la qualité des produits, à l'instar de l'Office congolais de contrôle.

1. Incidence du lien transfrontalier comme dénominateur commun

La fraude et la contrebande sont considérées comme les deux grandes catégories d'activités illégales sur les marchés parallèles frontaliers. La différence entre les deux se situe dans la possibilité pour l'auteur de l'une ou de l'autre de se couvrir face à la détection.

Cécile Daubrée en établit la distinction au regard du lien transfrontalier de la manière suivante : « La contrebande concerne l'importation de biens de consommation et l'exportation des produits de rente alors que ces activités sont normalement réservées aux offices de commercialisation paraétatiques et à quelques commerçants privilégiés (l'importation de ces biens de consommation est donc contingentée ou prohibée pour les commerçants privés et l'exportation de la culture de la rente interdite hors des offices nationaux ». Par contre, selon le même auteur, « la fraude documentaire décrit le fait de masquer à la douane une partie des biens de consommation importés afin d'alléger le paiement des taxes et droits de porte, souvent très élevés, auxquels ces biens sont soumis. Cette fraude se traduit par des sous-facturations des valeurs ou des quantités et concerne des biens dont l'importation par les commerçants privés est libre, mais sur lesquels la protection est forte ». Il y a lieu de noter brièvement que la contrebande s'opère au travers de points d'entrée ou de sortie illégaux tandis que la fraude emprunte de

[1] Jean-Paul DOUCET, *op. cit.*, p. 485

voies d'entrée et sorties légales et autorisées, à l'instar des postes frontaliers.

Toutefois, les Anglo-saxons ont une conception pragmatique de la contrebande. Selon leur entendement, il n'est pas strictement besoin de traverser la frontière : toute opération de transport ou d'échange ne respectant pas scrupuleusement la législation tombe sous le coup de ce crime économique. L'idée du franchissement clandestin des frontières n'intervient pas nécessairement dans la qualification de la contrebande. Il suffit seulement que l'acte soit intentionnel. D'où, il est impérieux dans le chef des pouvoirs publics d'améliorer les contrôles aux frontières pour rendre compte de manière fiable sur la quantité et la qualité des exportations minières.

Les acteurs les plus en vue dans l'exportation illégale des substances minérales sont des intermédiaires acheteurs de la production artisanale (négociants, comptoirs, milices armées, militaires congolais). De leur côté, il est requis le respect du devoir de diligence et l'État, pour sa part, a tout à gagner en renforçant les mécanismes de contrôles aux différents points de sortie des minerais, en particulier aux aéroports de l'Est de la RDC. Ce contrôle est de nature à tracer les minerais, plus spécialement l'or et les diamants de la zone d'exploitation artisanale aux marchés internationaux en passant par des pays de transit comme l'Ouganda, le Kenya, la Tanzanie. Les estimations demeurent sous alerte en ce sens que 30 à 50 % de la production des diamants en terme de valeur sont sous-évalués ou tout simplement non déclarés »[1]. Globalement, plus de 98 % de l'or artisanal extrait en RDC ne fait pas l'objet de déclaration aux fins de la taxation.

2. Actes de contrebande

Il se dégage de la définition de la contrebande selon Cécile Daubrée et de l'arrêté interministériel portant création de la CNLFM plusieurs types d'actes de contrebande :

2.1. Le camouflage ou la dissimulation

C'est le mode opératoire spécifique par excellence de la contrebande d'autant plus que le contrebandier use de subterfuge pour ne pas se faire intercepter sur une voie de sortie ou d'entrée légale ou clandestine. Étant donné que toute exploitation, détention commercialisation et exportation

[1] Banque Mondiale, *op. cit.*, p. 68

des substances minérales réservées (uranium, thorium…) en violations des règles spécifiques constituent des actes assimilés à la contrebande, l'auteur de l'acte a tout intérêt de camoufler ladite substance. Il peut user des stratégies diverses et sophistiquées de nature à tromper ou à passer outre le contrôle au point d'entrée et de sortie légale.

Dans une étude menée en 2008, il y est précisé que de petits négociants ont révélé lors des interviews la stratégie de dissimuler du coltan en cassitérite au plus fort de l'embargo international de fait ayant frappé l'exportation du coltan extrait en RDC et considéré comme minerai de conflit[1]. En réalité, la dissimulation se prêtait à toute aisance du fait que les deux minerais sont souvent associés et partagent facilement le même circuit commercial. Ils sont d'ailleurs techniquement regroupés et désignés sous le vocable anglais de 3 T : Tin (Etain ou cassitérite), Tantalum (tantale qui est le principal composant du coltan [Colombo-tantalum] Tungstene (wolframite).

2.2. Le contournement des restrictions quantitatives

Dans le but de protéger le commerce intérieur, l'État a la faculté de fixer conformément aux règles de l'Organisation mondiale du Commerce, des quotas ou contingentements[2] sur des quantités de certaines marchandises à importer ou à exporter selon qu'il conviendrait de sauvegarder l'industrie ou la consommation locales. C'est pourquoi, aux termes de l'article 547 du règlement minier, les titulaires des droits miniers, sous-traitants et entités de traitement ont l'obligation de respecter la règlementation du change sur la compétitivité des biens et services importés face au marché local.

La loi française du 22 mars 2012 étendit à la contrebande les actes suivants :

- L'arrivée au port par voie maritime des marchandises qui ne figure pas sur le manifeste du navire ;
- Le fait de ne pas convoyer les marchandises venant d'être importées par voie terrestre vers le bureau de douane[3] le plus proche ;

---

[1] MUTABAZI NGABOYEKA et NYASSA SANGANYI, *op. cit.*, p. 52

[2] Le Glossaire des termes douaniers internationaux définit le contingent quantitatif comme « Toute quantité préfixée, autorisée à l'importation ou à l'exportation de marchandises déterminées, au cours d'une période retenue, après épuisement de laquelle aucune quantité supplémentaire de ces marchandises ne peut être importée ou exportée ».

[3] Selon le Glossaire des termes douaniers internationaux de juin 2018, le bureau de douane est : « L'unité administrative compétente pour l'accomplissement des formalités

- La situation d'un moyen de transport aérien de ne pas atterrir à l'aéroport douanier ;
- Le fait d'importer ou d'exporter des produits en violation des lois et règlements portant prohibition d'importer ou d'exporter[1].

2.3. Le contournement des prohibitions légales ou internationales

Le contrebandier s'arrange à introduire ou à exporter des produits dont l'importation ou l'exportation est interdite par des lois et règlements relatifs à la protection ou à la sauvegarde de la santé, de l'environnement et de l'industrie nationale.

2. 4. L'exploitation, la détention ou le transport des substances minérales réservées en violation des règles auxquelles elles sont soumises

Cet acte de contrebande découle textuellement de la définition de la contrebande minière conformément à l'article 2 de l'arrêté interministériel sur la CNLFM. Il constitue la seconde paire de manches de ladite définition après l'aspect relatif au contournement des postes douaniers (points officiels d'entrée et de sortie).

Eu égard aux articles 1er point 48[2] et 7 du Code minier[3], les substances minérales réservées sont des substances minérales décrétées en tant que telles par le Premier ministre. A cet effet, ce décret détermine les règles spéciales à appliquer à leur exploitation, détention, transport. Il s'agit des

---

douanières ainsi que les locaux et autres emplacements approuvés à cet effet par les autorités compétentes »

[1] Jean-Paul DOUCET, *op. cit.*, p. 486

[2] Ici, le législateur définit les substances réservées en ces termes : « toute substance minérale qui, pour des exigences liées à la nécessité d'assurer la sûreté nationale et/ou la sécurité des populations, est déclarée comme telle conformément aux dispositions du présent Code, notamment la substance radioactive »

[3] L'article 7 de la loi de 2002 portant Code minier tel que modifié par l'article 1er de la loi n°18/001 du 9 mars 2018 dispose ce qui suit in extenso : « Si la sécurité publique l'exige, le Premier ministre peut, par décret délibéré en Conseil des ministres, sur proposition du ministre, après avis du Cadastre minier et de l'Organisme spécialisé de recherches, déclarer une substance minérale substance réservée qu'il soumet à des règles spéciales.

Le décret classant une substance minérale en substance réservée précise les règles et les dispositions auxquelles est soumise cette substance. Les minerais d'uranium, de thorium et, d'une manière générale, les minerais radioactifs sont placés sous le régime des substances réservées prévu aux alinéas ci-dessus du présent article ».

substances à radioactivité ionisante telles que l'uranium et le thorium qui sont de nos jours au centre des enjeux de sécurité internationale.

En l'état actuel de nos recherches, nous avons pu constater qu'un tel décret n'est pas encore pris. Il en vaut la peine non seulement pour sauvegarder la sécurité internationale, mais aussi pour préserver la santé de la population que le Premier ministre prenne de toute urgence le fameux décret.

Le meilleur contrôle de ces substances réservées rapportera plus de recettes à l'État congolais. En dépit du classement de la mine uranifère de Shinkolobwe en zone interdite à toute activité minière par décret présidentiel de janvier 2004, l'exploitation minière artisanale se poursuivait dans la clandestinité. La médiatisation de l'éboulement de terrain au niveau de deux points d'entrées dans les galeries souterraines sur le site, causant plusieurs morts, attira l'attention des autorités nationales et de la communauté internationale[1].

Le Président de la République avait pris en 2004 un décret[2], une décision de classement de la zone de Shinkolobwe en zone interdite aux activités minières et de carrières en raison de la nécessité d'assurer la sûreté nationale et la sécurité des populations face à l'exploitation artisanale sans respect des règles spéciales requises en matière des gisements de Shinkolobwe contenant entre autres de l'uranium, substance minérale radioactive déclarée au regard du nouveau Code minier comme substance réservée[3]. Constitue de ce fait un acte de contrebande, la violation des dispositions règlementaires en vertu du décret du Premier ministre sur la régulation des substances minérales réservées comme l'uranium, le thorium (substances fissibles ou radioactives).

Elles sont soumises aussi à une règlementation sur le plan international en vue de contrôler des ambitieux projets d'acquisition des armes nucléaires. Les grandes puissances sont très sensibles face à la contrebande des produits fissibles pour éviter l'expansion ou l'élargissement de l'acquisition par des États de ces armes de destruction

---

[1] ASADHO/Katanga, *Mine uranifère de Shinkolobwe : d'une exploitation artisanale illicite à l'accord entre la RD Congo et le groupe nucléaire français AREVA*, Lubumbashi, juillet 2009, p.15

[2] Conformément au décret-loi constitutionnelle 003 du 27 mai 1997 et avant la Constitution du 18 février 2006, le Président de la République statuait par voie de décret

[3] Préambule et article 1er du Décret n° 04/017 du 27 janvier 2004 portant classement en zone-interdite aux activités minières et/ou aux travaux de carrières, de la zone de Shinkolobwe, située dans le territoire de Kambove, district du Haut-Katanga, province du Katanga, Journal Officiel de la RDC, 45ème année, Première partie, n° 4

massive. D'ailleurs, l'article 151 du Code pénal chinois punit notamment la contrebande des matériaux nucléaires[1].

Dans un article publié dans le bulletin de l'Agence internationale de l'Énergie atomique, Robert Skjoeldebrand écrit : « les pays dotés de cette capacité [de produire de l'énergie nucléaire], et pouvant compter sur des possibilités futures d'approvisionnement, peuvent aussi se fier aux mécanismes du marché international et faire appel aux importations pour acquérir des composants importants et des composants spéciaux, ou encore des systèmes complets, par simple souci de rentabilité »[2].

L'article 3 point 2 du Traité sur la non-prolifération des armes nucléaires dispose : « Tout État Partie au Traité s'engage à ne pas fournir : a) de matières brutes ou de produits fissiles spéciaux, ou *b)* d'équipements ou de matières spécialement conçus ou préparés pour le traitement, l'utilisation ou la production de produits fissiles spéciaux, à un État non doté d'armes nucléaires, quel qu'il soit, à des fins pacifiques, à moins que lesdites matières brutes ou lesdits produits fissiles spéciaux ne soient soumis aux garanties requises par le présent article ». La garantie principale est reprise au quatrième point de la même disposition et conditionne le commerce des matières fissibles à des fins pacifiques aux accords que devront signer les États intéressés avec l'Agence internationale de l'Énergie Atomique, AIEA en sigle[3]. La RDC a signé ledit traité auprès de trois États faisant office de dépositaires (États-Unis, Angleterre, URSS) respectivement le 22 juillet 1968, le 26 juillet 1968 et le 17 septembre 1968.

Sur le plan continental africain, les Etats ont adopté le traité de Pelindaba sur les zones exemptes d'armes nucléaires lequel dispose :

« Chaque État partie s'engage :

a) à mener toutes les activités d'utilisation pacifique de l'énergie nucléaire dans le respect de mesures rigoureuses de non-prolifération, de manière à garantir que les matières seront utilisées exclusivement à des fins pacifiques ;

b) à conclure avec l'AIEA un accord de garanties étendues en vue de la vérification du respect des engagements visés à l'alinéa (a) du présent article ;

c) à ne pas fournir de matières brutes ou de produits fissiles spéciaux ou de l'équipement ou du matériel spécialement conçu et préparé pour

---

[1] Jean-Paul DOUCET, *op. cit.*, p. 486

[2] Robert SKJOELDEBRAND, « Les marchés nucléaires internationaux: problèmes et perspectives », *in AIEA Bulletin*, vol. 26, n°3, p. 31

[3] Traité sur la non-prolifération des armes nucléaires du 1er juillet 1968

traiter, utiliser ou fabriquer des produits fissiles spéciaux à des fins pacifiques à tout État non doté d'armes nucléaires, si ce n'est conformément à un accord de garanties étendues et conclu avec l'AIEA »[1].

Il est plausible qu'un État mû de la volonté de développer un programme nucléaire à des fins militaires organise une contrebande d'État avec un autre. En RDC, parallèlement à la Commission nationale de lutte contre la fraude minière, fut créé en 2005 le Conseil national de Sécurité Nucléaire, service public placé sous la tutelle du ministre ayant la recherche scientifique dans ses attributions. Il est chargé de :

« 1. lutter contre le trafic illicite des matières nucléaires et radioactives notamment par la prévention, la détection des actes de vol, de transfert illégal desdites matières, le sabotage des installations y afférentes, l'accès non autorisé ;

2. collecter et acheminer les matières radioactives et nucléaires concernées auprès de l'autorité compétente ;

3. lutter contre l'utilisation des matières radioactives et nucléaires à des fins terroristes »[2].

Un rapport de l'ASADHO dévoile le contenu d'un protocole d'accord conclu entre la RDC et l'AIEA : « Aux termes du Protocole d'accord de sauvegarde et du protocole additionnel avec l'AIEA [signé le 9 avril 2003], le gouvernement de la RD Congo a la responsabilité de prendre des mesures de protection et de sécurité pour assurer la protection adéquate du matériel nucléaire et radioactif »[3]. L'objectif est d'éviter que ces substances sur bases desquelles sont fabriquées des bombes nucléaires ne tombent entre les mains des groupes incontrôlés susceptibles de poser des actes terroristes.

3. Formes de contrebande

Selon notre entendement basé sur l'observation des actes de contrebande, nous retenons deux formes de contrebande par rapport à la qualité des acteurs :

---

[1] Article 9 du Traité sur la zone exempte d'armes nucléaires en Afrique (Traité de Pelindaba)

[2] Article 4 du Décret n° 05/020 du 29 mars 2005 portant création d'un Conseil National de Sécurité Nucléaire, en sigle « CNSN », Journal Officiel de la RDC, première partie n°7, 15 avril 2005

[3] ASADHO/Katanga, *op.cit.*, p. 8

3.1. La contrebande de survie

C'est la forme la plus récurrente qui caractérise des populations transfrontalières soucieuses d'assurer leur survie au quotidien. Étant donné que certains acteurs ne réalisent pas la gravité de ces actes à grande échelle, une campagne de sensibilisation est nécessaire pour leur étaler le bien-fondé de recourir à des voies autorisées conformément à la législation. En plus, les pouvoirs publics devront leur accorder des exonérations fiscales et douanières.

Au niveau national, la tâche incombe au Comité de facilitation du Commerce extérieur rattaché au ministère du Commerce extérieur de la RDC. En partenariat avec les services ad hoc des États voisins, il établit des listes communes bénéficiant de la franchise douanière. De ce fait, le comité conjoint tiendra tous les six mois des réunions périodiques aux fins d'évaluation et d'actualisation. Conformément au RECOS du COMESA, un produit figurant sur la liste ne bénéficie de la franchise que s'il représente une valeur ne dépassant pas deux mille dollars américains. Même postérieurement aux conflits, la contrebande perdure comme moyen de survie à la portée d'anciens combattants[1].

3.2. La contrebande officielle aux apparences officieuses

Un État pour une raison ou une autre (en cas d'embargo, restriction des normes internationales ou sanction internationale) commandite des contrebandiers dont la tâche est de s'approvisionner en certains produits stratégiques touchant à la sécurité internationale. Exceptionnellement, dans ce cas, le convoi pourrait emprunter des voies légales sous la surveillance de l'État ami ou complice. Il est d'une opinion communément répandue que dans le cadre du Projet Manhattan, la première bombe atomique (Little boy) ait été fabriquée sur base de l'uranium extrait à Shinkolobwe au Katanga.

[1] Thibault le PICHON (dir.), *op. cit.*, p. 29

Explosion de la bombe atomique sur la ville japonaise de Nagasaki en 1945[1]

En ce qui concerne l'étude dans le cas d'espèce, l'ONG Partenariat Afrique Canada distingue deux types de contrebande : la contrebande liée au trafic transfrontalier illicite entre les pays de la CIRGL et celle de l'intérieur de la CIRGL vers des destinations étrangères comme Dubaï[2]. Le groupe d'Experts s'était satisfait que les Émirats Arabes Unis et la RDC se soient mutuellement engagés à collaborer en matière de lutte contre la fraude et la contrebande minières, plus spécialement de l'or. Toutefois, il est estimé que ce partenariat ne serait très dynamique que si les 12 États de la CIRGL sont impliqués[3].

Le flux des substances minérales en contrebande est comparable par analogie à un cours d'eaux sous pression. Lui ériger un barrage en termes de sanction ou d'embargo l'amène à se frayer un autre passage là où le terrain est de toute évidence réceptif, à l'instar de la porosité des frontières ou de faibles contrôles.

---

[1] ASADHO/Katanga, *op. cit.*, p. 11

[2] Shawn BLORE, *op. cit.*, p. 9

[3] ZOBEL BEHALAL, *op. cit.*, p. 23 et s.

Au lendemain d'une succession de rapports du Groupe d'experts des Nations Unies, le comité des sanctions du Conseil de Sécurité des Nations Unies avait pris en 2007 des mesures sanctionnatrices en l'encontre de trois sociétés ougandaises exportatrices de l'or en provenance de la RDC. Au cours de la même période de validité de ces sanctions, le Kenya qui exportait modestement quelque 500 kg d'or par an, a atteint, contre toute attente et en dépit de son taux de redevance de loin supérieur à celui appliqué en Ouganda, 3000 kg pour une année[1]. Cela illustre sans aucune ambiguïté que la quasi-totalité du volume de l'or qu'exporte habituellement l'Ouganda en provenance de la RDC, a été acheminée vers le Kenya. Métal précieux le plus prisé en joaillerie, l'or est facilement transportable et camouflable aux fins de la contrebande pour enfin alimenter potentiellement des groupes armés.

Valeur brute des flux de contrebande des produits provenant de la République Démocratique du Congo[2]

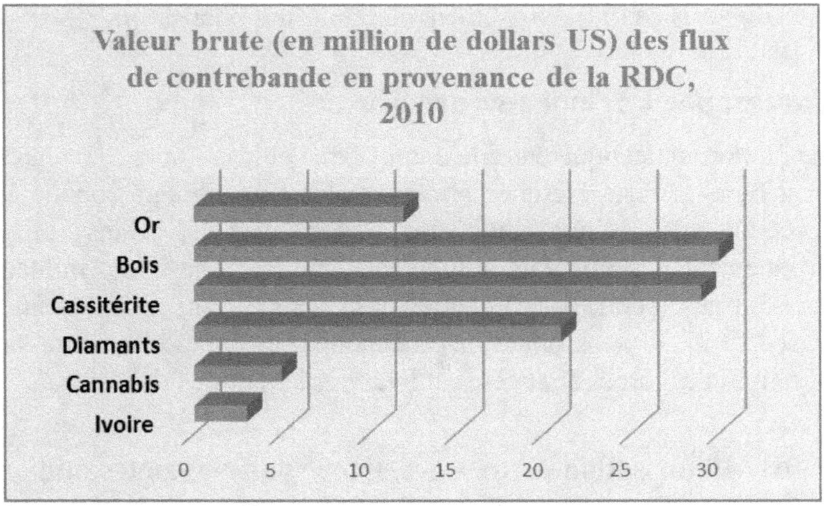

[1] *Idem*, pp. 16-17

[2] Office des Nations Unies contre la drogue et le crime, *Criminalité organisée et instabilité en Afrique Centrale. Une évaluation des menaces*, Octobre 2011, Vienne, p. 13 in www.unodc.org

Section II. Contexte favorisant la fraude et la contrebande minières à l'Est de la RDC

L'Alliance transnationale pour la lutte contre le commerce illicite soutient dans un de ses rapports le malaise aggravant la fraude et la contrebande minières : « The illegal trade of tantalum, tungsten, tin and gold (also refered to as 3 TG) from the Democratic Republic of Congo and surrounding countries underpins conflict throughout Africa, finances armed groups and encourages forced labour, human rights abuses, corruption and money laundering »[1].

La fraude et la contrebande minières s'opèrent dans un contexte particulier à l'Est de la RDC. Région ayant la réputation d'être l'épicentre de l'insécurité et de l'instabilité, la partie orientale de la République connaît la malédiction des ressources naturelles. L'enjeu sécuritaire est de taille pour couper le lien entre le conflit armé et l'exploitation illégale des ressources naturelles, y compris les minerais. Au-delà du défi d'ordre sécuritaire, cette partie du territoire national est atteinte comme partout ailleurs du virus de l'affaiblissement des contrôles publics.

Paragraphe I. L'enjeu sécuritaire

Le rapport dialectique entre le conflit armé et les ressources naturelles a occasionné la forte présence armée sur les sites miniers connue sous l'expression de militarisation des sites miniers. Dans un tel environnement, les minerais alimentent, dans ce tohu-bohu, militaires, groupes armés, sociétés multinationales, États voisins. Les frontières poreuses facilitent sans doute des incursions, ingérences et immixtions clandestines des forces étrangères attirées par le flair des richesses.

A. Militarisation et présence armée dans les zones minières

L'attrait et le boom des minerais ont transformé l'Est de la RDC en un sanctuaire d'insécurité endémique où écument dans la confusion des hommes armés plongés dans le pillage et l'exploitation illégale des

---

[1] Moodie, A. (2014, April 23). *Amid legal uncertainty on conflict minerals, alternative emerge*. The Guardian. Available at https://www.theguardian.com/sustainable-business/conflict-free-minerals-ruling-litigation-apple-intel; see also the EU's conflict Minerals Regulation, available at: https://ec.europa-eu/trade/policy/in-focus/conflict-minerals-regulation/regulation-explained, cite par Transnational Alliance to Combat illicit trade, *Mapping the impact of illicit trade on the sustainable development goals*, new York, July 2019, p. 100

ressources naturelles. La manne minière en nature et en espèce contribue à financer principalement des groupes armés et des États voisins de l'Est depuis plus de deux décennies.

Paul Collier, chercheur à la Banque mondiale, définit dans ses thèses la rébellion comme de la prédation, une forme de crime organisé[1]. Il est parmi les chefs de file de la théorie économique des conflits, c'est-à-dire des ressources naturelles comme leitmotiv des conflits communautaires : « ces thèses sont censées reposer sur un modèle qui se veut scientifique parce que fondée sur une analyse statistique d'indicateurs macro-économiques. De la manipulation experte de ces indicateurs, il résulterait en effet que ce sont les ressources et au premier chef la présence des matières premières exportables qui expliquent les rébellions »[2].

Entre 2013 et 2015, l'ONG belge IPIS visita plus de 1615 sites miniers artisanaux répartis en Ituri, dans les provinces du Nord-Kivu et Sud-Kivu, du Maniema, et dans le nord de l'ex-Katanga. Son rapport conclut que 56 % de ces sites sont sous l'emprise d'une présence armée[3].

En principe, la présence des forces armées sur les sites miniers est un fait normal pour des raisons de sécurité des sites, des exploitants et des installations conformément à l'annexe II 6 du guide de l'OCDE sur le devoir de diligence pour des chaînes d'approvisionnement responsables en minerais provenant des zones de conflit ou à haut risque. Aux alentours des sites miniers sont établis les FARDC et des groupes armés.

La présence des premières est justifiée par l'existence des derniers. De cette façon, les unes et les autres pactisent pour une cohabitation pacifique afin de profiter de la manne minière[4]. Celle-ci s'acquiert de par des actes suivants : la taxation du chiffre d'affaires de responsables des puits, l'accès aux sites, aux routes, aux stations, aux espaces de lavage[5]. Confrontés à des conditions de vie difficiles, les militaires sont tentés de s'adonner à des activités illicites consistant à racketter les creuseurs, à se livrer eux-mêmes ou par personnes interposées à l'exploitation minière, à

---

[1] Roland MARCHAL et Christine MESSIANT, « De l'avidité des rebelles : l'analyse économique de la guerre civile selon Paul Collier », *Cadernos de Estudos Africanos* [En ligne], 2 | 2002, mis en ligne le 17 février 2015, consulté le 01 mai 2019. URL : http://journals.openedition.org/cea/1253 ; DOI : 10.4000/cea.1253, p. 13

[2] Roland MARCHAL et Christine MESSIANT, *op. cit.*, p. 14

[3] WEYNS Y., HOEX L. & MATTHYSEN K. (2016), *Analysis of the interactive map of artisanal mining areas in eastern DR Congo: 2015 update, IPIS,* p. 19 cité par Réseau européen pour l'Afrique Centrale, *op. cit.*, p. 19

[4] CENADEP, *op. cit.*, p.11

[5] OFPRA, *op. cit.*, p. 9

user de l'influence pour assurer la sécurité des convois des minerais, voire à faciliter la contrebande minière…

Le degré de militarisation de sites miniers varie d'une province à une autre et d'un type de minerais extraits à un autre. Par exemple, le Maniema est la province dont les sites ou les zones minières sont les moins militarisés. Par conséquent, il est plus aisé de s'approvisionner de manière responsable en minerais au Maniema par rapport aux Nord et Sud — Kivu ou à l'Ituri. En raison de leur difficile accessibilité, la plupart des sites miniers d'exploitation aurifère artisanale sont de moins en moins validés et inspectés pour permettre l'institution d'un système de certification ou de traçabilité de l'or.

C'est ce qui porte à croire qu'une grande partie des sites aurifères sont plus militarisés que ceux de 3T. Heureusement, la situation sécuritaire s'améliore relativement autour des zones minières des provinces de l'Est. L'État s'attèle à restaurer son autorité en des endroits jadis occupés par des groupes armés.

Militarisation des sites miniers[1]

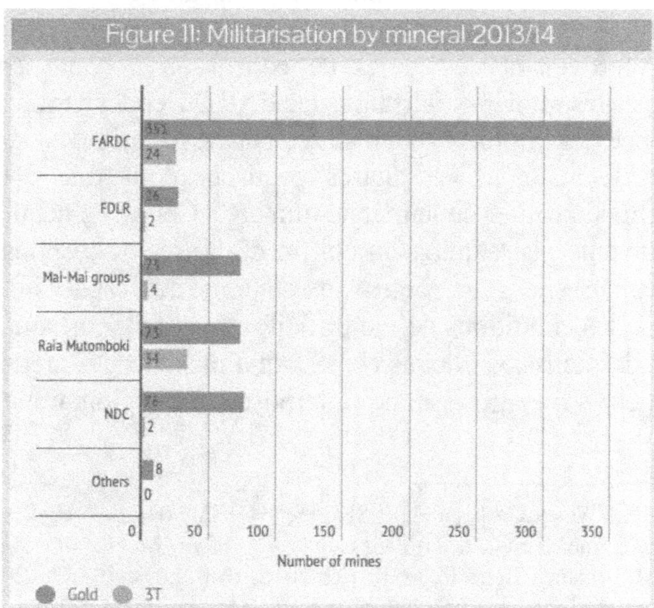

1

[1] OCDE, Chaînes d'approvisionnement en minerais et liens avec les conflits dans l'Est de la République Démocratique du Congo. Conduite des affaires responsable. Cinq ans de mise en œuvre du devoir de diligence, Rapport de l'IPIS, 2015, p. 21

Dans un article intitulé « Tiraillements autour du secteur minier de l'Est de la RDC », les auteurs ont porté un regard critique sur l'opprobre que jettent les différents discours des Organisations internationales présentant les minerais en provenance de l'Est de la RDC comme « minerais de sang »[2] dans le sens où il s'entretient un lien entre l'exploitation et la commercialisation de ces minerais avec l'état du conflit endémique dans la Région[3].

Les auteurs précités trouvent qu'il s'agit d'un discours général et des analyses qui ne tiennent pas compte des spécificités locales et historiques au point de créer la confusion entre la fraude et la militarisation. Même dans un contexte de paix, plusieurs facteurs en l'occurrence la pauvreté, la crise économique, la mauvaise gouvernance du secteur minier, contribuent à la persistance de la fraude et de la contrebande minières.

Souvent, les rapports des ONG se focalisent sous un angle unidimensionnel de la présence armée dans le circuit minier. Au cas par cas, la situation s'interprète de la manière suivante : d'un côté, les personnes en armes exercent le contrôle à la fois économique, politique et sécuritaire autour des sites. De l'autre, elles offrent tout simplement leur sécurité contre paiement en espèces et en nature.

Il en découle qu'il s'agirait d'une défaillance interne soit au sein de la hiérarchie des FARDC, soit dans la restauration de l'autorité de l'État. Il est relevé dans un rapport résultant des informations recoupées que les groupes armés ne tireraient profit que de 1 à 10 % de la valeur des minerais illégalement exploités et que le réseau d'affairistes mafieux le long du circuit accaparent la manne importante[4].

---

[1] OCDE, Chaînes d'approvisionnement en minerais et liens avec les conflits dans l'Est de la République Démocratique du Congo. Conduite des affaires responsable. Cinq ans de mise en œuvre du devoir de diligence, Rapport de l'IPIS, 2015, p. 21

[2] Sara GEENEN et Ruud CUSTER, « Tiraillements autour du secteur minier de l'Est de la RDC », *in* VANDEGINSTE, S., REYNTJENS, F. et MARYSSE, S., *L'Afrique des Grands Lacs. Annuaire 2009-2010*, L'Harmattan, Paris, p. 229

[3] Sara GEENEN et Ruud CUSTER, *op. cit.*, p. 230

[4] UNEP-MONUSCO-OSESG, note 59, para. 121 cité par BALINGENE KAHOMBO, *op. cit.*, 215

Cartographie des sites miniers dans l'Est
de la République Démocratique du Congo[1]

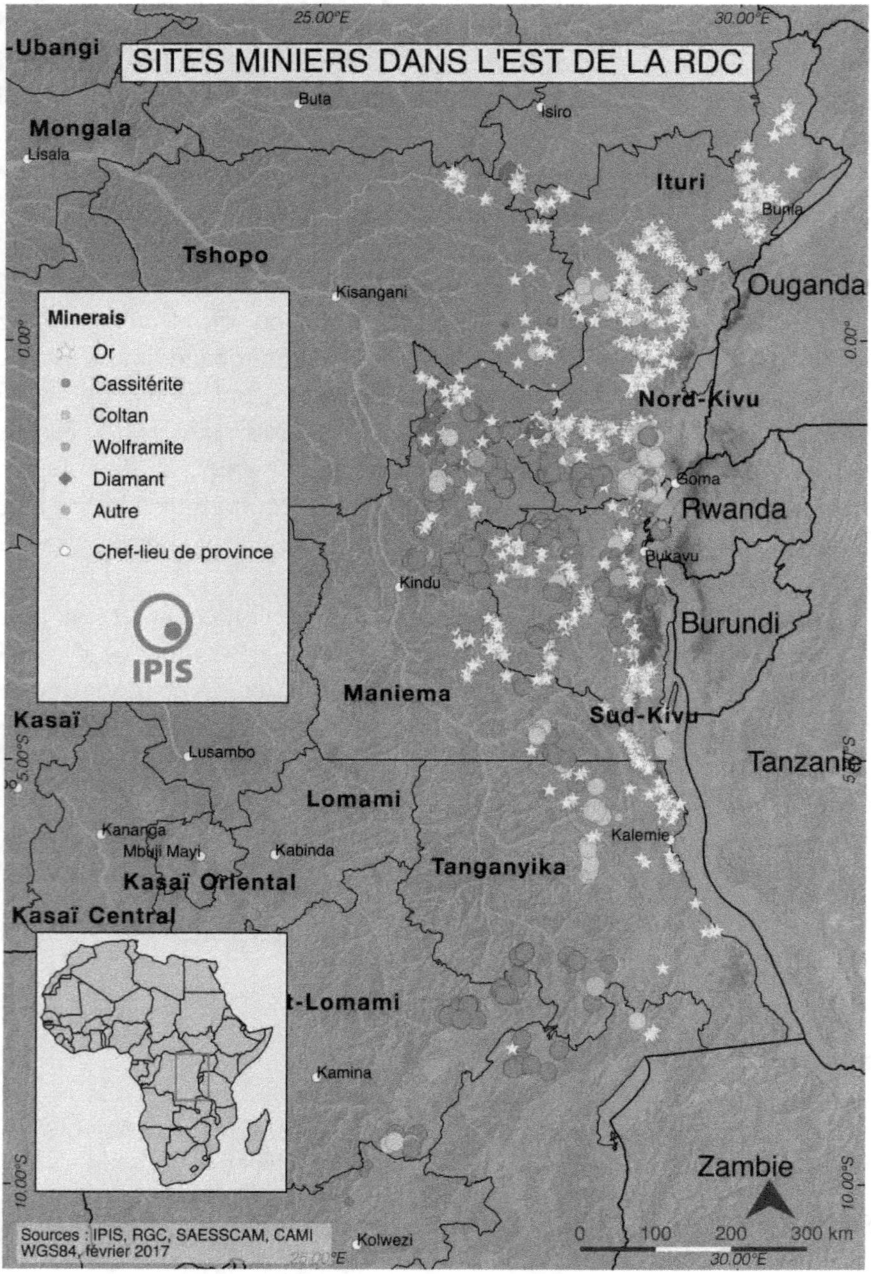

[1] Réseau européen pour l'Afrique Centrale, *op.cit.*, p. 4

1. Pillage et exploitation illégale des ressources naturelles

Formé par des éléments de la nature ainsi que par ses modes préindustriels, les ressources naturelles comprennent en particulier :

- Les ressources agricoles, terres cultivables ;
- Les réserves minières (métaux et autres ressources minérales), énergies traditionnelles (combustibles fossiles) ;
- Les ressources vivantes non agricoles (forêts, vie marine, etc)[1].

Si d'un côté, l'insécurité a paralysé la production agricole ; de l'autre, elle trame un environnement propice à l'exploitation illégale et anarchique des réserves minières et forestières. L'illégalité se réfère au non-respect de la législation minière, forestière et autres aussi bien sur le plan interne qu'international : « Le boom du coltan au début du XXIe siècle et la hausse générale des cours des matières premières ont aiguisé les appétits des pays environnants et de certaines compagnies privées »[2]. Dès lors, la malédiction des ressources naturelles est désormais le terme générique qui désigne les effets pervers du boom minier[3]. C'est précisément dans ce contexte qu'ont été entreprises des initiatives de paix, de stabilité et de développement dans la Région des Grands Lacs.

Initiée au départ en 2003 sous la dénomination de la conférence pour la paix et la sécurité dans la Région des Grands Lacs (CPSRGL), la CIRGL a pris corps avec l'avènement de deux instruments juridiques internationaux : le Pacte sur la sécurité, la stabilité et le développement dans la Région des Grands Lacs, dit Pacte de Nairobi et la Déclaration de Dar-es-Salaam sur la paix, la sécurité, la démocratie et le développement dans la Région des Grands Lacs. Assorti de quatre domaines de préoccupation que sont la paix et la sécurité, la démocratie et bonne gouvernance, le développement économique et intégration régionale et les questions sociales et humanitaires, le Pacte de Nairobi adopté lors du sommet de Chefs d'État et de Gouvernement tenu à Nairobi le 15 décembre 2006, est accompagné de dix protocoles dont les plus pertinents pour cet ouvrage sont le Protocole sur la coopération judiciaire et le Protocole sur la lutte contre l'exploitation illégale des ressources naturelles.

Lors de la tenue du Sommet de la CIRGL à Lusaka en date du 15 décembre 2010, les Chefs d'État et de Gouvernement ont pris une

---

[1] Félicité KOURRA OWONA MFEGUE, *Les ressources naturelles dans les conflits armés en République Démocratique du Congo,* L'Harmattan, Paris, 2012, pp. 95-96

[2] Thierry VIRCOULON, *op. cit.*, p. 598

[3] *Idem*, p. 596

déclaration sur la lutte contre l'exploitation illégale des ressources naturelles dans la Région des Grands Lacs. Aussi bien la privation de l'État de ses ressources naturelles que le financement des groupes armés grâce aux ressources tirées de cette exploitation motivent le bien-fondé d'entreprendre cette lutte.

Ladite déclaration au haut sommet est complémentaire au protocole sur la lutte contre l'exploitation illégale des ressources naturelles dans la Région des Grands Lacs. Le protocole en question relève, à son tour, du Pacte de Nairobi instituant des outils développés par la CIRGL à travers l'Initiative Régionale de la CIRGL sur la Lutte contre l'Exploitation Illégale des Ressources Naturelles.

Les six outils à développer sont :

- Le mécanisme de certification régionale ;
- L'harmonisation des législations nationales ;
- La base des données régionales sur le flux des minerais ;
- La formalisation du secteur minier artisanal ;
- La promotion de l'Initiative de Transparence dans l'Industrie Extractive (ITIE) et
- Le mécanisme d'alerte précoce.

Ces points sont abordés tout au long du présent ouvrage à des endroits ayant nécessité de manière opportune leur évocation.

Quatre ans après la déclaration de Lusaka, les Chefs d'État et de Gouvernement s'étaient encore réunis, cette fois-là, à Luanda précisément en date du 24 janvier 2014 en vue d'évaluer la lutte contre l'exploitation illégale des ressources naturelles dans l'espace CIRGL. Le sommet extraordinaire fut sanctionné par une recommandation sur l'accélération par tous les États membres de ces six outils précités[1].

[1] Martin KABWELULU, *Rapport général de la RDC sur la mise en œuvre de six outils de lutte de la CIRGL contre l'exploitation illégale des ressources naturelles « Déclaration de Lusaka, six ans après (du 15 décembre 2010 au 15 décembre 2016) : Etat des lieux, défis et perspectives »*, Kinshasa, décembre 2016, p. 3

Logo de la Conférence Internationale
pour la Région des Grands Lacs[1]

Par rapport à la mise en application des dispositions du code minier, il infère que l'opinion publique congolaise considère l'envoi à l'étranger des échantillons en volume important aux fins d'analyse dans des laboratoires, comme une forme camouflée de pillage des ressources minières du pays. Nombre d'outils, de lois, d'initiatives et de programmes de lutte contre l'exploitation illégale de minerais dans la Région ont eu raison de la réalité en portant leurs fruits au point que la militarisation autour de certaines zones minières a relativement décru[2].

En 1999, la RDC avait introduit une requête par-devers la Cour internationale de Justice contre l'Ouganda et le Rwanda. La compétence de la Cour était fondée à l'égard de l'Ouganda en vertu des déclarations par lesquelles les deux États avaient accepté la compétence obligatoire de la CIJ. Cela s'entend que la compétence de la fonction judiciaire de la CIJ ne pourrait être établie que s'il existe une base de sa compétence[3] à l'égard des Etats auprès de qui elle exerce sa juridiction.

En cette affaire, la CIJ fit droit aux prétentions de la RDC accusant notamment l'Ouganda du pillage et de l'exploitation illégale des

[1] www.icglr.org

[2] OCDE, *op. cit.*, p. 8

[3] Clause compromissoire insérée dans un traité, un compromis trouvé après la naissance du différend, une déclaration facultative de reconnaissance de la juridiction obligatoire de la Cour et même le forum prorogatum comme acceptation tacite inférée de la conduite de l'Etat défendeur devant la Cour

ressources naturelles : « La Cour conclut qu'elle dispose suffisamment d'éléments de preuve crédibles pour considérer que l'Ouganda a engagé sa responsabilité internationale à raison des actes de pillage et d'exploitation des ressources naturelles de la RDC commis par des membres des UPDF sur le territoire de la RDC, de la violation de son devoir de vigilance s'agissant de ces actes et du manquement aux obligations lui incombant en tant que puissance occupante en Ituri, en vertu de l'article 43 du Règlement de La Haye de 1907, quant à l'ensemble des actes de pillage et d'exploitation des ressources naturelles commis dans le territoire occupé »[1].

Au point 4 du dispositif de l'arrêt, la Cour statua en ces termes : « Par les actes de pillage et d'exploitation des ressources naturelles congolaises commis par des membres des forces armées ougandaises sur le territoire de la République Démocratique du Congo, et par son manquement aux obligations lui incombant, en tant que puissance occupante dans le district de l'Ituri, d'empêcher les actes de pillage et d'exploitation des ressources naturelles congolaises, la République de l'Ouganda a violé les obligations qui sont les siennes, en vertu du droit international, envers la République Démocratique du Congo »[2].

Dans son opinion individuelle en la présente affaire, le juge Abdul Koroma établit l'incidence des ressources naturelles sur le développement : « Le droit de souveraineté permanente des peuples et des nations sur leurs richesses et leurs ressources naturelles doit s'exercer dans l'intérêt du développement national et du bien-être de la population de l'État concerné »[3]. L'on pourrait déduire que toute exploitation des ressources naturelles qui ne bénéficie pas aux populations constitue sûrement une entorse au principe de souveraineté permanente des peuples sur leurs richesses tant décriées en l'article 311 ter du Code minier congolais intitulé « De la fraude et du pillage des ressources naturelles minières ».

Selon la jurisprudence constante de la CIJ, il est bien établi en droit international général que l'État responsable d'un fait internationalement illicite a l'obligation de réparer en totalité le préjudice causé par ce fait. Étant donné que les négociations bilatérales sur le montant des indemnités que chacune des parties devrait allouer à l'autre (en vertu

---

[1] CIJ, *Activités armées sur le territoire du Congo (République démocratique du Congo c. Ouganda),* arrêt, C.I.J. Recueil 2005, p. 168, § 250

[2] CIJ, *Activités armées sur le territoire du Congo (République démocratique du Congo c. Ouganda),* arrêt, C.I.J. Recueil 2005, p. 280

[3] Mamadou MEITE, *op. cit.*, p. 210

d'une demande reconventionnelle formulée par l'Ouganda, la RDC fut condamnée d'avoir violé les règles sur les relations diplomatiques relatives à l'inviolabilité de son ambassade et de son personnel à Kinshasa), avaient échoué.

En date du 1er juillet 2015, la Cour avait décidé de reprendre la procédure de l'affaire en se prononçant sur les questions de réparation. Dans son arrêt, la Cour avait décidé de régler, au cas où les Parties ne pourraient se mettre d'accord à ce sujet, la question de la réparation due à chacune d'elles, et avait réservé à cet effet la suite de la procédure[1].

Le même communiqué régla notamment la question du dépôt des requêtes que les parties ont exécuté. Contre toute attente et à la suite d'un communiqué de la CIJ programmant les séances d'audition des plaidoiries de deux parties, un autre communiqué ajourna les audiences sur demande de deux États. L'Ouganda a tant de fois sollicité que soit mise en place une commission mixte d'entente sur la fixation des indemnités en faveur de la RDC pour un règlement diplomatique plutôt que judiciaire. Entretemps, les victimes des atrocités de l'armée ougandaise, précisément à Kisangani, attendent que la justice soit parfaitement faite par la réparation.

Par ordonnance prise en date du 8 septembre 2020, la CIJ statuant en chambre du Conseil constata l'échec des négociations aux fins de règlement à l'amiable et décide de mettre sur pied une commission d'experts chargés d'évaluer en somme et en termes de réparation les dommages pour fait de guerre en Ituri et à Kisangani, plus particulièrement :

- Les pertes en vies humaines : l'expertise s'attèle à estimer globalement des pertes civiles suivant le barème d'indemnisation d'une vie humaine en RDC ;
- La perte des ressources naturelles : les experts vont déterminer la valeur du préjudice qu'a subi la RDC du fait de l'exploitation illégale de ses ressources naturelles. Cette opération dépend de la fixation de la quantité approximative de ces ressources au nombre desquelles les minerais se comptent ;
- Les dommages aux biens : Après avoir estimé le nombre et les types de biens que l'armée ougandaise a endommagés ou détruits, ils

[1] CIJ, *Activités armées sur le territoire du Congo (République Démocratique du Congo c. Ouganda)*, Communiqué de presse n° 2015/18 du 9 juillet 2015

détermineront le coût approximatif de la reconstruction des bâtiments (écoles, hôpitaux, habitations)[1].

Voilà les trois chefs de préjudices sur lesquels portera l'expertise ainsi décidée à la cour mondiale.

À la suite de la requête initiée contre lui, le Rwanda a objecté la compétence de la Cour à tous les stades de la procédure et de manière explicite et répétée[2]. Après plusieurs tergiversations de nature à fonder la base de compétence de la Cour à l'égard de l'État défendeur, en puisant ses moyens principalement dans les différentes conventions auxquelles le Rwanda est partie, la RDC n'y parvient pas. Par quinze voix contre deux, elle statua « qu'elle n'a pas compétence pour connaître de la requête déposée par la République Démocratique du Congo le 28 mai 2002 »[3]. Toutefois, l'État défendeur n'y échappera pas belle devant ses responsabilités.

Balingene Kahombo soutient que le lien entre les activités minières et les violations des droits de l'homme constitue l'axe principal d'analyse du groupe d'experts des Nations Unies sur l'exploitation illégale des ressources naturelles et autres formes des richesses de la RDC[4]. Leurs rapports furent accablants à charge aussi bien des FARDC et des armées étrangères occupantes que des groupes armés soutenus par ces dernières après leur retrait. Le Rapport du groupe d'experts de décembre 2008 identifie plusieurs sites sous contrôle des groupes armés (FDLR et PARECO) et d'autres où les brigades intégrées des FARDC contrôlent les mines et lèvent des taxes illégales[5].

Dans l'exercice de leur pouvoir de contrôle au moyen des lois aux effets extraterritoriaux, les États-Unis, par l'entremise du Congrès, ont adopté en juillet 2010 la *Dodd-Franck Wall Street Reform and Consumer Protection Act* (Loi Dodd-Franck) dont la section 1502 vise à « empêcher

---

[1] CIJ, *Activités armées sur le territoire (République Démocratique du Congo c. Ouganda)*, ordonnance du 8 septembre 2020, rôle général n°116, pp. 6-7

[2] CIJ, *Activités armées sur le territoire du Congo (nouvelle requête : 2002) (République démocratique du Congo c. Rwanda)*, compétence et recevabilité, arrêt, C.I.J. Recueil 2006, p. 6, § 22

[3] CIJ, *Activités armées sur le territoire du Congo (nouvelle requête : 2002) (République démocratique du Congo c. Rwanda)*, compétence et recevabilité, arrêt, C.I.J. Recueil 2006, p. 6, § 128

[4] BALINGENE KAHOMBO, *op. cit.*, p. 205

[5] S. GEENEN and G. KAMUNDALA BYEMBA (2009) « Qui cherche, trouve? Opportunités, défis et espoirs dans le secteur de l'or à Kamituga », in : MARYSSE (S.), REYNTJENS (F.) and VANDEGINST (S.) (2009) *L'Afrique des Grands Lacs, Annuaire 2008-2009*, Paris, L'Harmattan p.234

l'armée nationale et les groupes rebelles en RDC de se servir en toute illégalité des bénéfices qu'ils dégagent du commerce de minerais pour financer leurs combats ». Pour ce faire, la même disposition prévoit une obligation de divulgation, au moyen d'un rapport à adresser à la Security and Exchange Commission, contre des entreprises qui achètent des minerais de conflit[1]. À en croire l'article 52 alinéa 2 de la Constitution de la République[2], est subversive toute exploitation illégale des ressources naturelles par l'entremise des groupes armés qui exploitent des minerais en vue de financer leurs activités hostiles à la RDC et aux pays voisins à telle enseigne que les États, sociétés et individus en relation d'affaires avec eux soient autant responsables comme auteurs et complices[3].

Dans une litanie de résolutions 1291 (2000) du 24 février 2000, 1304 (2000) du 16 juin 2000, 1323 (2000) du 13 octobre 2000, 1332 (2000) du 14 décembre 2000 et 1341 (2001) du 22 février 2001, le Conseil de Sécurité réaffirme la souveraineté de la République Démocratique du Congo sur les ressources naturelles et prend note (avec préoccupation) des informations faisant état de l'exploitation illégale des ressources du pays et des conséquences que peuvent avoir ces activités sur la sécurité et la poursuite des conflits.

Cependant, le Rwanda a rejeté en bloc les conclusions du Panel : « Le Gouvernement rwandais a rejeté in globo les découvertes du Panel. Ce papier détaille les raisons fondamentales de ce rejet. Nous voudrions indiquer que les compagnies et citoyens rwandais ont formulé leurs propres plaintes au Panel. Durant leur dernière réunion avec les autorités gouvernementales en septembre 2003, peu de semaines avant le rapport final sur l'affaire du Panel, le Gouvernement était informé que le Panel était parvenu à une entente avec la plupart de compagnies et citoyens cités dans son précédent rapport. Peu d'affaires remarquables ont été transférées au procureur du Rwanda pour enquête. Ces enquêtes sont encore en cours alors que la requête écrite du Rwanda au Gouvernement

---

[1] Office Français de Protection des Réfugiés et Apatrides, *L'exploitation et l'exportation des minerais dans l'Est de la RDC. Conditions d'extraction, d'exploitation et d'exportation des minerais. Implication des groupes armés et des autorités. Sanctions prévues par la législation et leur application*, 14 août 2014, p. 14

[2] L'article 52 alinéa 2 de la Constitution du 18 février 2006 dispose : « Aucun individu ou groupe d'individus ne peut utiliser une portion du territoire national comme base de départ d'activités subversives ou terroristes contre l'Etat congolais ou tout autre Etat ».

[3] BALINGENE KAHOMBO, *op. cit.*, p. 209

congolais pour autoriser l'arrivée des enquêteurs rwandais sur son territoire, fut rejetée »[1].

D'un côté, la maxime judiciaire « Nul ne peut être juge dans sa propre cause » constitue un obstacle à ce que les enquêteurs rwandais mènent des investigations sur les activités illicites des entreprises rwandaises d'exploitation et de commercialisation des minerais. De l'autre, la fin de non-recevoir des autorités congolaises de permettre aux enquêteurs rwandais de mener des investigations sur le territoire congolais n'était que l'expression camouflée de manque de confiance et de pessimisme au plus fort de cette époque-là.

Un groupe d'anciens agents de l'ex. SOMINKI (devenue plus tard SAKIMA), moyennant promesse de récompense, auraient, pendant la guerre, révélé aux Rwandais une énorme quantité de coltan entreposée dans la partie souterraine de la société, que ces derniers auraient immédiatement transportés par plusieurs navettes aériennes chez eux au Rwanda[2].

Dans le rapport du Groupe d'experts adressé au Président du Conseil de Sécurité par le Secrétaire Général des Nations Unies en date du 15 octobre 2002, il est noté : « Le conflit régional qui a fait converger les armées de sept pays africains vers la République Démocratique du Congo a perdu de son intensité, mais les micro-conflits étroitement imbriqués qui en ont découlé persistent. Ils sont alimentés par la convoitise des minerais, des produits agricoles, de la terre et même des recettes fiscales.

Les groupes criminels associés aux armées étrangères ont tiré avantage de ces micro-conflits et ne se démantèleront donc pas spontanément, même si celles-ci continuent de se retirer. Ils ont mis sur

---

[1] R. SEZIBERA, A Panel on illegal exploitation of natural resources and other forms of wealth of the Democratic Republic of the Congo : Rwanda's response, cité par A. SHYAKA (dir.), *La résolution des conflits en Afrique des Grands Lacs. Revue Critique des Mécanismes internationaux*, éditions de l'Université nationale du Rwanda, Kigali, 2004, p. 49 : «This paper details the fundamental reasons for this rejection. We should point out however that Rwandan companies and individuals made their own complaints to the Panel. During their last meeting with Government officials in September 2003, a few weeks before the Panel issue final report, the government was informed that the Panel had reached an understanding with most of the companies and individuals named in its earlier reports. A few outstanding cases were passed on to Rwanda's prosecutor for investigation. These investigations are still ongoing at the time of writing although Rwanda's written request to the DRC government to permit Rwandan investigators to her territory for purposes of inquiry was rejected »

[2] MUTABAZI NGABOYEKA et NYASSA SANGANYI, *op. cit.*, p. 14

pied une « économie de guerre » qui s'autofinance et est axée sur l'exploitation des minéraux ».[1]

C'est ainsi que la résolution 1457 (2003), adoptée par le Conseil de Sécurité à sa 4691e séance, le 24 janvier :

- prends note du rapport du Groupe d'experts sur l'exploitation illégale des ressources naturelles et d'autres richesses de la République Démocratique du Congo ;
- condamne catégoriquement l'exploitation illégale des ressources naturelles de la République Démocratique du Congo ;
- note, avec préoccupation, que le pillage des ressources naturelles et autres richesses de la République Démocratique du Congo se poursuit et constitue l'un des principaux éléments qui entretiennent le conflit dans la région et exige donc que les États concernés prennent immédiatement des mesures pour mettre fin à ces activités illégales qui perpétuent le conflit, entravent le développement économique de la République Démocratique du Congo et exacerbent les souffrances de sa population[2].

En dépit de tous ces rapports constatant clairement le pillage des ressources naturelles de la RDC, aucune mesure de réparation ou de compensation n'a été arrêtée jusqu'à présent.

Comme s'il ne suffisait pas, Global Witness, International Alert, Transparency international, DFID pour ne citer qu'eux, ont produit une importante littérature en publiant des rapports pour dénoncer le pillage et l'exploitation illégale des ressources minières et forestières du pays de Patrice Emery Lumumba. Dans le rapport intitulé « *Exploitation des ressources naturelles et droits de l'homme en République Démocratique du Congo de 1993 à 2003* » et publié par Global Witness en décembre 2009, il se lit : « L'exploitation des ressources naturelles a acquis une dimension plus violente et a commencé de servir de moteur à la guerre. L'exploitation des minerais et du bois s'est fortement militarisée. Auparavant, ce sont surtout les civils qui contrôlaient ces secteurs, même si une partie des bénéfices était aiguillée vers les militaires. Désormais, les mines et les forêts, et ceux qui y travaillaient, étaient placés sous le contrôle de militaires ou de combattants rebelles ».[3]

---

[1] Rapport final du Groupe d'experts sur *« l'exploitation illégale des ressources naturelles et autres formes de la République Démocratique du Congo »*, adressé au Secrétaire Général des Nations Unies le 8 octobre 2002.

[2] Résolution 1457 (2003) adoptée par le Conseil de Sécurité des Nations Unies à sa 4691ème séance du 24 janvier 2003.

[3] Global Witness, décembre 2009 (http:/www.globalwitness.org)

Cette ONG internationale a tiré en son temps la sonnette d'alarme pour dénoncer le phénomène de militarisation des sites miniers et forestiers. Ce concept « militarisation », comme nous l'avons vu précédemment, s'identifie autant à certains officiers de l'armée nationale qu'aux groupes armés contrôlant certaines zones de conflit.

Au lieu que les hommes en armes se cantonnent autour des mines et carrières pour sécuriser les populations civiles plongées dans l'extraction artisanale des minerais, leur présence est dictée par la recherche du lucre et de l'enrichissement personnel. Pour toutes ces raisons, le Président Joseph Kabila avait pris vers 2010 une mesure interdisant momentanément l'exploitation des minerais dans les provinces-cibles du Nord-Kivu, du Sud-Kivu et du Maniema, laquelle mesure fut dument formalisée par arrêté ministériel[1].

Aussi longtemps que le conflit armé s'enlise dans la Région, demeure toujours en activité l'exploitation illégale des ressources naturelles. Le rétablissement de l'autorité de l'État sur toute l'étendue du territoire national fera en sorte que ce phénomène étant l'œuvre des groupes armés et de leurs commanditaires puisse prendre fin.

Il conviendrait aussi de présenter le rôle que jouent certaines sociétés, surtout multinationales, qui sont impliquées dans la fraude et pillage des ressources naturelles. L'article 446 point 1 du Code civil livre III définit la société comme « un contrat par lequel deux ou plusieurs personnes conviennent de mettre quelque chose en commun en vue de partager le bénéfice qui pourra en résulter ». Selon le droit OHADA, « la société commerciale est créée par deux ou plusieurs personnes qui conviennent, par contrat, d'affecter à une activité, des biens en numéraire ou en nature, dans le but de partager le bénéfice ou de profiter de l'économie qui pourra en résulter… »[2], sous réserve de la reconnaissance des sociétés unipersonnelles[3]. Le bénéfice à se partager entre associés ou actionnaires est celui obtenu par des voies licites.

La soif des minerais à l'Est de la RDC a attiré l'afflux des sociétés multinationales à la recherche des matières précieuses comme l'or, le coltan, le cobalt, etc. Ce sont de simples acteurs de la vie internationale et ne jouissent pas encore de la personnalité juridique internationale

[1] Arrêté ministériel n° 0705/CAB.MIN/MINES/01/2010 du 20 septembre 2010 portant suspension des activités minières dans les provinces du Maniema, du Nord-Kivu et du Sud-Kivu

[2] Article 4 de l'Acte uniforme du 17 avril 1997 relatif au droit des sociétés commerciales et du groupement d'intérêt économique, Journal Officiel OHADA n°2, 01/10/97

[3] Article 5

réservée aux sujets originaires (État et Organisations internationales). Toutefois, elles ont la nationalité de l'État sur le territoire duquel elles sont créées, immatriculées ou exercent leurs activités. Dans ce cas, il s'agit de la personnalité juridique interne.

Certains doctrinaires comme Dominique Carreau plaident pour la reconnaissance en leur faveur d'une personnalité juridique en droit international économique par considération de leur rôle imposant dans les relations internationales. Les caractéristiques et modalités de fonctionnement leurs appliquées se comprend de la manière suivante : « Il s'agit généralement d'entreprises ou d'autres entités établies dans plusieurs pays et liées de telle façon qu'elles peuvent coordonner leurs activités de diverses manières. Une ou plusieurs de ces entités peuvent être en mesure d'exercer une grande influence sur les activités des autres, mais leur degré d'autonomie au sein de l'entreprise peut être très variable d'une multinationale à l'autre. Leur capital peut être privé, public ou mixte »[1].

Étant donné que le risque de violations systématiques des droits de l'homme est plus élevé dans les zones de conflits, il incombe à l'État territorial de prendre des mesures de sorte que les entreprises opérant dans ces circonstances ne prennent pas part à ces violations. Cependant, il s'avère qu'une entreprise ayant atteint les dimensions d'une firme multinationale échappe au contrôle et au pouvoir d'un État pris individuellement du fait de l'extension de ses activités jusqu'aux extrémités de la terre, et dotée d'une puissance financière mastodonte de loin supérieur au budget de certains États fragiles. C'est pourquoi « les États devraient envisager des approches multilatérales pour prévenir ces actes et y remédier, et pour appuyer des initiatives collectives efficaces »[2].

Leur implication de plus en plus récurrente dans les conflits armés à travers le monde a incité les Nations Unies a initié un projet sur la responsabilité internationale des sociétés pour violation des droits de l'homme et plus spécifiquement de ceux des populations autochtones. Quant à ce, Marcela Mantilla argumente : « Avec la multiplication

---

[1] *Principes directeurs* Chapitre I point 3 cité par William BOURDON (dir.), *Les principes directeurs de l'OCDE à l'intention des entreprises multinationales. Un statut juridique en mutation*, juin 2007, p. 34

[2] Haut-Commissariat des Nations Unies aux Droits de l'Homme, *Principes directeurs relatifs aux entreprises et aux droits de l'homme. Mise en œuvre du cadre de référence « protéger, respecter et réparer » des Nations Unies*, New York et Genève, 2011, pp. 10-11

exponentielle de ces entreprises et leur évolution en acteurs fondamentaux dans les relations internationales, la réglementation des activités des entreprises transnationales est devenue une nécessité ».

À partir de ce moment, le débat sur le statut des entreprises transnationales et la recherche d'un nouvel ordre économique international plus respectueux des intérêts des pays en voie de développement sont nés[1]. Pour ce faire, les Nations Unies ont mis sur pied un Groupe de travail chargé d'entrevoir un régime juridique sur cette responsabilité. Après avoir recueilli les avis des uns et des autres parmi les acteurs internationaux sans exclure la réticence des sociétés multinationales, il a rendu un rapport estimant qu'un code de conduite pourrait résoudre le problème dès lors qu'il passe pour un mécanisme de persuasion morale, renforcé par l'autorité de l'organisation internationale et de l'opinion publique[2].

À l'initiative de la République sud-africaine et de l'Équateur, fut adoptée au sein du Conseil des droits de l'Homme de l'ONU en juin 2014, la résolution 26/09 portant création d'un groupe intergouvernemental de travail ayant reçu le mandat d'élaborer un instrument juridique international contraignant relatif à la responsabilité des entreprises multinationales pour violations des droits humains aussi bien en temps de paix qu'en temps de guerre. Depuis lors, le groupe multiplie des réunions impliquant différents acteurs, principalement les membres de la société civile internationale pour aboutir à l'adoption d'un avant-projet de traité.

Des enquêtes mettent notamment en cause certaines firmes multinationales, tireurs de ficelles de cette forme d'exploitation illégale des ressources naturelles. Toutefois, hormis le code de bonne conduite auquel elles souscrivent, un instrument juridique contraignant sur leur responsabilité pour violation des droits de l'homme traîne à se formaliser.

La responsabilité des personnes morales, en particulier celle des sociétés commerciales a toujours défrayé la chronique avant que le principe « societas non delinquere potest » (la société ne peut pas délinquer) ne soit renversé. Il n'est plus absolu que les sociétés commerciales n'engagent leur responsabilité pénale. L'écho est même parvenu en droit international au sujet des multinationales impliquées

---

[1] Marcela Ivonne MANTILLA MARTINEZ, *La responsabilité des entreprises transnationales en droit international des droits de l'homme et en droit international humanitaire : le cas du secteur énergétique*, Droit. Université Paris Sud-Paris XI, 2014. Français. NNT : 2014PA111009. tel-01146317, p. 91

[2] Marcela Ivonne MANTILLA MARTINEZ, *op. cit.*, p. 93

dans les violations des droits de l'homme en temps de conflit armé. Si l'administration de la peine corporelle est incompatible avec leur nature, d'autres formes de peines peuvent facilement rimer avec leur responsabilité pénale, à l'instar de l'amende et d'autres mesures de sureté.

Le protocole de la CIRGL sur l'Exploitation Illégale des Ressources Naturelles a le mérite d'avoir précédé en termes d'avancement les initiatives au sein de l'ONU. Il pose le jalon de la responsabilité des personnes morales en laissant la marge de manœuvre aux États membres d'en prendre des mesures d'application[1]. Cette responsabilité peut être à la fois pénale, civile et administrative sans préjudice de celle des personnes physiques. Les sanctions pénales ou non-pénales (civile et administrative) ainsi organisées répondent aux critères d'effectivité, de dissuasion, de proportionnalité. Il s'agit des sanctions pécuniaires, de l'interdiction d'exercer des activités commerciales, de la liquidation judiciaire, du placement sous surveillance judiciaire[2].

Néanmoins, le responsable d'une société commerciale tombant sous le coup du crime de pillage des ressources naturelles peut faire l'objet de poursuite, de jugement et de condamnation. Sur dénonciation en 2016 de deux ONG suisses, Trial International et Open Society Justice Initiative, après avoir épluché quelques documents commerciaux, le ministère public de la Confédération helvétique ouvrit une enquête judiciaire en l'encontre de Christoph Huber, ressortissant suisse et représentant de la société minière Medivals Minerals Ltd. Il lui était reproché d'avoir participé au pillage des richesses de l'Est de la RDC pendant la deuxième guerre du Congo (1998-2003) en obtenant par accord avec le Rassemblement Congolais pour la Démocratie/Goma, quatre concessions minières et des usines de traitement appartenant à l'ex. SOMINKI, société d'État d'exploitation du coltan, de la cassitérite, de la wolframite et de l'or (3TG)[3].

Sera bien accueilli auprès de la société civile, l'aboutissement heureux de ce projet de responsabilisation des sociétés multinationales et des poursuites pénales de leurs représentants. Ainsi, mettra-t-il un terme à l'impunité de celles qui sont impliquées spécifiquement dans les

---

[1] Article 17 point 1

[2] Article 17 point 4

[3] Trial International et Open Society Justice Initiative, *Pillage: un homme d'affaires suisse sous enquête pour des crimes de guerre commis en RDC*, dossier de presse, Genève - New York, 12 décembre 2019

violations des droits de l'homme et le pillage des ressources naturelles des peuples meurtris par des actions des groupes armés.

2. Le financement des groupes armés et des économies de pays voisins

Les minerais de l'Est contribuent massivement au financement des activités armées des groupes rebelles qui ont diversifié leurs stratégies économiques pour en tirer un grand profit quant à ce. L'exploitation illégale des ressources minières figure parmi ces stratégies auxquelles s'ajoutent le prélèvement des taxes et la vente des produits agricoles[1].

Plusieurs rapports ont corroboré l'implication avérée du Rwanda et de l'Ouganda dans l'exploitation et les pillages systématiques des ressources naturelles dans les zones frontalières de ces deux pays : « Par la suite, le complexe militaire et politique s'est organisé pour tirer le meilleur bénéfice de l'exploitation des ressources naturelles. Le Rwanda a mis au point un système sophistiqué de prélèvement des taxes sur les produits importés par l'intermédiaire du Bureau Congo dont les recettes couvriraient 8 % des dépenses de l'Armée patriotique rwandaise. L'Ouganda a de la même façon organisé l'exploitation de la zone occupée »[2].

Le retrait des forces étrangères occupantes imposé par le Conseil de Sécurité et par plusieurs accords n'a fait que transformer la prédation de ces ressources d'une forme directe à une forme indirecte par l'instrumentalisation des affinités ethniques avec les populations des zones frontalières. Le besoin pressant de s'approvisionner en coltan n'a pas épargné l'implication de grandes puissances dans ce pillage des ressources de l'Est de la RDC via les sociétés multinationales.

L'heure avait sonné avec la naissance des groupes armés : « Les données collectées en 2009/10 indiquent que les groupes armés non-étatiques comme les forces de sécurité publiques privilégient, pour se financer, le prélèvement de taxes illégales et le trafic de minerais, ainsi que l'exploitation directe de gisements, soit par leurs propres moyens, soit par de la main-d'œuvre extérieure. Plus d'une vingtaine de cas de travail forcé ont été signalés – auxquels s'ajoutent les pillages, les

---

[1]Groupe d'Experts des Nations Unies sur la République Démocratique du Congo, *Rapport final 2011,* Conseil de Sécurité des Nations Unies, décembre 2011, p.51-52 cité par Frédéric TRIEST, *Le secteur minier artisanal à l'Est de la RDC : état des lieux et perspectives*, analyses 2012, Commission Justice et Paix Belge Francophone ASBL p. 5

[2] OFPRA, *op. cit*., p. 12

agressions, les violations de droits humains et les extorsions perpétrées par des agents de l'État. Les groupes armés semblent souvent procéder par incursions sporadiques »[1].

C'est précisément dans ces circonstances que l'administration Obama fit adopter par le Congrès américain la loi Dodd-Franck (en anglais Dodd-Franck Wall street Reform and Consumer Protection Act) en juillet 2010 dont l'objet porte sur la réforme de Wall Street et la protection du consommateur. La section 1502 de ladite loi contient une disposition ayant pour but « d'empêcher l'armée nationale et les groupes rebelles en RDC de se servir en toute illégalité des bénéfices qu'ils dégagent du commerce des minerais pour financer leurs combats ».

La section 1502 constitue une obligation de divulgation au titre de laquelle les entreprises se doivent d'établir si leurs produits contiennent des minerais du conflit en soumettant leur chaîne d'approvisionnement à une diligence raisonnable et d'en rendre compte à la Securities and Exchange Commission »[2]. Elle entra en vigueur le 15 avril 2011. En préconisant à partir de l'année 2012 aux entreprises américaines le recours au guide OCDE sur le devoir de diligence comme norme de diligence de référence, la Securities and Exchange Commission se prononçait de manière définitive sur les règles d'accompagnement de la fameuse section 1502 de la loi Dodd-Frank[3].

Toutefois, dans l'intermède entre l'adoption et l'entrée en vigueur de cette loi extraterritoriale américaine, le Président de la République, Joseph Kabila avait pris une mesure suspendant les activités minières dans trois provinces de l'Est de la RDC (Nord-Kivu, Sud-Kivu et Maniema) du 9 septembre 2010 au 10 mars 2011 laquelle décision fut levée le 1er mars 2011 par l'arrêté nº 0034/CAB/MINES/01/2011 portant levée de la mesure de suspension des activités minières dans les provinces du Maniema, du Nord-Kivu et du Sud-Kivu. Plusieurs raisons ont concouru à la prise de cette décision audacieuse. Il s'agit notamment de la montée en flèche des cas de violation des droits de l'homme en rapport avec l'exploitation minière, de la nécessité d'assurer et de rétablir le contrôle gouvernemental sur les ressources minières, propriété exclusive de l'État congolais.

Cette interdiction ne produit pas d'effet escompté de suite des difficultés de sa mise en œuvre. L'exploitation et l'exportation frauduleuse des minerais se poursuivaient tranquillement dans l'axe

[1] OCDE, *op. cit.*, p. 34
[2] OFPRA, *op. cit.*, p. 14
[3] OCDE, *op. cit.*, p. 35

oriental du pays. La RDC comme n'importe quel État dans le monde recherche des ressources financières en vue de mener à bien ses missions régaliennes (sécurité, défense, Justice, diplomatie) et providentielles (satisfaction des droits socio-économiques). Toutefois, elle est confrontée à un défi qu'est le coulage des recettes revenant de droit à l'État.

Il est certes vrai que dans un contexte de conflit, les recettes régulières de l'État, surtout celles provenant des prélèvements sur les marchandises, échappent au Trésor public. La situation de l'anarchie, l'absence de l'autorité de l'État sont supplées par la présence des rebelles ou des révoltés qui font la loi. À ce niveau, les opérateurs économiques tirent des dividendes fabuleux dans ce fonctionnement de l'économie de guerre.

Une équipe de la Commission Lutundula[1] qui mena une mission dans la partie orientale de la RDC constata avec amertume que les administrations sous tutelle des mouvements rebelles avaient favorablement accordé à des opérateurs économiques des exonérations fiscales et douanières à grande échelle[2]. De ce fait, après la réunification du pays, les bénéficiaires de ces avantages indus en période de conflit résistaient à renoncer à ce traitement fiscal et douanier pour se soumettre au régime légal de droit commun[3]. Les exonérations illégales constituent une forme déguisée de fraude, une sorte de fraude en bonne et due forme. En effet, les exportations font passer plus de quantités qu'il en faut et ce, au grand dam du Trésor public.

Étant à la quête de financement des activités armées pour s'acheter des munitions et payer les combattants, les dirigeants des groupes armés mettent sur pied une administration qui revoit substantiellement le tarif à la baisse. Les statistiques en cette période épineuse de spirale de violence et de morcellement du territoire en établissent la véracité. Félicité Kourra explicite même : « Les bandes armées se greffent sur les structures d'exploitation (légales) en utilisant des ressources (or et diamant, minerais à forte rentabilité) comme monnaies d'échanges contre des armes qui transitent par des circuits parallèles. Des réseaux dirigés par

[1] Cette Commission communément connue sous le nom de son président est née de la résolution n° DIC/CEF/04 issue du Dialogue intercongolais de 2002 en vertu de laquelle le parlement devait mettre sur pied ladite commission spéciale

[2] Assemblée Nationale de la RDC, *Rapport des travaux de la Commission spéciale chargée de l'examen de la validité des conventions à caractère économique et financier conclues pendant les guerres de 1996-1997 et de 1998*, 1ère partie, p. 177

[3] Assemblée nationale de la RDC, *op. cit.*, p. 178

des hommes d'affaires et des militaires participent à l'exploitation–pillage, facilitée par la fragmentation de l'appareil étatique et militaire »[1].

Cette technique de taxation va en l'encontre de l'interventionnisme étatique qui repose donc sur le principe de solidarité et de justice sociale et qui prône la providence étatique pour soutenir les plus démunis et réduire les inégalités sociales. Il est souvent associé aux différentes formes d'intervention de l'État-providence, de l'État social et de *Welfare State*[2]. D'où, s'impose le rôle de l'État de devoir restaurer cette justice et cette équité sociale en agissant dans l'économie par la fiscalité et les transferts (subventions, prestations sociales). Ceci revient à dire que dès lors que les ressources fiscales et parafiscales lui échappent pour cause de guerre, il aura maille à assurer son intervention sociale.

Il conviendrait d'admettre que même en temps de paix, des recettes peuvent échapper au contrôle de l'État. Chaque partie tire la couverture de son côté : les commerçants véreux spéculent sur les stratégies jugées illicites pour maximiser leur bénéfice face à l'État qui est appelé à mettre sur pied des stratégies efficaces pour contrer ces actes.

En guise d'illustration, les agents de douanes assistent impuissamment à un phénomène qui se produit assez fréquemment dans le sillage des postes-frontières, que nous avons appelé ci-haut le « transbordement » : un camion bondé des marchandises arrive à la frontière entre la RDC et le Rwanda ou entre la RDC et la Zambie. Cependant, au lieu de se présenter au poste en vue de remplir les formalités d'entrée, le conducteur le stationne à côté. De là, il est déchargé et les marchandises sont fragmentées pour être soit vendues au détail, soit confiées à de petits transporteurs devant franchir la frontière à pied ou à vélo. Arrivés de l'autre côté de la frontière, ils procèdent au montage du colis. Toutes ces manœuvres visent à exonérer les marchandises du paiement de droits de douane ou à en minimiser les frais à payer.

B. Porosité des frontières

Les frontières à l'Est de la RDC sont d'une porosité telle qu'elles rendent aisées non seulement la traversée des personnes, mais aussi des minerais par contrebande. C'est notamment le canal par lequel passe toute sorte d'action des réseaux mafieux ; ces frontières héritées de la

---

[1] Félicité KOURRA OWONA MFEGUE, *op.cit.*, p. 113

[2] MOUNIR SEBBANE, *L'interventionnisme étatique et le clivage politique en termes de dépenses publiques au Québec*, mémoire de maîtrise en science politique, Université du Québec à Montréal, avril 2017, p. 15

Conférence de Berlin irritent quelquefois les populations transfrontalières, c'est-à-dire celles qui vivent le long des frontières. En raison de leurs interconnexions ethniques depuis des millénaires, elles méconnaissent la notion de frontières en se permettant quelques actes de contrebande de survie.

1. Perméabilité des frontières naturelles

Avant de s'appliquer aux frontières, « le mot *perméabilité*, qui caractérise la facilité avec laquelle un milieu poreux (c'est-à-dire contenant des vides ou pores) laisse ou ne laisse pas passer un liquide ou un gaz, renvoie au mécanicien français, Henry Darcy »[1]. Les lignes de démarcation servant de frontières entre les États africains sont souvent naturelles : « Une frontière est aussi un lieu privilégié d'affirmation et de reconnaissance de pouvoirs politiques. Elle est la limite de souveraineté de l'État. Il organise la gestion de la frontière avec des services qui lui sont dédiés, avec des marqueurs spatiaux »[2]. Elles correspondent notamment aux limites, aux outils de surveillance et de contrôle.

Des interactions révélatrices d'enjeux se créent le long des frontières entre États. C'est pourquoi il importe de mettre sur pied des mécanismes de contrôle, de sécurité et de surveillance comme l'acquisition des scanners de détection des minerais. Un simple jeu d'écriture représentant un capital financier est susceptible de traverser facilement la frontière. Cela vaut autant pour un lingot d'or d'un kilogramme à la dimension d'une carte bancaire ou d'un diamant[3].

Auprès d'autres États, le pays pourrait aussi apprendre dans le cadre d'échange de nouvelles techniques de gestion de la douane. La Nouvelle-Zélande a presque finalisé son ambitieux projet de modernisation ainsi dénommé le système commun de gestion des frontières (JBMS : Joint Border Management System). Ce système est essentiellement doté de deux composantes : d'un côté l'établissement d'un guichet unique[4]

---

[1] Anne-Laure AMILHAT SZARY (dir.), *Frontières, penser à la limite*, France. Association des Anciens Elèves de l'ENS-Ulm, 2013, p. 67, halshs-00817174

[2] François MOULLE, « La sécurisation de la frontière ou l'apparition de territoires-frontières. Exemple de la région des hauts-de-France », in Revue d'Economie Régionale et urbaine, 2018 N°3-p. 600

[3] Pierre-Yves GEOF FARD, « De l'utilité des frontières en économie », in Anne-Laure AMILHAT SZARY (dir.), *op. cit.*, p. 63

[4] OMD, *op. cit.*, p. 22 : « Système permettant aux opérateurs qui participent au commerce et au transport de communiquer des informations et documents normalisés à un seul point d'entrée afin de satisfaire à toutes les formalités requises en cas

fonctionnant sur base d'un cadre légal ou règlementaire, et de l'autre, un dispositif de gestion de risque et de renseignement utilisant de nouveaux outils sophistiqués permettant d'explorer les données, d'évaluer les risques et d'analyser les tendances [1].

Jusqu'ici, la DGDA fait l'expérience d'un guichet unique en vue de centraliser la perception des recettes. Toutefois, le personnel préposé à la lutte contre la fraude et la contrebande minières n'est pas encore formé à l'assimilation de nouvelles technologies de détection. L'utilisation des appareils portatifs servant à la saisie d'informations biométriques (empreintes digitales, image faciale, etc.) [2] est de mise.

Le point poreux d'une frontière de même que la porte de sortie la moins taxatrice attirent les fraudeurs et contrebandiers[3]. Le lac Kivu est réputé comme piste perméable facilitant la sortie des minerais par contrebande. La porosité passe pour une contrainte permanente suggérant la coopération entre les administrations de part et d'autre de la frontière aux fins d'une meilleure gouvernance des espaces frontaliers[4]. En septembre 2020, des éléments des FARDC ont intercepté sur un bateau 9 colis de coltan représentant plus ou moins 100 kilogrammes à Bweremana dans le territoire de Masisi au Nord-Kivu. L'intention de l'auteur de la fraude était surement de traverser en contrebande minière par exportation frauduleuse vers le Sud-Kivu ou le Rwanda[5].

2. Interconnexions ethniques des populations trans-frontalières

Le long des frontières foisonnent des marchés parallèles que Cécile Daubrée définit en citant Lindauer comme « des marchés sur lesquels les agents, lors de leurs activités d'import-export, violent les règles du jeu légal en ne respectant pas les limitations de quotas, les licences de commercialisation, la règlementation des prix, les prohibitions

d'importation, d'exportation et de transit. Si les informations se trouvent sur un support électronique, les données individuelles ne doivent être soumises qu'une seule fois ».

[1] Murray YOUNG, « La modernisation de la gestion des frontières en Nouvelle-Zélande est en marche », in Organisation mondiale des douanes (OMD Actu), *L'analyse des données pour une gestion efficace des frontières*, février 2017, n° 82, p. 12 (www.wcoomd.org)

[2] Jim CANHAM, « Les technologies émergentes peuvent transformer la gestion des frontières... À condition que les services s'y préparent », in OMD, *op.cit.*, p. 32

[3] MUTABAZI NGABOYEKA et NYASSA SANGANYI, *op. cit.*, p. 53

[4] Anne-Laure AMILHAT SZARY (dir.), *op. cit.*, p. 12

[5] https://24hcongo.net/rdc-neuf-colis-de-coltan-interceptes-au-nord-kivu-en-route-pour-le-rwanda/

d'importation et/ou en ne s'acquittant pas des droits de porte et des différentes taxes dues à l'entrée ou à la sortie du territoire »[1].

Il s'agit d'une forme de fraude (contrebande) qualifiée de survie plutôt qu'administrative réservée aux grands opérateurs économiques. Y recourent souvent les populations habitant côte à côte le long des frontières, des frères et sœurs que les retombées des décisions prises à l'issue de la Conférence de Berlin, a séparé alors qu'ils cohabitaient depuis des temps immémoriaux. L'existence des frontières dans le contexte des États modernes aura du mal à avoir raison sur le resserrement des liens historiques très ancrés.

Comparativement aux grands opérateurs économiques ambitieux, ces commerçants et trafiquants des minerais recourent à des techniques de fraude ou de contrebande juste pour un peu plus d'argent devant garantir leur survie. À leurs yeux, les taxes douanières ou les interdictions de commercialisation de certains produits les dépouillent de leur liberté d'échange commercial avec leurs voisins traditionnels.

Les économies des Etats situés dans la partie orientale de la RDC sont inexorablement liées depuis des siècles. Les interconnections ethniques entre les différentes zones frontalières facilitent le commerce transfrontalier. Par exemple, certains membres du groupe ethnique le plus important en Ouganda, les Lugbara, vivent aussi au-delà de la frontière dans le Nord-Est de la RDC[2]. L'application des clauses issues de la Conférence de Berlin de 1885 est à la base de la séparation des membres d'un même groupe ethnique ou linguistique.

Les zones frontalières sont souvent périphériques par rapport aux capitales de leurs États nationaux respectifs dès lors que l'on mesure la distance séparant les deux pôles. Un cas mérite d'être soulevé, c'est celui des régions du Nord-Est du Congo dont les habitants se sentent plus tournés vers l'Ouganda que vers Kinshasa[3].

Dans une thèse dédiée au commerce transfrontalier dans le Nord de la Côte d'Ivoire, l'auteur présente le rôle des marchés frontaliers dans la dynamique commerciale : « Ces périphéries nationales ont comme support de leur dynamisme les marchés frontaliers qui se développent à partir d'une forte demande urbaine, de l'excédent commercialisable à la

---

[1] Cécile DAUBREE, *op. cit.*, p. 166

[2] Kristof TITECA, « Pouvoir et commerce : l'Ouganda et le commerce transfrontalier avec la RDC et le Soudan », in l'Afrique des Grands-Lacs, annuaire 2009-2010 (www.researchgate.net), p. 374

[3] Kristof TITECA, *op. cit.*, p. 375

campagne et à partir des relais dont deux types participent fortement à la structuration spatiale :

- Les marchés de regroupement constitués d'importants centres d'entreposage des productions de l'arrière-pays agricole avec des transactions se faisant en gros ;
- Les marchés de collecte représentés par les centres de production excédentaires mettant en contact les acheteurs urbains de faible envergure économique avec les producteurs »[1].

À travers les zones frontalières, les acteurs économiques et sociaux créent des réseaux sur fond de l'appartenance à une confrérie religieuse, à une communauté marchande et à un même peuple à l'intérieur de ces espaces situés au-delà des États[2]. Ces attaches sociologiques depuis des siècles contribuent fortement à la cohésion de ces acteurs qui estiment appartenir à une même nation malgré qu'ils soient de nationalité différente.

Il est certes vrai que les frontières jouent un rôle ambivalent. D'un côté, l'expérience de la colonisation prouve que les frontières limites sont à la base des divisions de certains groupes ethniques, qui sont donc répartis sur plusieurs pays. De l'autre, elles garantissent, grâce au fonctionnement d'une administration, une sécurité et un contrôle sur les produits importés et exportés tout en permettant la régulation des flux de ressources stratégiques et la facilitation du commerce entre pays de la région[3].

À titre d'illustration, les différents accords négociés au sein de l'OMC contiennent des clauses de sécurité et de sauvegarde vis-à-vis de certains produits et services pour préserver soit l'ordre public soit la production nationale de l'État importateur[4]. Il s'agit de ce fait d'une exception au principe du libre-échangisme. Dans la législation de la RDC, la compétence pour ce faire appartient au ministre du Commerce extérieur[5]. Il revient aux différents services postés à la frontière de procéder à ces

---

[1] Dabié Désiré Axel NASSA, *Commerce transfrontalier et structuration de l'espace au Nord de la Côte d'Ivoire.* Géographie. Université Michel de Montaigne - Bordeaux III, 2005. Français. halshs-00009056, p. 16

[2] Dabié Désiré Axel NASSA, *op. cit.,* p. 72

[3] Banque Mondiale, *op.cit.,* pp. 135-136

[4] Article 20 et 21 du GATT de 1947 ; article 19 du GATT de 1994 ; accord sur les sauvegardes, annexe au traité instituant l'OMC

[5] Art.13 alinéa 2 de la Loi n°73/009 particulière sur le commerce du 5 janvier 1973 : « ...De même, il est habilité à prendre des mesures restrictives, à prohiber l'importation, l'introduction et la circulation en République du Zaïre de certains produits jugés dangereux pour la santé ou portant atteinte aux bonnes mœurs ».

contrôles idoines dans le but notamment d'éradiquer l'exploitation illégale des ressources naturelles.

Paragraphe II. Affaiblissement des contrôles publics

Hormis l'insécurité endémique, l'affaiblissement des contrôles publics caractérisent, comme partout ailleurs sur l'ensemble du territoire national, le contexte qui favorise la fraude et la contrebande minières dans la partie orientale de la RDC. Cela est dû au défaut d'autorité de l'État. En effet, ce dernier, en perdant le contrôle effectif sur une portion de son territoire, se faisait remplacer par des forces occupantes et des groupes armés. En outre, ce relâchement dans le chef des contrôleurs publics (agents et fonctionnaires) est imputable à certains facteurs explicatifs. La qualification et la rémunération constituent des obstacles à une bonne administration du secteur en particulier.

A. Défaut d'autorité de l'État

Dès lors que l'État perd de l'emprise et de l'autorité sur une partie de son territoire, il lui est quasiment impossible de pourvoir des services publics à ses citoyens. L'armée, la police, la justice, bref l'exercice de ses attributs régaliens est paralysé. Règnent sinon l'anarchie et le désordre, la loi des occupants et des seigneurs de guerre. L'affirmation de l'autorité de l'État se concrétise de surcroît par la lutte contre la corruption et les autres formes de crimes économiques.

La Banque mondiale a attiré l'attention dans un de ses rapports en ces termes : « La guerre civile, contestation de l'autorité du régime au pouvoir, érode la légitimité de l'institution qu'est l'État, endommage les biens publics et compromet la prestation des services publics »[1], l'État étant paralysé, les lois compromises et la corruption ayant le vent en poupe.

1. Insuffisance d'efficacité de services publics intervenants

L'État a l'obligation en vertu du principe de souveraineté d'exercer un contrôle effectif, une emprise physique sur son territoire en règlementant les activités qui y sont exercées[2]. Loin de le prendre pour un Etat failli et caractérisé par le chaos et l'anarchie, l'État congolais est encore fragile

---

[1] Thibault le PICHON (dir.), *op. cit.*, p. 32

[2] BALINGENE KAHOMBO, *op. cit.*, p. 229

du fait des traumatismes post-conflits qu'il a enduré pendant plus de deux décennies. Cette fragilité est marquée de la perte de contrôle sur certaines parties de son territoire, de la limitation de sa capacité à pourvoir des services publics à ses citoyens et du dysfonctionnement de l'administration[1].

L'Administration publique dans son acception d'ensemble des institutions ou organes destinés à réaliser un service d'intérêt général constitue un gage de rapprochement des autorités à la base. Dans cet état des lieux lié au contexte post-conflit, accourent à la rescousse de l'État congolais, des organisations internationales, des organisations non gouvernementales et même certaines sociétés dont les actions suppléent aux efforts gouvernementaux. Plus d'une fois, il est arrivé que la MONUSCO réhabilite le bâtiment d'un tribunal, qu'une ONG installe un forage d'eau ou qu'une société minière construise des écoles.

Après la libération des zones auparavant contrôlées par le M. 23 au Nord-Kivu, la MONUSCO a aidé le Gouvernement à renforcer l'autorité de l'État dans l'Est du pays, notamment en déployant des représentants-clefs de l'État afin d'empêcher la reprise du conflit[2]. Il s'entend bien que cette mission de l'ONU ne pût se limiter qu'à apporter son aide aux pouvoirs publics à qui revient la primeur d'exercer cette autorité sur et à proximité de sa population.

Le chercheur Mwayila Tshiyembe commente quant à ce : « Cette puissance du vide a favorisé l'instrumentalisation de gré ou de force des entités ethniques et le pillage des territoires et des ressources naturelles abandonnées à leur sort, par la souveraineté déchue de la capacité de défense et de sécurité (État gérant), de savoir penser le futur (État savant), par les leaders des sécessions et des rebellions en déficit de mobilisation sociale »[3]. La nature a horreur du vide, dit-on. Profitant de la faillite de l'État dans certains coins du territoire national, les personnes nuisibles installent l'anarchie aux apparences de leur propre loi.

Un autre auteur abonde dans le même sens, cette fois-ci avec une proposition : « La reconstruction post-conflit passe par la mise en place

---

[1] Jeroen CUVELIER (dir.), *La complexité de la gestion des ressources dans un contexte de fragilité de l'État : le cas de l'est de la RDC*, novembre 2010, IPIS-International Alert, p. 8

[2] Point 10 du rapport du Secrétaire Général sur la Mission de l'Organisation des Nations Unies pour la Stabilisation en République Démocratique du Congo, Conseil de Sécurité, Nations Unies, 5 mars 2014, S/2014/157

[3] MWAYILA TSHIYEMBE, *Géopolitique de paix en Afrique médiane: Angola, Burundi, RDC, République du Congo*, L'Harmattan, p. 54

d'une force militaire d'envergure servant de parapluie efficace face aux agressions externes. Cette réalité suppose la création d'une armée républicaine dissuasive capable de défendre l'intégrité territoriale de la RDC »[1]. Avec le concours bon gré mal gré de la MONUSCO dont l'action demeure mitigée dans l'optique de protéger la population civile, cette exigence est nécessaire.

La pensée traditionnelle se résumant au dicton de Jules César « si vis pacem para bellum » (si tu veux la paix, prépare la guerre) devrait servir de contre-pied pour pallier à toute éventualité qui marque l'échec de l'instauration de la paix par la seule diplomatie. Telle est la raison pour laquelle nous insistons sur la nécessité de doter le pays d'une armée et d'une police professionnelle, efficace, moderne et bien motivée.

Il ne fait l'ombre d'aucun doute que le recours à l'usage de la force par un État contre un autre, quelle qu'en soit la motivation de fond, relève d'une option politique et discrétionnaire de cet État. Le grand défi demeure encore avec les effectifs de la Police nationale congolaise et l'efficacité de la Direction générale des Migrations.

Au regard du critère de suivi relatif à la justice tel que défini dans la conformité à l'Accord-cadre d'Addis-Abeba, les efforts ont été fournis quant à la construction et à la réhabilitation de l'infrastructure judiciaire, notamment l'amélioration de la capacité opérationnelle de la Cour constitutionnelle. En mars 2016, 78 magistrats étaient nommés au niveau des Cours d'appel, 206 aux Tribunaux de Grande Instance et 393 aux Tribunaux de Paix. En outre, la Commission nationale des droits de l'homme est à présent opérationnelle[2].

Une adéquate implantation des cours et tribunaux, surtout des juridictions de commerce, sur l'ensemble du territoire national, et plus particulièrement dans la partie orientale, facilitera la répression des actes délictueux constitutifs notamment de l'exploitation illégale des ressources naturelles. À côté de la justice ordinaire, les autorités peuvent concomitamment recourir à la Justice transitionnelle en instituant des commissions Justice, Paix et Réconciliation en vue de briser la spirale de violence.

---

[1] Claude SUMATA, « La dynamisation économique de la guerre et de la paix dans la région des Grands Lacs : le processus de reconstruction post-conflit en RDC », in *Congo-Afrique*, n°469, novembre 2012, p. 673

[2] Point 9 of the Status report on the implementation of the Peace, Security and Cooperation framework for the Democratic Republic of the Congo and the region, 14 October 2016

Le dicton, la Justice élève une nation, n'est pas à prendre au pied de la lettre, mais plutôt dans toute son extension. Dans le contexte qui est le nôtre, les bonnes affaires conduites dans la transparence ne peuvent se faire que dans un cadre où les droits des uns et des autres sont sécurisés. La peur de prendre de risque dans le chef d'un investisseur atteindra sans doute une grande intensité dès lors que la sécurité juridique et judiciaire est quasi-inexistante.

En République Démocratique du Congo, les textes de lois ainsi que des accords relatifs aux investissements et aux activités commerciales, plus spécifiquement dans le secteur minier, garantissent la sécurité juridique. L'existence des clauses de stabilité contenues dans le code minier en est la preuve éloquente[1]. Par ailleurs, la sécurité judiciaire laisse à désirer en raison de l'incompétence, de la corruption et de l'insuffisance du personnel caractérisant, dans certains cas, la justice congolaise.

2. La corruption de certains agents publics

La corruption est un fléau transversal touchant plusieurs secteurs de la vie nationale, y compris le secteur minier. Étant à la base de la situation socio-économique catastrophique de la nation, elle prive l'État de la maximisation des recettes publiques. Certains agents publics sont plus impliqués dans la corruption passive dès lors qu'ils jouent le rôle passif consistant à recevoir des dons et promesses en contrepartie d'un acte frauduleux à poser et qui dépend de son autorité.

Sur le plan régional africain, plusieurs accords fustigent ce comportement. Il s'agit notamment de la Convention de l'Union africaine sur la prévention et la lutte contre la corruption[2] et la Charte africaine de

---

[1] A propos de la clause ou de la garantie de stabilité, lire l'article 276 du Code minier dont l'annotation ou commentaire est le suivant : « *Le Législateur garantit au titulaire des droits octroyés sous l'empire de la présente loi, la stabilité du régime fiscal, douanier et de change qui leur demeure acquise et intangible pendant cinq (05) ans, à dater soit de l'entrée en vigueur du présent Code pour les Permis d'exploitation, Permis d'Exploitation des Rejets et Permis d'Exploitation de Petite Mine valides existant à cette date, soit de l'octroi d'un PE ou d'un PEPM acquis postérieurement en vertu d'un PR valide existant à la date de l'entrée en vigueur de la Loi n° 18/001 du 09 mars 2018* ». Voy. Jean-Félix MUPANDE KAPWA (dir.), Code minier révisé et annoté de la République Démocratique du Congo. *Loi n° 007/2002 du 11 juillet 2002 portant Code minier, telle que modifiée et complétée par la Loi n°18/001 du 09 mars 2018*, Coll. Codes en poche, Bruylant, 2020, p. 318

[2] Article 2 point 1 de la Convention de l'Union Africaine sur la prévention et la lutte contre la corruption dispose : « Les objectifs de la présente Convention sont les suivants :

la démocratie, des élections et de la bonne gouvernance. Dans cette Charte, les États africains ont reconnu que pour promouvoir la gouvernance politique, économique et sociale, ils doivent lutter contre la corruption[1].

Plusieurs Etats ont jugé utile dans le cadre de la lutte contre les différentes formes de corruption, d'élaborer, de publier et de mettre en œuvre une stratégie nationale de lutte contre la corruption, laquelle consiste en un schéma beaucoup plus réaliste et pragmatique[2]. Cela implique plusieurs solutions, dont celle de confier à un organisme particulier le soin de coordonner la mise en œuvre et de contrôler la conformité avec les orientations et les objectifs de la stratégie nationale de lutte contre la corruption[3].

Telle est la raison pour laquelle, pour endiguer et cerner ce phénomène vicieux, le Président Joseph Kabila avait pris une noble et salvatrice initiative, de nommer un Conseiller spécial en matière de bonne gouvernance et de lutte contre la corruption et le blanchiment des capitaux et le financement du terrorisme. Toutefois, l'institution n'a pas fonctionné de manière à rencontrer les attentes de la raison d'être de sa création.

Le régime juridique de cette institution comprend principalement :

- L'Ordonnance n° 15/021 du 31 mars 2015 portant nomination du Conseiller Spécial du Chef de l'État en matière de bonne gouvernance et de lutte contre la corruption, le blanchiment des capitaux et financement du terrorisme ;
- L'Ordonnance n° 16/065 du 14 juillet 2016 portant organisation et fonctionnement des services du Conseiller spécial du Chef de l'État en matière de bonne gouvernance et de lutte contre la corruption et le blanchiment des capitaux et le financement du terrorisme.

La seconde ordonnance est complémentaire à la première en vue de rendre aisé l'exercice par le Conseiller Spécial des attributions au titre de sa charge.

---

1. Promouvoir et renforcer la mise en place en Afrique, par chacun des Etats parties, des mécanismes nécessaires pour prévenir, détecter, réprimer et éradiquer la corruption et les infractions connexes dans les secteurs public et privé… »

[1] Article 27 point 5

[2] Office des Nations Unies contre la drogue et le crime, Convention des Nations Unies contre la corruption. Stratégies nationales de lutte contre la corruption : Guide pratique d'élaboration et de mise en œuvre, NATIONS UNIES, New York, 2016, p. 2

[3] Office des Nations Unies contre la drogue et le crime, *op. cit.*, p. 36

L'article 2 du second texte précise ses attributions :

- La conception, l'élaboration et la proposition au Chef de l'État sur les stratégies à mettre en œuvre ;
- La conduite des investigations et enquêtes par des organes habilités pour ce faire ;
- La collaboration avec les organes officiels d'audit financier tels que l'Inspection générale des Finances et autres aux fins d'ouvrir des investigations préparatoires et préalables à la saisine des instances judiciaires ;
- Le dressage du monitoring des actes répréhensibles ;

Étant donné que le Chef de l'État en sa qualité de garant du bon fonctionnement des institutions n'est pas doté de l'ubiquité pour avoir le contrôle de tous les secteurs, le Conseiller Spécial s'emploie comme ses yeux et oreilles dans le domaine de lutte contre la corruption dans toutes ses formes. L'une des rares initiatives prises par le Conseiller Spécial fut le courrier du 20 février 2019 qu'il adressa au Procureur Général près la Cour de Cassation dans lequel il dénonce la corruption dans les opérations des élections des sénateurs et Gouverneurs de province avec des mesures urgentes à prendre. Jusqu'ici, l'enquête est demeurée sine die. Antérieurement à cette date, ses services avaient procédé à l'arrestation de certains hauts cadres de la DGRK (le Directeur Général et le Directeur général adjoint) pour faux en écriture, détournement et d'autres cadres du ministère de l'Urbanisme, habitat et grands travaux.

L'actuel Président de la République, Félix-Antoine Tshisekedi, dans le but de renforcer le dispositif, a mis sur pied toute une agence pour ce faire. Il s'agit effectivement d'une urgence nationale, car la RDC occupe sur un classement de 180 pays et territoires à travers le monde la 170e place dans le rapport de 2020 de l'Indice de perception de la corruption du secteur public de Transparency International[1].

Selon Kolodko, les conséquences ci-après servent des canaux par lesquels la corruption est nuisible à la croissance présente et future :

- Les distorsions au niveau de l'efficacité des ressources ;
- La fuite des capitaux ;
- La réduction de la motivation au travail et sa productivité ;
- La réduction de la propension à épargner[2].

---

[1] www.transparency.org/cpi

[2] Remy K. KATSHINGU, *Du miracle rwandais au paradoxe congolais (RDC). De la pauvreté à l'émergence économique*, coll. Etudes africaines, L'Harmattan, Paris, 2015, p.139

Selon ses propres aveux au quotidien belge, Le soir, le Chef de l'État a déploré le détournement de près de 80 % des recettes revenant de droit au Trésor public. En outre, il a rappelé à l'occasion de son discours sur l'Etat de la Nation devant le Congrès que, d'après les chiffres officiels, la fraude fiscale s'élève plus ou moins à 15 milliards de dollars américains chaque année.

À cette même occasion, il a haussé les enchères : « Aussi, dans les prochaines semaines, souhaiterais-je voir se matérialiser, l'option de création d'une structure judiciaire, voire même d'une juridiction spécialisée dans la lutte contre la corruption, la fraude fiscale, le blanchiment des capitaux ainsi que le détournement des deniers publics »[1].

L'initiative en question est louable face à ce mal profond et invétéré, source de gangrène de la société congolaise. Il y a péril en la demeure. D'ailleurs, en marge de la journée internationale de lutte contre la corruption, certaines ONG ont demandé au Chef de l'État de matérialiser ses promesses sur la lutte contre ce fléau en instituant une agence ad hoc[2].

Nous nous sommes retrouvés à un moment donné à la croisée des chemins de différentes solutions que propose le droit pour éradiquer ce comportement. Peu importe la forme juridique de l'institution de lutte contre la corruption et les infractions connexes, l'essentiel est qu'elle puisse jouir des garanties d'indépendance pour fonctionner efficacement à l'abri de l'obstruction et du trafic d'influence.

C'est ainsi que le Président de la République a créé au sein de son cabinet un service spécialisé dénommé Agence de prévention pour la lutte contre la corruption, APLC en sigle. Cette autorité nationale de référence en matière de prévention et de lutte contre la corruption, le blanchiment d'argent est notamment chargée de détecter des mouvements suspects susceptibles de constituer des actes de corruption dans toutes ses formes, de réunir et d'établir des preuves y relatives, d'assurer la protection des témoins, renseignants et experts.

À cet effet, trois organes sont mis sur pied :

- Le comité de pilotage chapeauté par le Président de la République ;

---

[1] Allocution de Son Excellence Monsieur Félix-Antoine TSHISEKEDI TSHILOMBO, Président de la République Démocratique du Congo, Chef de l'Etat, sur l'état de la Nation devant le Parlement réuni en congrès, 13 Décembre 2019, p. 18 (www.presidence.cd)

[2] Compte Facebook de la Radio Okapi d'après une publication du 9 décembre 2019

- Le comité de coordination composé d'un coordonnateur et d'un coordonnateur adjoint ;
- Le comité technique groupant des experts en la matière[1].

L'ONG, Global Witness, signale que la corruption est prévalente aussi bien dans le secteur minier formel, surtout lors des opérations de négociation des contrats que dans le secteur minier informel[2]. Il s'agit des actes de corruption entachant la négociation des contrats de cession des actifs miniers. En effet, dans le cadre du processus de désengagement de l'État dans le secteur minier, il peut, à travers les sociétés minières d'État comme la GECAMINES ou la SAKIMA, céder certaines de leurs concessions minières à des privés nationaux ou étrangers.

Étant donné qu'il est question de gisements étudiés, documentés ou travaillés, c'est-à-dire ayant déjà fait l'objet de recherche par le service géologique national et dont on connaît approximativement les réserves et teneurs, il en soumet la cession à l'issue des appels d'offres[3]. La procédure est censée se dérouler en toute transparence pour éviter que le cessionnaire accapare les titres miniers à vil prix (pas de porte) pour les céder plus tard à prix d'or. Ferdinand Muhigirwa plaide d'ailleurs pour que les actifs à céder en termes de gisement, concession et infrastructures industrielles soient évalués en bonne et due forme[4].

En respectant la transparence et la bonne gouvernance, les décideurs qui administrent le secteur minier feront vivre aux Congolais le commencement de l'âge d'or de leur histoire suivant l'article 58 de la Constitution de la République. Cette disposition énonce que tous les Congolais ont le droit de jouir des richesses nationales et l'État a le devoir de les redistribuer équitablement et de garantir le droit au développement.

Ce fléau accompagne potentiellement la fraude et la contrebande minières au fil de toutes les opérations minières partant de l'extraction à l'exportation. L'influence dialectique entre la corruption et la fraude et contrebande minières mérite d'être évoquée : Sans la possibilité de

---

[1] Ordonnance n°20/013/10 du 16 mars 2020 portant création, organisation et fonctionnement de l'Agence pour la prévention et la lutte contre la corruption

[2] Global Witness, *Une corruption profonde. Fraude, abus et exploitation dans les mines de cuivre et de cobalt du Katanga*, juillet 2006, p. 14

[3] Article 33 alinéa 1er du Code minier tel que modifié par l'article 2 de la Loi n° 18/001 du 09 mars 2018: « Le Gouvernement, par le truchement du ministre, soumet à l'appel d'offres, ouvert ou restreint, les droits miniers et de carrières portant sur tout gisement étudié, documenté ou éventuellement travaillé par l'Etat, à travers ses services ».

[4] Ferdinand MUHIGIRWA RUSEMBUKA, *op. cit.*, p. ?

corrompre un agent public, la fraude et la contrebande seraient réduites puisque le fraudeur évalue souvent le risque de se faire démasquer.

Le recours systématique à des actes de corruption en fait une réalité systémique et structurelle au point d'être considérée comme une pratique normale. Il s'agit de la légalisation ou de l'institutionnalisation des pratiques frauduleuses et vicieuses. L'échantillon des agents versés dans la corruption est susceptible d'être représentatif à tous les services intervenant dans le secteur minier : Administration des mines, DGDA, DGI, SAEMAPE, CAMI, OCC,…La manne ou le produit de la corruption peut être en espèce ou en nature. En outre, la surtaxe encourage la corruption selon le principe « trop d'impôts tuent l'impôt » (terrorisme fiscal).

Les experts, enquêteurs et auditeurs reconnaissent que les crimes économiques, en particulier la fraude, la contrebande et la corruption prospèrent dans un environnement dont le système et les procédures de contrôle accusent des faiblesses[1]. Telle est la raison pour laquelle il vaut la peine que les agents chargés d'administrer le secteur minier puissent faire montre d'intégrité dans le service qu'ils rendent.

L'article 7 de la Charte d'éthique et de bonne gouvernance des sociétés minières, adoptée et signée sous les auspices de la Fédération des Entreprises du Congo, stipule : « Dans leurs relations avec leurs partenaires, notamment : les instances gouvernementales, les communautés locales, les clients, les fournisseurs,… les sociétés minières s'interdisent toute pratique frauduleuse et tout acte pouvant être assimilé à la corruption ». Si par impossible les opérateurs miniers s'en passent de règles d'éthique dans les affaires, qu'ils craignent au moins le système répressif mis sur pied pour décourager toute manœuvre de fraude.

Au-delà du gain et profit qu'ils tirent de leurs activités, ils ont tout le prestige, mieux le devoir en vertu des obligations sociétales (cahier de charge des obligations sociales), de contribuer au développement socio-économique des communautés habitant les États dans lesquels ils opèrent[2]. L'intégrité publique garantit la noblesse de l'administration : « L'intégrité publique, c'est la conformité et l'adhésion sans faille à une communauté de valeurs, de principes et de normes éthiques aux fins de

---

[1] Paul FONTANOT et al., *Fraud and corruption in mining and metals. Focus on business ethics 2010*, Ernst & Young, 2010, p. 2

[2] Article 8 alinéa 1er de la Charte d'éthique et de bonne gouvernance des sociétés minières, Fédération des Entreprises du Congo, Chambre des mines, 26 mars 2015 : « Les Sociétés minières soutiennent la protection de l'environnement, l'amélioration de la santé, la promotion de l'éducation et du bien-être des populations locales ».

protéger l'intérêt général contre les intérêts privés et de lui accorder la priorité sur ces derniers au sein du secteur public[1].

B. Facteurs explicatifs du relâchement des contrôleurs publics

En dépit de la multitude des services publics intervenant dans la lutte contre la fraude et la contrebande minières, les statistiques minières émises par l'administration des mines démontrent que ces comportements infractionnels persistent. Plusieurs raisons justifient l'inefficacité de l'action de ces organismes publics :

- La sous-qualification des agents ;
- Le défaut de dotation en outils performants ;
- La motivation rabattue à cause des rémunérations modiques ;
- L'interférence des autorités politico-administratives dans l'action des agents ;
- Le manque ou l'insuffisance de coordination dans la lutte contre la fraude et la contrebande entre les agents du Ministère des Mines et ceux relevant d'autres ministères[2].

Le degré de qualification et la motivation ne permettent pas aux agents des services intervenant dans le secteur minier d'accomplir leur devoir avec efficacité, abnégation et loyauté. À vrai dire, le syndrome du relâchement est désormais leur lot. Étant donné que l'imagination des fraudeurs et contrebandiers est sans limites, l'Administration devrait mobiliser des moyens humains, matériels à la hauteur des défis pour resserrer le décalage.

1. Contraintes liées au niveau de formation du personnel

Une partie d'agents des services chargés de l'administration du code minier et de ses mesures d'application ne maîtrisent pas les dispositions y afférentes. Au IIIe millénaire, les nouvelles technologies font leur irruption dans les techniques de contrôle miniers. De ce fait, il en va de même de soumettre les cadres et agents à une mise à niveau.

Depuis 2008, la Banque mondiale lança l'alerte sur cette nécessité : « Il faudra renforcer substantiellement les capacités humaines et institutionnelles, assurer la formation et fournir un appui logistique au

[1] OCDE, *Recommandation du Conseil sur l'intégrité publique*, p. 2
[2] Vision du ministère des mines pour la période de 2010 à 2015

gouvernement pour qu'il puisse administrer efficacement ce secteur »[1]. Pour y donner effet, la Banque mondiale initia le projet Promines en vue d'appuyer la bonne gouvernance du secteur minier en RDC. Dans le cadre dudit projet, elle organisa dans son programme de formation couvrant les années 2017 et 2018, plusieurs modules de cours dont l'un porte effectivement sur des techniques d'investigation, filature, prévention et répression des infractions minières. Y est notamment incorporé « le respect des règles de déontologie et d'éthique relevant des attitudes comportementales recommandées aux agents de services des investigations et d'inspection »[2] dont le non-respect expose le cadre et l'agent à des sanctions disciplinaires[3] et judiciaires[4].

C'est pourquoi dans le souci d'assurer la moralisation de la vie publique, le Premier-ministre instruit, par voie de circulaire à titre de rappel des dispositions légales et disciplinaires, les ministres sectoriels concernés[5] à appliquer rigoureusement des sanctions administratives et à initier, s'il échet, des poursuites judiciaires à l'encontre non seulement des fonctionnaires et agents (civils et militaires) de l'État, mais aussi de toutes les personnes physiques et morales qui se sont compromises dans des opérations de fraudes douanières et fiscales, d'évasion fiscale, de détournement des deniers publics, de concussion et autres vexations (comportement dont on apprécie l'immoralité)[6].

---

[1] Banque Mondiale, *op. cit.*, p. 7

[2] PROMINES, *Programme complet de formation 2017-2018, Création d'un Comité de formation continue et élaboration d'une stratégie et d'un programme de deux années de formation dans le contexte de la restructuration au sein du Ministère des Mines Septembre*, rapport 4, septembre 2016, p. 27

[3] Article 41 de la loi n° 16/013 du 15 juillet 2016 portant Statut des agents de carrière des services publics de l'Etat, Journal Officiel de la RDC, 57ème année, numéro spécial du 3 août 2016 dispose : « *L'agent qui, d'après des indices suffisamment graves, est présumé avoir commis une faute, peut être suspendu de ses fonctions. Dans ce cas, la suspension n'est pas une sanction, mais une mesure conservatoire prise dans l'intérêt du service.*
La durée de la suspension ne peut excéder trois mois.
La suspension est accompagnée de l'ouverture d'une action disciplinaire. Elle est décidée par l'autorité hiérarchique dont relève directement l'agent ».

[4] Article 69 alinéa 1er de la loi susmentionnée se lit : *« L'action disciplinaire demeure distincte et indépendante de l'action répressive à laquelle peuvent donner lieu les mêmes faits. L'action judiciaire n'est pas suspensive de l'action disciplinaire* ».

[5] Ministres de l'Intérieur et Sécurité, de la Justice et Garde des Sceaux, du Budget, de l'Economie Nationale, du Commerce Extérieur, de la Défense Nationale, des Finances, du Portefeuille

[6] Circulaire n° CAB/PM/CJDHC/2017/04 relative à l'application des sanctions administratives et poursuites judiciaires à l'égard des· personnes. Impliquées dans les

Seul le respect scrupuleux des règles d'éthique professionnelle mettra les fonctionnaires, cadres et agents à l'abri d'une quelconque procédure administrative ou judiciaire. Aux termes du décret-loi n° 017/2002 du 3 octobre 2002 portant code de conduite de l'Agent public de l'État, l'éthique professionnelle est définie comme « l'ensemble des valeurs morales et des principes déontologiques qui guident le comportement, les attitudes et les agissements de l'agent public de l'État dans l'exercice de ses fonctions ou de son mandat »[1].

La production artisanale ne contribue pas substantiellement aux recettes de l'État à cause de l'existence des taxes illégales[2]. Pour que la production minière de la RDC soutienne la croissance économique durable par l'augmentation et la bonne gouvernance des recettes provenant de ce secteur, le renforcement des capacités des ressources humaines de tous les services impliqués est nécessaire. D'ailleurs, aux termes d'un décret du Premier ministre, les taxes et frais d'intervention ou administratifs illégaux sont définis comme « des sommes d'argent perçus par les agents publics sans base légale »[3].

La même décision administrative interdit leur perception aussi bien aux frontières que sur toute l'étendue du territoire national. Pour ce faire et par souci de transparence, il est enjoint aux services d'assiette (qui détermine l'assiette fiscale ou parafiscale dont dépend le montant de l'impôt ou de la taxe) habilités à exercer aux frontières, d'afficher les taux des taxes et frais administratifs[4]. À l'issue de son audit ayant porté sur le secteur minier artisanal à l'Est de la RDC, PricewaterhouseCoopers a pu énoncer la nomenclature de ces taxes illégales : « Taxe pour entrer et sortir de la mine, taxes pour travailler dans les puits de mine, les frais

---

opérations de fraude douanière et fiscale, d'évasion fiscale, de détournement de derniers publics, de concussion et autres vexations du 16 août 2017

[1] Article 1er du Décret-loi n° 017/2002 du 3 octobre 2002 portant code de conduite de l'Agent public de l'Etat, Journal Officiel de la République Démocratique du Congo, 44ème année, numéro spécial, 15 janvier 2003

[2] GEENEN S. (2016), "African artisanal mining from the inside out : access, norms and power in Congo's gold sector", Routledge Studies of the Extractive Industries and Sustainable Development, p. 5 cité par Réseau européen pour l'Afrique Centrale, *op. cit.*, p. 12

[3] Article 1er du Décret n° 171007 du 16 août 2017 portant interdiction de perception des taxes et frais d'intervention ou administratifs illégaux ·aux frontières et sur l'ensemble du territoire national du 16 août 2017, Journal Officiel de la RDC, première partie n°17, 1er septembre 2017

[4] Article 2

d'enregistrement des minerais, les sommes versées à la police et aux chefs traditionnels »[1].

La restructuration et le renforcement des capacités des agents chargés de l'application de la législation minière et du contrôle du secteur minier constituent la garantie de leur efficacité. Lors d'une enquête effectuée sur le site minier artisanal d'exploitation de coltan de Kisengo dans le Tanganyika et sur base d'un échantillon, 85,5 % des paiements sont illégaux : « Notre étude a identifié 28 paiements effectués sur les sites et les résultats sont accablants : 24 de ces paiements sont illégaux (soit 85,5 %), car non reconnus par un document légal. Seulement 3 sont légaux (soit 11 %) et 1 est légal, mais le taux de perception ne respecte pas les textes (soit 3,5 %) »[2]. Les contribuables ignorant que la délivrance du reçu est un droit favorisent inconsciemment la fraude laquelle se glisse à travers l'absence de remise de quittance lors de différents paiements.

Les différents services, chacun dans ses attributions, doivent remplir convenablement et efficacement leur rôle. Le SAEMAPE intervient aussi de par l'encadrement de l'artisanat minier et de la petite mine, à lutter contre la fraude et la contrebande minières. Il est principalement chargé de (d') :

- assurer la formation et apporter l'assistance technique et financière aux coopératives minières et aux exploitants du secteur de la petite mine en vue de renforcer leurs capacités managériales et de promouvoir l'émergence d'une classe moyenne congolaise du secteur minier ;
- assurer le suivi des flux matières de la petite mine et de l'artisanat minier depuis la mine jusqu'au point de vente, en vue de canaliser et quantifier toute la production dans le circuit officiel de commercialisation[3].

Dans certains coins du territoire national, les agents sont tellement concentrés qu'il se pose la nécessité d'entrevoir des réaffectations aux fins d'harmonisation, et ce, conformément aux structures organiques de l'administration.

---

[1] ITIE RDC, *op. cit.*, p. 28

[2] David NGOY LUHAKA, *Fiscalité et parafiscalité dans l'exploitation minière artisanale au Tanganyika en RDC*, Anvers/Kalemie, Mai 2017, Voix du Congo, p. 11

[3] Article 2 points 1 et 2 du Décret n°17/009 du 04 avril 2017 portant création et statuts d'un Service public dénommé Service d'Assistance et d'Encadrement de l'Exploitation Minière Artisanale et à Petite Echelle, « SAEMAPE », en sigle

2. Contraintes liées à l'appréciation rémunératoire du personnel

La qualité de rémunération du personnel dépend largement de l'application sans faille des dispositions légales et règlementaires sur les quotes-parts à verser aux différents services, surtout ceux qui encadrent l'artisanat minier. Par exemple, l'article 542 ter du règlement minier fixe la quote-part du SAEMAPE à 60 % en contrepartie de ses prestations d'encadrement et de traçabilité. Son produit est de 16 % des droits superficiaires annuels par carré[1]. Cependant, dans la pratique, il est fait application d'un pourcentage inférieur. Quant à ce, un arrêté interministériel (mines et finances) devrait déterminer la clé de répartition des droits et frais en rémunération des services rendus ainsi que leurs mécanismes de recouvrement.

L'autonomie financière du CAMI est encore mieux assurée. Il accapare 50 % des recettes des droits superficiaires annuels par carré. L'autre moitié revient au pouvoir central[2]. Après que le CAMI ait calculé la dette due par le titulaire de droit minier et/ou de carrières au titre de ces droits, la DGRAD l'ordonnance et recouvre 50 % desdits droits pour le compte du pouvoir central. Pour couvrir les coûts de ses prestations en tant qu'établissement public, le CAMI est habilité à procéder au recouvrement de 50 % restants.

Il arrive des situations juridiques où les taux tels qu'appliqués sur la même matière entre un arrêté provincial et celui de l'autorité du pouvoir central diffère. L'harmonisation des taux entre la législation nationale et provinciale permettra d'éviter des cas d'incompatibilité. L'application de la décentralisation financière permettra aux services provinciaux asphyxiés à cause de la perception centralisée des fonds à Kinshasa, de respirer.

En règle générale, les fraudeurs et les contrebandiers profitent de la pression (bas salaire, outil de contrôle moins efficace) s'exerçant sur l'administration publique pour jouir des opportunités frauduleuses. La modicité des rémunérations résultant du faible budget de l'État et de la

---

[1] Point 20 de l'arrêté interministériel n° 013/CAB/MIN/MINES/2005 et n°118/CAB/MIN/FINANCES/2005 du 4 août 2005 portant Taux des droits, taxes et redevances du secteur minier cité par Jean-Marie F. MBOKO DJ'ANDIMA, *op. cit.*, p. 286

[2] Art. 1er de l'arrêté interministériel n° 0075/CAB. MIN/MINES/01/2018 et n° 017/CAB/MIN/FINANCES/2018 du 27 février 2018 portant modalités de recouvrement et de répartition des droits superficiaires annuels par carré à percevoir à l'initiative du ministère des mines

répartition inéquitable du revenu national, fait en sorte que bon nombre des fonctionnaires et agents de l'État s'adonnent à des pratiques contraires aux lois et au statut qui les régissent, tels que le commerce illicite, la corruption, la fraude[1].

Ils ont droit à une vie décente et à la promotion de leur personnalité. Si les pouvoirs publics accordaient à tous les agents publics tous les avantages salariaux et sociaux prévus dans leur statut, ces derniers seraient non seulement à l'abri de la précarité, mais aussi de la tentation de corruption.

En vertu de son attribution de gestion de la carrière des fonctionnaires et agents de l'État, le ministère de la Fonction publique fixe notamment le barème salarial applicable aux agents de l'Administration des mines et des services spécialisés placés sous tutelle du ministère des Mines. Le constat est que la modicité des rémunérations passe pour une réalité constante à travers l'administration congolaise dans son ensemble[2]. L'audit institutionnel mené par Promines dans le secteur minier révèle à travers ce tableau que la disparité de salaire entre différents services dépend de l'effectif du personnel de sorte que l'enveloppe salariale est substantiellement importante dans des services à effectif réduit.

Dotation budgétaire de divers services du Ministère des Mines[3]

Institutions	Sources	Charges du personnel CDF	Charges du personnel USD	Nombre d'agents	Salaire moyen annuel
Ministère des mines	Rapport Ministère des mines 2011	1 685 000 000	1 872 222	2 732	685
SAEMAPE	Rapport financier 2011	3 155 159 139	3 429 521	1 180	2 906
CTCPM	Budget 2011		2 052 188	131	15 666
CEEC	Rapport Exécution du budget 2011 +		6 166 430	374	16 488
CAMI	Rapport d'activités		1 976 090	92	21 479

[1] Denis WATHUM JACAN WADAMBE, Le « Code de conduite de l'Agent public de l'Etat » dans le cadre de la Réforme de l'administration publique et de la « Charte de la Fonction publique en Afrique », Administration du Parlement, République Démocratique du Congo, Février 2007, p. 11

[2] PROMINES, *op. cit.*, p. 30

[3] *Idem*, p. 31

Aux termes de ce chapitre consacré à l'état des lieux de la fraude et de la contrebande minières, la définition de la fraude et de la contrebande minières selon l'article 2 de l'arrêté interministériel sur la CNLFM a fourni de la matière première. À plus forte raison, le régime juridique de ces deux infractions a suivi les méandres et sinuosités qu'ont tracées lesdites définitions.

Néanmoins, il conviendrait d'admettre qu'il existe une multitude d'actes susceptibles de constituer la fraude et la contrebande minières dépendamment des types, formes ou catégories qu'organisent les branches de droit précitées. Leur présentation dans cet ouvrage est loin d'être exhaustive, sinon elle est panoramique pour ne pas dire indicative.

L'instabilité à l'Est de la RDC contiguë à la région des Grands Lacs favorise cette forme de criminalité économique. En effet, la militarisation des zones minières ou des sites miniers au moyen du contrôle des forces armées nationales, étrangères et des groupes armés en est la principale cause.

Chapitre II.
Mécanismes de lutte contre la fraude et la contrebande minières

Après avoir épilogué sur l'état des lieux de la fraude et de la contrebande minières, l'heure est de tabler sur les différents mécanismes de lutte contre ces fléaux. Tout corps des règles nécessite l'accompagnement des mécanismes de leur mise en œuvre. En l'espèce, certaines normes sont de nature à combattre ces deux infractions. Elles sont reprises sous le vocable des mécanismes normatifs.

Les différents services intervenant dans le secteur minier sont chargés de l'implémentation de ces normes. De ce fait, ils forment des mécanismes institutionnels. Toutes ces combinaisons, agencements des normes et institutions (organes) assurent le fonctionnement régulier du secteur minier dans la prévention et la répression contre la fraude et la contrebande minières.

Section I. Mécanismes normatifs

L'idée, mieux l'obsession qu'engendrent les minerais de conflits a conduit les institutions tant publiques (États et Organisations internationales) que privées (société civile) à réfléchir sur des stratégies de riposte. C'est alors qu'après atermoiements et tergiversations, fut instauré le devoir de diligence dans l'approvisionnement responsable en minerais. Le devoir de diligence fut élaboré en premier lieu pour veiller sur les flux d'exploitation minière artisanale, exposée à toute sorte d'abus, de tempête et d'aléas en raison de son statut informel. En dépit de son efficacité en soi, ce mécanisme requiert un cadre où l'autorité de l'État est réelle. D'une manière approchante, l'enjeu sécuritaire conditionne son efficience. En plus, les normes de vérification des documents sur les activités des opérateurs miniers jouent un rôle crucial autant dans l'EMGE que dans l'EMAPE.

Paragraphe I. Recours aux techniques d'approvisionnement responsable dans le contexte de restauration de l'autorité de l'État

Les techniques d'approvisionnement responsable en minerais ont été conçues pour enrayer, éradiquer les minerais de conflits par la mise sur pied des systèmes de certification et de traçabilité. Les deux systèmes produisent des effets escomptés, au minimum fonctionnent correctement dans des zones où règnent la paix et la sécurité.

Même si le guide de l'OCDE et le Mécanisme de Certification régionale de la CIRGL tiennent notamment compte de zones à haut risque, la paix et la sécurité constituent en définitive le gage du succès dans la mise en œuvre du devoir de diligence raisonnable. Même en dehors de conflit, ce devoir de diligence opère dans la certification et la traçabilité des flux financiers, c'est-à-dire des valeurs des minerais sur base desquelles sont fixés les impôts, taxes, droits et redevances.

A. Certification et traçabilité

Avant de plancher sur les systèmes de certification et de traçabilité, il conviendrait, de prime abord, de savoir comment nous y sommes arrivés : Un long parcours, un périple dans la recherche des solutions idoines à mettre en œuvre pour couper le lien entre l'exploitation, la commercialisation des minerais ainsi que le contexte de violence armée et de violation des droits de l'homme.

Tout est parti du rapport du Groupe d'experts des Nations Unies sur la RDC dans lequel il est reconnu ce lien étroit entre l'exploitation minière artisanale et l'enlisement du conflit à l'Est. Au cours d'un bon nombre des tractations en dent de scie, plusieurs initiatives furent proposées :

- L'embargo sur l'achat des produits miniers artisanaux provenant de l'Est de la RDC :

La proposition fut immédiatement critiquée en ce sens que « l'embargo est difficile à mettre en œuvre et à contrôler et qu'il prive certaines populations d'une certaine partie de la valeur ajoutée »[1] attendu que l'artisanat minier occupe plusieurs dizaines de milliers des creuseurs : « L'enjeu de la gestion de ce secteur en effet n'est pas que sécuritaire, il est aussi et au premier chef celui du développement local et de la survie

[1] Sara GEENEN et Ruud CUSTERS, *op. cit.*, p. 232

économique de millions de personnes à l'Est de la RDC »[1]. Le Groupe d'experts des Nations Unies sur la RDC a reconnu son caractère inadapté.

- Des sanctions ciblées comme alternative :

Le groupe propose des sanctions ciblées contre les individus et les sociétés versés dans les activités illégales relatives à l'exploitation des ressources minières. Cette solution fut jugée inefficace en raison de la diversité d'acteurs et des voies de contrebande. Si les uns sont évincés, les autres assurent la relève[2].

Toute exportation des minerais en violation de l'embargo ou des sanctions internationales constitue un acte illégal portant atteinte à la légalité internationale dans le contexte de la paix et de la sécurité internationales et en même temps, selon notre entendement, pourrait être assimilé à la contrebande minière. C'est alors que naissait, au vu de toutes ces faiblesses, l'idée de la certification et de la traçabilité.

1. Mécanismes de certification auxquels la RDC a adhéré

La certification est un mécanisme de rationalisation de l'exploitation des ressources naturelles et plus particulièrement des minerais. La condition sine qua non d'obtention de la certification aussi bien nationale que régionale est le respect par les opérateurs miniers du processus orthodoxe de devoir de diligence.

L'article 1er point 9 quater du nouveau code minier définit la certification comme l' : « ensemble de mécanismes, procédures et procédés visant à établir la nature, les caractéristiques physiques et/ou chimiques, l'origine[3] et la provenance légale et licite des substances minérales, et ce, conformément aux normes nationales, régionales et internationales en la matière, prenant en compte à la fois le suivi et la traçabilité des substances minérales tout au long de la chaîne d'approvisionnement »[4]. L'avènement du système de certification a changé la donne. Cette fois-là, c'était question de responsabiliser les acheteurs et les consommateurs à travers la diligence raisonnable à

---

[1] Réseau européen pour l'Afrique Centrale, *op. cit.*, p. 7

[2] Sara GEENEN et Ruud CUSTERS, *op. cit.*, p. 233

[3] OMD, *op. cit.*, p. 32 : « Les règles d'origine sont des dispositions spécifiques appliquées par un pays pour déterminer l'origine des marchandises et faisant appel à des principes établis par la législation nationale ou par des accords internationaux (critères d'origine) ».

[4] Loi n° 18/001 du 9 mars 2018 modifiant et complétant la loi n°007/2002 du 11 juillet 2002 portant Code minier

appliquer dans la chaîne d'approvisionnement en minerais du site d'extraction à la consommation finale.

Il existe plusieurs initiatives de certification concernant l'approvisionnement responsable en minerai et le devoir de diligence (CTC, BSP[1], MineralCare[2],) auxquels est soumise l'exploitation minière artisanale et à petite échelle. De toutes, seules trois sont actuellement mises en œuvre : La CTC, le certificat régional de la CIRGL et le certificat du Processus de Kimberley.

Le Certified Trading Chains (ou Chaînes d'Approvisionnement Certifiées), CTC en abrégé, est un système de certification et de transparence d'origine développé par l'Institut Fédéral Allemand des Géosciences et des Ressources Naturelles (BGR) en 2007 sur base d'une des résolutions de G. 8 prises la même année. Il fut mis en œuvre en RDC à partir de 2011. Le CEEC, établissement public sous tutelle du ministère des mines, délivrait ce certificat d'origine avant qu'il ne soit incorporé dans et remplacé par le certificat régional de la CIRGL en ce qui concerne les 3T.

Il ressort du Communiqué de presse du 11 juillet 2013, du Ministère des Mines que la République Démocratique du Congo a joué le rôle de pionnier en tant que premier État membre de la CIRGL à mettre en circulation le Certificat CIRGL »[3] à travers l'arrêté ministériel n° 057/CAB.MINES/MINES/01/2012 du 29 février 2013 portant mise en œuvre du mécanisme régional de certification de la CIRGL en RDC ainsi que la formation des agents dans la lutte contre la fraude aux frontières de la RDC. La durée de sa validité est de 45 jours à dater de la signature des autorités de certification (ministre des mines, CEEC)

---

[1] BSP : Better Sourcing Program est un système de certification dont la phase pilote fut lancée en 2013 pour tracer les 3TG. En somme, cette initiative fournit l'assistance en termes de diligence raisonnable. Voy. Jean Didier LOSANGO NZINGA, *Evaluation des Systèmes de Chaînes d'Approvisionnement: La République Démocratique du Congo (RDC). Évaluation critique des mécanismes de traçabilité des chaînes d'approvisionnement déployées au Congo : Le Cas de la Société Aurifère du Kivu et du Maniema (SAKIMA)*, Auditeur Indépendant de la Chaîne Minière (AICM), mai 2017, p. 8

[2] MineralCare a l'avantage d'incorporer, au-delà des normes de l'OCDE, des règles sur l'identification et la validation des acteurs, des produits et des opérations. Avec cette initiative, il est possible d'obtenir une base des données sur des listes noires des acteurs peu recommandables (brebis galeuses) du circuit. Sa phase pilote a débuté en RDC en 2015. Voy. Jean Didier LOSANGO NZINGA, *op. cit.*, p. 8

[3] Nadine MOFILA et J.R. BONGENGWA, « La RD-Congo lance son Certificat Régional », *in* Magazine Horizon mines, *Les statistiques des exportations minières de la RDC de 2003 à 2012*, Mensuel N° 003 août 2013, p. 10

dont les spécimens sont stockés dans la base des données de la CIRGL, de l'OCDE.

Avant que le certificat régional de la CIRGL lui retire certaines filières, le CTC prenait en charge et opérait dans les filières aurifère, cupro-cobaltifère, stannisfère (3 T), dans celles des minerais de plomb ainsi que des pierres de couleur extraits dans l'exploitation minière artisanale et à petite échelle. Sa base juridique se trouve consignée dans les arrêtés 0057 et 0058. Sa faiblesse résidait dans son caractère volontaire et facultatif[1]. En plus, il revenait à chaque opérateur minier de le compléter par son propre système de traçabilité.

Les principes cardinaux du CTC sont : la légalité, la transparence, la crédibilité, la loyauté des pratiques, le dialogue multipartite, le professionnalisme, l'amélioration continue, la communication, l'équité et la responsabilisation[2]. Tous ces principes dont l'interdépendance n'est pas à mettre sous caution, constitue la toile de fond dans la lutte contre la fraude et la contrebande.

La condition essentielle de l'éligibilité d'une organisation à la certification CTC est la satisfaction aux exigences de la fiche d'inspection des sites miniers établie et suivie d'un audit indépendant, mais encadré dans les six mois. C'est alors qu'une attestation de conformité CTC sera délivrée à l'organisation si elle satisfait à certaines exigences liées à l'application des principes sus évoqués[3]. La fréquence d'audit CTC est de trois ans. En cas de contestation, le différend est porté devant le Comité de Pilotage en tant que structure multipartite.

Le certificat de Kimberley accompagne chaque chargement de diamants bruts destinés à l'exportation. Ses formalités de délivrance respectent les normes minimales du Processus de Kimberley pour enrayer la commercialisation des diamants du sang[4]. Pour mémoire, avant la création du système de certification du Processus de Kimberley en 2003, plus de 25 % de la production artisanale des diamants étaient exploités et commercialisés dans des circuits illicites aux fins, précisément, de servir à la perpétration de certaines violations des droits

---

[1] Estelle LEVIN et Rupert COOK, *Etude comparative des systèmes de certification et de traçabilité*, Projet de rapport final, 9 avril 2015, Estelle Levin Ltd, p. 8

[2] Ministère des Mines de la République Démocratique du Congo, Manuel de certification « Certified Trading Chains » (CTC) de minerais des filières aurifère, cupro-cobaltifère, stannifère et des pierres de couleur du secteur minier artisanal et à petite échelle en République Démocratique du Congo, version 01, octobre 2019, pp. 11-12

[3] Ministère des Mines de la République Démocratique du Congo, *op. cit.*, p. 24

[4] Section II a et b du système de certification du Processus de Kimberley

de l'homme par le financement des conflits armés, du terrorisme, le blanchiment d'argent. Faute de règlementation du secteur, les pays producteurs ne tiraient pas des recettes substantielles[1].

Ce Processus fut approuvé en République Démocratique du Congo par arrêté ministériel n° 193/CAB.MINES-HYDRO/01/2003 du 31 mai 2003 portant application et suivi du programme international du Processus de Kimberley en RDC. En 2004, il avait positivement influencé les exportations de la RDC grâce à la radiation de la République du Congo (Brazzaville) versée dans la contrebande à l'issue d'une mission d'évaluation d'experts du Processus[2].

En ce qui concerne les autres systèmes, ils sont en phase d'essai dans la perspective de prendre en charge tous les minerais extraits sur le territoire congolais. Les États de la CIRGL ont la latitude d'accréditer plus d'un type de système de certification et de traçabilité de la chaîne d'approvisionnement et de concéder la conception et l'exploitation de ce service public à un acteur non-étatique, à l'instar de l'ITRI et de GeoTraceability qui sont liés à l'État congolais par voie d'accords exécutoires. Toutefois, il est requis conformément aux dispositions régionales de la Conférence, que ce système implémenté soit conforme aux normes du Mécanisme régional de Certification de la CIRGL s'inspirant lui-même de celles de l'OCDE[3].

---

[1] Partenariat Afrique Canada, *Les diamants et la sécurité humaine*, revue annuelle 2009, Octobre 2009, p. 2

[2] Sara GEENEN et Stefaan MARYSSE, *op. cit.*, p. 348

[3] Martin KABWELULU, *op. cit.*, p. 14

Carte de l'exploitation diamantifère artisanale
en République Démocratique du Congo[1]

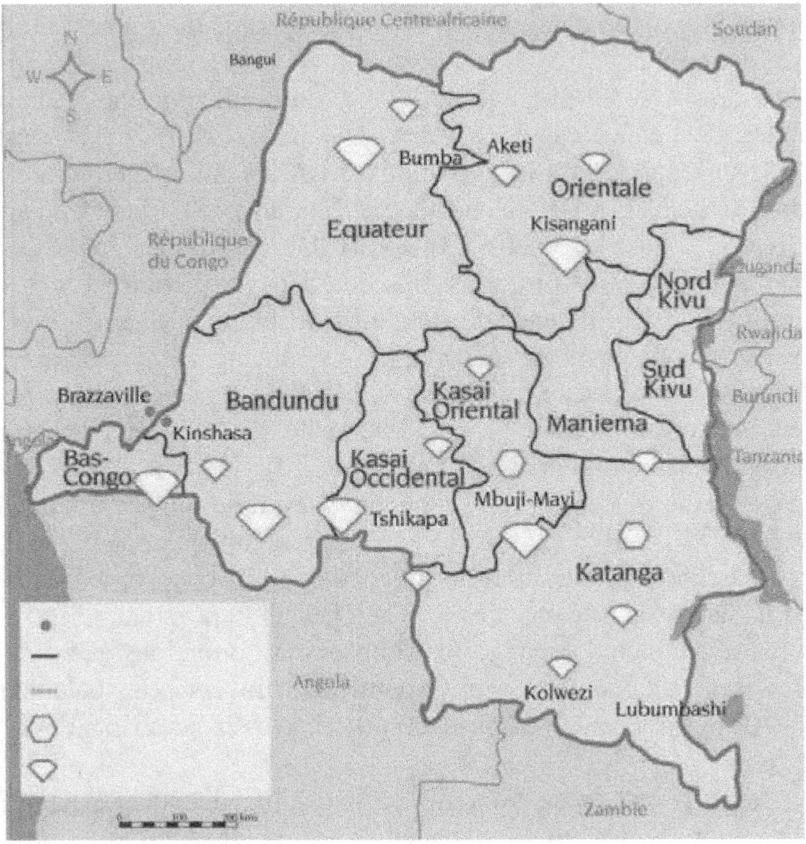

2. *Systèmes de traçabilité susceptibles de fonctionner parallèlement*

Le Code minier annoté définit la traçabilité comme un : « mécanisme mis en place pour assurer le suivi des étapes de la filière de production minière et de flux financiers subséquents depuis le site d'extraction des produits miniers jusqu'à leur exportation en passant par leur détention, transport, commercialisation, traitement et/ou transformation »[2]. Selon la définition énoncée ci-haut de la certification, la traçabilité en est une composante. Toutefois, elle peut fonctionner de manière indépendante. Elle offre des techniques de suivi et traçage des minerais et des flux

[1] Partenariat Afrique Canada, *op. cit.*, p. 8
[2] Jean-Félix MUPANDE KAPWA (dir.), *op.cit.*, article 1er point 53 bis

financiers (valeur des minerais sur base de laquelle se déduit les impôts, taxe, droits et redevance) dans la chaîne de possession et d'approvisionnement à partir de la gestion des données. Son caractère incomplet lui vaut la qualification d'outil plutôt que de système propre à la certification.

C'est ainsi que le programme iTSCi, une initiative applicable à la traçabilité de l'étain (cassitérite) a vu le jour en 2012. L'iTSCi est un projet de système de certification initié par l'Association internationale de l'Etain, ITRI en sigle. Cela s'entend que l'initiative est diligentée par une organisation industrielle sous forme d'ASBL[1] regroupant plus de 250 sociétés membres réparties dans plus de 35 pays, y compris toutes les fonderies de 3T[2]. Il encadre les entreprises quelle que soit leur intervention dans le processus d'approvisionnement en minerais à se conformer aux cinq étapes du Guide de l'OCDE. Il ne couvre que les 3T tout en mettant sur pied son propre système de traçabilité et ne s'applique pas à l'or. Il est opérationnel en RDC depuis 2010.

Le protocole d'accord sur la coopération entre le ministère des mines de la RDC et l'ITRI fut signé le 2 juin 2010 pour une période initiale de 6 mois. Ce genre de contrat définit les modalités de coopération entre les gouvernements, dans le cas d'espèce la RDC, et le programme en ce qui concerne notamment l'échange des données et informations, la fourniture des services miniers par le gouvernement (à travers principalement le SAEMAPE et le CEEC), la formation des agents intervenants de la part de l'ITRI[3].

Le projet-pilote de ce système de traçabilité débuta sur le site de Nyabibwe au Sud-Kivu. Sur demande de prorogation du protocole d'accord à l'initiative de l'ITRI et subséquemment par la lettre n° CAB.MIN/MINES/01/0242/2011 du 14 mars 2011, le ministre des Mines, après avoir jugé les prestations de cet organisme satisfaisantes, étendit les effets du protocole jusqu'au 31 décembre 2011[4]. En dépit de la marge de manœuvre dont dispose le gouvernement de la RDC à avaliser plusieurs mécanismes de traçabilité sur son territoire national afin de

---

[1] Jean Didier LOSANGO NZINGA, *op. cit.*, p. 4 : « L'Institut International de Recherche sur la Cassitérite, est une organisation d'adhésion fondée par les principaux producteurs de cassitérite représente les intérêts de la chaîne d'approvisionnement de l'industrie de la cassitérite au niveau mondial »

[2] ITRI, *iTSCi : Programme commun de l'industrie pour la traçabilité et le devoir de diligence*, 2016, p. 2 in www.itsci.org

[3] ITRI, *op. cit.*, p. 4

[4] Martin KABWELULU, *op. cit.*, p. 14

desservir dans de différentes zones géographiques, l'ITRI jouit d'un monopole de facto pour l'instant.

Le rapport d'un premier audit indépendant mené pour le compte de la CIRGL sur l'évaluation de la mise en œuvre des initiatives des chaînes d'approvisionnement en RDC postule : « Si le système était correctement mis en œuvre, aucun minerai ne serait retiré ou ajouté au sac sans être remarqué, ou serait mélangé entre les sites de drapeau rouge ou jaune »[1]. Le même audit révèle que ce programme ne porte pas de code d'origine des mines, empêchant de ce fait les entités de traitement et de transformation de détecter l'incompatibilité entre l'origine des mines déclarée dans le registre de l'ITRI et le numéro réel marqué sur le sachet des minerais[2].

En date du 9 novembre 2018, le collectif des organisations congolaises de la société civile militant en faveur de la bonne gouvernance des ressources naturelles, adressa un mémorandum au ministre des Mines à propos de griefs à charge de l'ITRI en ce qui concerne la mise en œuvre par lui de son programme iTSCi. Elles reprochaient à l'ITRI quelques insuffisances, d'une part dans l'exécution de ses obligations, d'autre part sur le taux élevé du Levy (redevance) tel qu'appliqué en RDC comparativement aux autres États voisins, membres de la CIRGL.

Concernant le premier manquement et contrairement à ses engagements, d'abord, l'ITRI n'a pas déployé comme convenu ses agents sur l'ensemble de l'espace géographique couvert dans les clauses du contrat. Ensuite, il ne s'est pas ménagé à fournir la formation aux agents de l'Administration des mines et du SAEMAPE. Enfin, il ne leur a pas transféré les compétences.

S'agissant du taux élevé de la redevance rémunératoire appelée Levy, ceci est jugé incitatif à la fraude et à la contrebande minières pour deux motifs :

- Le taux du Levy appliqué en RDC est largement supérieur à ceux des pays voisins, membres de la CIRGL. Par exemple, l'ITI/iTSCi perçoit 480 USD par tonne pour la cassitérite alors qu'au Rwanda, il est de 180 USD. De même pour le coltan, le Levy est de 600 USD au Kivu contre 300 USD au Rwanda ;
- Le paiement exorbitant du Levy par l'exportation des minerais 3T se répercutent avec fracas sur le prix imposé par les négociants sur les

[1] Jean Didier LOSANGO NZINGA, *op. cit.*, p. 7
[2] *Idem*, p. 9

exploitants artisanaux, les contraignant malencontreusement à rechercher d'autres voies tordues de sortie plus favorables.

À quoi bon pour un exploitant artisanal dépourvu d'équipement de protection individuelle et frôlant des dangers d'ordre environnemental et sécuritaire, de creuser à la recherche des minerais pour le grand bonheur de l'industrie mondiale alors que la rente de misère qu'il gagne ne lui permet même pas de refaire ses forces[1]. Dans le rapport d'activités quinquennal de l'iTSCi (2010-2014), il est établi le pourcentage de répartition entre différentes parties prenantes quant à la prise en charge des dépenses de mise en œuvre du programme :

- L'industrie en amont couvre 81 % du coût : aux termes du manuel de Mécanisme de Certification Régional, les entreprises en amont comprennent les mineurs, les sociétés minières, les négociants, les exportateurs, les re-traiteurs des minéraux, les fondeurs/affineurs[2].
- Les bailleurs de fonds (ministère hollandais des Affaires étrangères, Promines, Apple inc...) contribuent à la hauteur de 16 % ;
- L'industrie en aval intervient en ne supportant que 2 %[3]. Les entreprises en aval comprennent les négociants en métaux et bourses, les fabricants des composants, les fabricants des produits, les fabricants d'équipement d'origine et les revendeurs[4].

Il découle de cette clé de répartition que le poids de la redevance en contrepartie des prestations de ce programme pèse plus sur les producteurs artisanaux.

Dans ses conclusions, le collectif plaida en faveur d'une révisitation du protocole d'accord[5]. Une telle réaction de la société civile nationale du secteur est largement justifiable en accord avec ce qui est inscrit dans la manuel-prospectus de l'iTSCi : « les activités de l'ITRI/iTSCi sont toujours menées en coopération avec les partenaires locaux dont les ONG [formant des panels consultatifs et des comités des parties prenantes] afin de contribuer à l'amélioration de la gouvernance sur le long terme et des

[1] LILA CHOULI, « Note de lecture. Christophe Boltanski, Minerais de sang : les esclaves du monde moderne (Gallimard/Folio actuel, 2014, 338 p.) », recherches internationales, n°100, juillet-septembre 2014, p. 232 cité par BALINGENE KAHOMBO, *op. cit.*, p. 213

[2] CIRGL, *op. cit.*, p. 10

[3] ITRI, *op. cit.*, p. 9

[4] CIRGL, *op. cit.*, p. 6

[5] Mémorandum de la société civile relatif au protocole d'accord entre le ministère des mines de la République Démocratique du Congo et ITRI Ltd sur l'initiative d'ITRI pour la chaine d'approvisionnement de l'étain (iTSCi) du 17 février 2012, lettre du 9 novembre 2018

conditions de l'exploitation minière, ce qui conduira la stabilité et des opportunités d'investissement et de croissance »[1].

À en croire certains cas de fraude sur le territoire congolais à l'aide des étiquettes de l'ITRI portant la mention des États voisins, il est de bon aloi que le ministère des Mines revisite le protocole d'accord le liant à l'ITRI pour des raisons de performance et d'ouverture à plus de responsabilités. On peut lire dans un rapport à mi-parcours du groupe d'Experts des Nations : « En octobre 2018, deux négociants ont déclaré avoir des étiquettes du système de traçabilité de l'Initiative de la chaîne d'approvisionnement en étain (iTSCi), mais ne pas pouvoir s'en servir à cause de la pénurie de minerais sur le marché. Ils ont ajouté qu'il était très difficile de distinguer les minerais des zones vertes de ceux des zones rouges dans le territoire de Masisi, le système d'étiquetage de l'ITSCI ayant été abandonné en raison de l'implication de facto des groupes armés dans l'extraction, la taxation ou la vente des minerais »[2].

Abondant dans le même sens, certains auteurs ont mentionné les effets qu'engendre le mécanisme au plan local, entre autres le coût de sa mise en œuvre induit la stagnation et la baisse des prix des minerais que supportent en définitive les exploitants artisanaux. À cet effet, de nouvelles formes de fraude minière impliquant pêle-mêle les agents de l'État, le personnel de l'iTSCi et les exploitants artisanaux auraient vu le jour[3].

Qu'à cela ne tienne et en termes de résultats mitigés, les avis sur sa performance sont du moins partagés. À l'idée que ce système est détecteur du non-respect des normes, les mineurs croient en son efficacité[4].

Selon les statistiques ressortant d'une enquête à Kalimbi dans le Sud-Kivu, près de 51 % d'exploitants artisanaux reconnaissent l'efficacité du programme iTSCi[5]. Le coût excessif lié à son implémentation ouvre une voie béante à la fraude et à la contrebande minières dont le facteur risque y attaché par peur de se faire attraper est moindre et à minimiser en raison des arrangements informels avec les préposés de l'État.

---

[1] ITRI, *op. cit.*, p. 3

[2] ZOBEL BEHALAL et al., *Rapport à mi-parcours du Groupe d'experts sur la République Démocratique du Congo*, Conseil des Sécurité, Nations Unies, New York, 31 décembre 2018, p. 13

[3] Janvier KILOSHO BURAYE, *Industrialisation et traçabilité minières au Sud-Kivu : Quel avenir pour les exploitants miniers artisanaux ?*, thèse de doctorat, Etudes de développement, Université d'Anvers, p. 127

[4] Janvier KILOSHO BURAYE, *op. cit.*, p. 136

[5] *Idem*, p. 142

La présentation de cette analyse critique de la mise en œuvre de l'iTSCi, programme tant cher à l'association internationale de l'étain, est applicable à toutes les autres initiatives de certification et de traçabilité accusant de faiblesse ou d'anomalie dans leur fonctionnement. Les autres outils de traçabilité faisant l'objet d'essai dans des projets-pilotes sont :

- GeoTraceability implémentée par l'auditeur international PriceWaterhouseCoopers :

En date du 5 décembre 2014, le ministre des Mines conclut un protocole d'accord avec la société GeoTraceability Ltd spécialisée dans l'utilisation des codes-barres sécurisés et uniques pour mieux tracer les minerais de l'extraction jusqu'à la constitution des lots[1]. Après avoir fait ses preuves en terme d'efficacité, le ministre des Mines prorogea ledit protocole jusqu'au 8 décembre 2016 par la lettre n° CAB.MIN/MINES/01/1743/2016[2].

- MetTra utilisant un logiciel de gestion des données ;
- SERCAM[3] ;

L'Arrêté Interministériel n° 0711/CAB.MIN/MINES/01/2010 et n° 206/CAB.MIN/FINANCES/2010 du 15 octobre 2010 portant manuel des procédures de traçabilité miniers de l'extraction à l'exportation a toujours été appliqué. La traçabilité est d'une importance capitale dans la lutte contre la fraude et la contrebande minières.

Avant de recourir à des acteurs non-étatiques, l'État disposait d'ores et déjà de ses services pour ce faire. Dans le cadre de l'exploitation minière artisanale, le SAEMAPE se chargeait à tracer les minerais, sauf qu'il valait la peine de recourir au partenariat public-privé pour renforcer ses capacités. Il a été révélé dans le contenu d'une enquête que la suspension par ce service technique de recourir à l'étiquetage (tag mine et tag négociant) en raison du manque de perception du quota lui revenant à titre de taxe rémunératoire de ses services, a favorisé la fraude et la contrebande minières au cours d'une période dans le Sud-Kivu, précisément à Numbi[4].

Contrairement aux 3T, l'or souffre encore de l'absence d'un outil de traçabilité cohérent et efficace et d'un système de certification des minerais. Enclenché dans un premier temps en Ituri, plus précisément à Mambasa, le projet « Or Juste » est le premier système de traçabilité et de

---

[1] Martin KABWELULU, *op. cit.*, p. 15
[2] *Idem*, p. 16
[3] Estelle LEVIN et Rupert COOK, *op. cit.*, p. 10
[4] CENADEP, *op. cit.*, p.16

devoir de diligence pour l'or artisanal en RDC fonctionnant en parallèle avec le Mécanisme régional de certification de la CIRGL[1].

L'ONG Impact, jadis dénommée Partenariat Afrique Canada, se réjouit de prémices de son projet ambitieux : « (A partir de juin 2017) Fair Trade Jewellery Co., un bijoutier de Toronto, importe de la RDC de l'or artisanal, légal, traçable et libre de conflits dans le cadre du projet Or Juste. Il s'agit d'une étape très importante, car c'est la première fois qu'un bien de consommation soit fabriqué à partir d'or artisanal de la RDC libre de conflits et pouvant être entièrement retracé du site minier au consommateur »[2].

La certification de l'or se confronte à de grands défis en raison de sa fongibilité, de sa souplesse dans le trafic illégal. Tout récemment, les statistiques ont révélé que plus de 98 % de la production de l'or à l'Est n'était pas déclaré et frauduleusement commercialisé pour plusieurs raisons entre autres, la surtaxe, l'absence de validation et d'identification des sites aurifères.

La validation des sites miniers et la traçabilité des minerais dans la chaîne d'approvisionnement sont complémentaires : « Un exercice de validation non suivi de la mise en place d'un système de traçabilité est inutile. À l'inverse, un système de traçabilité fonctionnant dans une mine qui n'aurait pas été examinée dans le cadre d'un exercice de validation indépendant et objectif est également inefficace, car la situation sécuritaire réelle ne sera pas connue »[3].

Le CEEC est encore en train d'essayer le système ITOA sur l'or. L'ITOA est un système national de traçabilité de l'or d'exploitation artisanale, conforme en la matière aux normes internationales de la CIRGL et de l'OCDE. Il fut mis en œuvre par arrêté ministériel n° 0918/CAB.MIN/MINES/01/2015 du 29 octobre 2015 portant mise en œuvre d'un système de traçabilité dénommé Initiative de Traçabilité de l'Or Artisanal, « ITOA ».

Bénéficiant de l'assistance technique d'une société américaine Tetra Tech, le CEEC à travers l'ITOA, identifie tous les opérateurs le long de la chaîne de possession, enregistre de manière sécurisée les données relatives à chaque étape d'approvisionnement à la diligence des services intervenants et empaquète le lot ou colis dans un sachet spécifique à

[1] Impact (ONG), *Repousser les limites*, rapport annuel 2017, p. 5

[2] Impact (ONG), *op. cit.*, p. 5

[3] Nicolas SCHERLEN, *Recommandations de la huitième réunion du comité régional de l'initiative sur les ressources naturelles (IRRN) de la CIRGL in* Magazine Horizon mines, *op. cit.*, p.17

chaque étape d'approvisionnement[1]. Constitue un point fort dans cette démarche, l'arrêté ministériel n° 0058/CAB.MINES/01/2012 du 29 février 2012, fixant les procédures de qualification et de validation des sites miniers des filières aurifères et stannifères dans les Provinces du Katanga, du Maniema, du Nord-Kivu, du Sud-Kivu et de la Province Orientale.

Son opérationnalisation est soumise au suivi et à l'évaluation d'une Cellule technique composée de délégués de divers services intervenants dont le rapport mensuel est adressé au ministre ayant les mines dans ses attributions[2]. Son lancement et son expérimentation ont débuté le 12 janvier 2017.

Lingot d'or [3]

[1] Article 3 de l'Arrêté ministériel n°0918/CAB.MIN/MINES/01/2015 du 29 octobre 2015 portant mise en œuvre d'un système de traçabilité dénommé Initiative de Traçabilité de l'Or Artisanal, « ITOA ».

[2] Article 11

[3] Partenariat Afrique Canada, *op. cit.*, photo de couverture

Tableau : Résumé des statistiques de la qualification des sites miniers en RDC[1]

Province	Vert		Jaune		Rouge		Non qualifiés	Total
	3 T	Or	3 T	Or	3 T	Or		
Katanga	146	3 T	2	-	1	-	149	
Maniema	63	8	-	-	-	-	71	
Nord-Kivu	96	4	3	-	4	-	1	107
Sud-Kivu	32	11	8	5	-	6	4	62
Orientale (Ituri)	-	19	-	-	-	-	-	408
Total	337	42	13	5	5	6	5	408
%	82.6	10.3	3.2	1.2	1.2	1.5		100.0

La traçabilité documentaire (enregistrement des données) ou physique (tag mine ou étiquetage) nécessite une base des données fiables pour produire des effets attendus dans la lutte contre la fraude et la contrebande minières. Le trafic sur le territoire congolais des étiquettes de l'ITRI portant la mention du Rwanda dénote manifestement de la faiblesse du système de traçabilité. Voilà les initiatives de traçabilité aujourd'hui en vigueur en République Démocratique du Congo.

B. La paix et la sécurité comme gage de succès dans la mise en œuvre de ces mécanismes

Préoccupés par l'instabilité endémique à l'Est de la RDC, les États et les Organisations internationales ont pris une panoplie d'initiatives de paix pour la Région. Partant de la création de la CIRGL à l'adoption en son sein de déclarations, pactes, protocoles et accord-cadre, ils n'ont ménagé aucun effort à cet effet. En évaluant la situation d'avant avec

[1] Ministère des Mines et GIZ, *Résumé des missions conjointes de qualification et de validation/inspection en RDC de Juin 2011 à Novembre 2016*, Bulletin ECQ cité par réseau européen pour l'Afrique Centrale, *op. cit.*, p. 24

celle d'après les initiatives, celles-ci ont tant soit peu porté leurs fruits sur la voie de la pacification de l'Est de la RDC.

1. Différentes initiatives de paix dans la Région de Grands Lacs

Toutes les initiatives de paix qui portent sur la Région des Grands Lacs s'actionnent principalement autour de deux leviers : la restauration de la paix et de la sécurité ainsi que le relèvement socio-économique. En effet, cette connexité résulte du fait que la fragilisation de la Région par des conflits récurrents a assené un coup fatal aux conditions socio-économiques dans ladite Région, plus particulièrement à l'Est de la RDC.

Depuis la première guerre du Congo résultant de l'instabilité qu'a généré le génocide au Rwanda, la Région des Grands Lacs en général et plus particulièrement l'Est de la RDC a été au centre des préoccupations sur le plan international et régional. Ladite guerre prit fin avec le départ du Président Mobutu. Juste l'ombre d'un matin passait que naissait un autre conflit en 1998. Les belligérants signèrent le 10 juillet 1999 l'accord de Lusaka sur le cessez-le-feu. Le préambule de cet accord établissait que les parties contractantes avaient pris l'engagement d'organiser un dialogue national inclusif dont la visée serait la réconciliation nationale et l'instauration d'un nouvel ordre politique en RDC[1]. Sa fragilité conduisit au dialogue inter congolais ayant abouti à l'accord global et inclusif de Sun City.

En vertu de l'accord de Lusaka, on devait avoir, à l'issue du dialogue inter congolais, l'autorité administrative de l'État rétablie sur l'ensemble du territoire national de la RDC (Art. III, ACCL). Il prévoyait également la mise en place d'un mécanisme pour la formation d'une armée nationale, restructurée et intégrée, incluant les forces des Parties congolaises signataires du présent Accord, sur la base de négociations (Art.III.20 ACCL). On devait aboutir à un nouvel ordre politique et à la réconciliation nationale en RDC (Art.III.19). Cet accord instaure un gouvernement d'unité nationale de transition et fixe les objectifs de ce dernier[2].

---

[1] T. NGOY, *L'Accord de Lusaka et la paix en RDC : Une autre lecture*, CERBIPAD, 2002, p. 15

[2] Wutibaal KUMABA MBUTA, *L'ONU et la diplomatie des conflits : le cas de la République Démocratique du Congo*, coll. Afrique : politiques publiques, sécurité, défense, L'Harmattan, Paris, 2012, p. 275

À part les deux principaux accords relatifs à la RDC depuis la guerre d'agression (1998), nous pouvons citer d'autres initiatives de paix rentrant dans le même cadre :

1. La déclaration des principes fondamentaux : Lusaka, le 4 mai 2001 ;
2. L'Acte d'engagement et le pacte républicain : le 2 août 2001 à Gaborone au Botswana ;
3. Le mémorandum additionnel sur l'Armée et la sécurité : le 6 mars à Pretoria ;
4. Les principes des négociations : consensus, globalité, inclusivité, gouvernance démocratique ;
5. Les 36 Résolutions pertinentes du Dialogue inter congolais de Sun City : février-avril 2002 et 1er avril 2003 ;
6. Les Résolutions pertinentes du Conseil de Sécurité afférentes au Congo ;
7. Les résolutions relatives à l'endossement de l'Accord Global et Inclusif sur la transition en RDC du 17 décembre 2002 ;
8. Les Accords bilatéraux entre le Rwanda et la RDC, la RDC et l'Ouganda, relatifs au retrait des troupes respectives du territoire de la RDC :
9. L'Accord de siège entre la MONUC et la RDC, entre le CICR et la RDC ;
10. La Résolution relative à l'Adoption de la Constitution de la transition en RDC du 1er avril 2003 à Sun City ;
11. La Résolution relative à l'Accord Global et Inclusif du 1er avril 2003 à Sun City[1] ;
12. L'accord-cadre d'Addis-Abeba.

Ce dernier revêt toute son importance en apportant des innovations qui s'attaquent à la crise structurelle et endémique dans l'Est de la RDC. L'Accord-cadre fut signé à Addis-Abeba en marge de l'Assemblée générale de l'Union africaine, le 24 février 2013, par neuf pays de la CIRGL qui sont la République Démocratique du Congo, le Burundi, la République Centrafricaine, la République du Congo, l'Ouganda, le Rwanda, le Soudan, la Tanzanie et la Zambie et deux de la SADC qui sont l'Afrique du Sud et l'Angola. Après l'autodétermination du Soudan

[1] O. NDESHYO, « L'accord de Pretoria, ses enjeux majeurs et ses perspectives de réussite », sujet présenté au Forum régional de l'ULPGL du 8 au 10 avril 2003 dans le cadre du thème : *Accord global et inclusif de Pretoria/Les préalables pour une paix durable dans la province du Nord-Kivu*, 9 avril 2003, pp.10-11

du Sud, celui-ci est devenu le dixième État membre de la CIRGL et signataire de l'Accord-cadre.

Il a permis au gouvernement de la République Démocratique du Congo, dans un contexte plus ponctuel et spécifique, de reprendre le contrôle de Goma, la capitale du Nord-Kivu et de stopper la progression des troupes rebelles du M. 23 vers le Sud-Kivu. L'Accord a également posé les bases d'une solution globale au conflit qui affecte l'Est de la RDC depuis 1996[1]. Ses signataires s'étaient fixé pour objectif d'identifier la racine des conflits à l'Est de la R.D. Congo et ainsi mettre définitivement fin aux conflits cycliques qui endeuillaient, depuis deux décennies, la partie orientale de la R.D. Congo, avec des conséquences qui devenaient moralement inacceptables : une crise chronique à l'Est de la R.D. Congo, une situation des droits humains et humanitaire grave, un nombre des déplacés internes parmi les plus élevés du monde, des programmes de réforme constamment interrompus[2].

Lors de la signature de l'Accord-cadre, les différentes parties prenantes ont pris des engagements à honorer de bonne foi dans une logique de symétrie variable au niveau national, régional et international. Quelle qu'en soit la partie prenante, ces engagements sont de trois ordres : les engagements à caractère politique et sécuritaire, les engagements à caractère économique et les engagements de coopération judiciaire.

Du point de vue institutionnel, l'accord-cadre a prévu ses mécanismes de gestion : Le Mécanisme national de suivi et de supervision de l'Accord-cadre, le Mécanisme régional de Suivi appuyé du Comité d'Appui technique et le bureau de l'Envoyé spécial du Secrétaire Général des Nations Unies dans la Région des Grands Lacs. De temps en temps, des représentants des États membres de la CIRGL se réunissent dans des structures techniques ou au haut sommet, pour évaluer la mise en œuvre des engagements qu'ils ont contractés au titre de l'Accord-cadre d'Addis-Abeba.

---

[1] G. GEROLD, « RD Congo: un an après l'accord-cadre d'Addis-Abeba, où en sont les reformes et la réconciliation ? », *Observatoire des Grands-Lacs en Afrique*, note n°9-2O13, Décembre 2013, p. 4

[2] R. MINANI BIHUZO, « L'Accord-cadre d'Addis-Abeba : vers un échec prévisible ? », *Congo-Afrique*, n°490, décembre 2014, p.832

2. *Évaluation de la pacification de l'Est de la RDC*

La définition officielle du terme *évaluation* est celle que propose l'OCDE/CAD « une appréciation systématique et objective d'un projet, d'un programme ou d'une politique, en cours ou terminé, de sa conception, de sa mise en œuvre et de ses résultats. Le but est de déterminer la pertinence et l'accomplissement des objectifs, l'efficience en matière de développement, l'efficacité, l'impact et la durabilité. Une évaluation devrait fournir des informations crédibles et utiles permettant d'intégrer les leçons de l'expérience dans le processus de décision des bénéficiaires et des bailleurs de fonds »[1].

Dans la suite de plusieurs initiatives de paix, il importe d'évaluer la mise en œuvre de celles en rapport avec l'exploitation des ressources naturelles. Plusieurs actions ont couronné le succès de ces initiatives. La victoire décisive des FARDC appuyées par la Brigade d'intervention de la MONUSCO, sur le M. 23 constitue un couronnement d'efforts en vertu de l'Accord-cadre. Ce mouvement a confirmé, au terme du dialogue de Kampala, de renoncer à sa rébellion[2].

En ce qui concerne la lutte contre les ADF, l'Etat-Major, à l'époque conduit par le général MBANGU, utilisait, pour la première fois au front, les données GPS, la boussole, les icônes de différentes couleurs pour le repérage et l'orientation des troupes. Cela a permis aux troupes gouvernementales d'avoir la supériorité sur ces forces négatives[3]. Néanmoins, les affrontements se poursuivent jusqu'à aujourd'hui.

Fut également appliqué le Programme national de Stabilisation et de Reconstruction, issu de la transformation du STAREC. Les objectifs lui assignés furent entre autres la restauration de l'autorité de l'État dans les zones autrefois contrôlées par les groupes armés et l'amélioration de l'environnement sécuritaire, l'articulation entre le DDR III et le relèvement communautaire, l'amélioration de la gouvernance dans les zones post-conflit, notamment dans les secteurs administratif, politique,

[1] Fédération internationale des sociétés de la Croix-Rouge et du Croissant, *Guide pour le suivi et l'évaluation de projets/programmes,* 2012, Suisse, Genève, p. 16 *in www.ifrc.org*

[2] Point 1 de la Déclaration sur les engagements du Mouvement du 23 mars au terme du Dialogue de Kampala, Nairobi, Kenya, 12 décembre 2013, annexe au Communiqué final conjoint CIRGL-SADC sur les pourparlers de Kampala

[3] N. KIBEL'BEL OKA, *L'avènement du jihad en RD Congo : un terrorisme islamiste ADF mal connu*, éd. Scribe, 2016, Bruxelles, p. 154

judiciaire, économique et de l'éthique publique ainsi que la protection civile et la lutte contre les violences sexuelles[1].

S'agissant de la mise en œuvre de la Déclaration de Lusaka sur la lutte contre l'Exploitation illégale des ressources naturelles, le sommet de Luanda tenu en 2016, a décidé :

a) d'encourager l'accélération de la mise en œuvre de six outils pour la lutte contre l'exploitation illégale des ressources naturelles et une opérationnalisation rapide de l'Unité Technique pour les ressources naturelles ;

b) de saluer le lancement du certificat régional en RDC et au Rwanda et recommander l'extension du processus de certification dans les autres pays membres, y compris les conditions nécessaires qui donneraient la crédibilité à ce processus, et renforcer la capacité du Comité d'audit de la CIRGL[2]. Somme toute, éradiquer le phénomène du trafic illicite des ressources naturelles, c'est attaquer, à la racine, le conflit dans la Région des Grands Lacs.

Le site de Bisie dans le Nord-Kivu servait souvent à des projets-pilotes de par sa réputation de présence armée. Pourtant, la situation n'est pas restée de marbre. Dans un rapport publié par l'ITRI en 2016, il est relayé que l'équipe d'évaluation, contrairement aux diverses et anciennes allégations sur la violation des droits de l'homme sur ce site, n'a découvert aucune forme de violation flagrante et grave des droits de l'homme, à l'instar des actes de tortures, des travaux forcés et du travail des enfants[3]. En outre, elle n'a trouvé aucune preuve attestant la présence des groupes armés non gouvernementaux sur les sites miniers lors de sa visite du 18 au 20 décembre 2015[4].

Globalement, la situation sécuritaire aux alentours des zones minières s'est relativement améliorée grâce aux efforts que fournissent les

---

[1] Groupe de Travail du Suivi de la mise en œuvre de l'Accord-cadre (RRSSJ, RENADHOC, NSCC, CEGO, LE, ACIDH, ACAJ, VSV, SOFEPADI), *Mise en œuvre de l'accord-cadre et de la résolution 2098 (2013) : encore du chemin à faire !!!, « Observations des Organisations de la Société Civile»*, Rapport d'évaluation à mi-parcours, Réseau pour la Réforme du Secteur de Sécurité et de Justice, Kinshasa, 15 septembre 2014, p.26

[2] Déclaration du 6ème sommet ordinaire des Chefs d'Etat et de Gouvernement de la CIRGL, Luanda, Angola, 14 juin 2016

[3] Benjamin NENOT, *Initiative d'ITRI pour la chaîne d'approvisionnement de l'étain (iTSCi) Évaluation indépendante du processus d'évacuation des minerais de Bisie, territoire de Walikale, Province du Nord-Kivu*, RDC, Synergy Global Consulting Ltd, Décembre 2015, p. 8

[4] Benjamin NÉNOT, *op. cit.*, p. 9

institutions de la République pour rétablir l'autorité de l'État de manière progressive dans des zones naguère contrôlées par des groupes armés. Toutefois, il n'est pas à nier la persistance de certaines poches d'insécurité et des attaques sporadiques dans ces régions. Les forces de sécurité sont amplement déployées en vue d'assurer la quiétude autour des zones minières et le long des routes de transport des minerais.

Il s'agit d'une nette amélioration vers l'éradication de la militarisation des sites miniers. Se greffant sur un solide plan sécuritaire, les systèmes de certification et de traçabilité dans l'approvisionnement responsable en minerais réussiront leur noble pari qu'est l'élimination des minerais de conflits du circuit légal de commerce et d'exportation. Bisie contient d'énormes réserves de cassitérite. Cependant, le risque d'infiltration des minerais de sang n'est pas encore écarté. Les exportateurs sont conviés à la vigilance et au respect du devoir de diligence.

Au fil de ses investigations en 2018, le groupe d'Experts n'a pas constaté la présence des membres de groupes armés sur des sites miniers inspectés, ni n'a été témoin ou informé de la participation des FARDC et des groupes armés aux activités de la filière des 3T. Par ailleurs, il n'y a pas lieu d'écarter des situations sporadiques de violation de systèmes de traçabilité par certains éléments des FARDC[1]. D'autres initiatives méritent d'être mentionnées entre autres : la validation du Plan national stratégique pour le développement du secteur minier ainsi que la promulgation de la loi sur la sécurité sociale du 25 juillet 2016.

Paragraphe II. Vérification de la fiabilité des documents obligatoires des opérateurs miniers

La confiance n'exclut pas le contrôle, dit-on. Dans l'exercice de son pouvoir à la fois régalien et régulateur, l'Etat, à travers ses services, vérifie les documents obligatoires que tiennent les opérateurs miniers : coopératives minières, négociants, comptoirs d'achat et de vente des minerais, sociétés minières. Ces documents dont la tenue est obligatoire ont une incidence sur la lutte contre la fraude et la contrebande minières. À l'appui de leur ordre de mission, les inspecteurs procèdent à la vérification non seulement des états financiers, mais aussi des données relatives à la production des opérateurs miniers (tonnage et teneur des minerais). Si le gouvernement estime qu'il n'est point satisfait du rapport de ces inspecteurs, il a la latitude des commanditer des audits

[1] ZOBEL BEHALAL, *op. cit.*, p. 28

indépendants auprès des cabinets de réputation internationale comme Deloite, Ernst & Young, etc. Leur audit porterait sur la conformité du paiement par l'opérateur minier des impôts, droits, taxes et redevances à la législation en vigueur.

Pour rendre la tâche aisée, les auditeurs indépendants ont la faculté d'y procéder par regroupement en vérifiant d'un côté cette conformité au paiement des redevances, droits superficiaires et autres charges administratives et de l'autre, la conformité au paiement des impôts et droits de douane. À l'issue des tests et examens appropriés conformément aux normes comptables et industrielles, les auditeurs se retrouvent à la croisée des chemins :

- Soit ils recommandent des mesures correctives au cas où les données ne suffisent pas à permettre des conclusions, par exemple la quantité des produits miniers exportés, les prix fixés, imprécision des recettes de vente servant à déterminer l'assiette fiscale ;
- Soit ils concluent et remettent leur rapport au commanditaire[1]. Si ces conclusions établissent l'existence des faits infractionnels comme la fraude, les pouvoirs publics en tirent toutes les conséquences en termes d'amendes transactionnelles ou de poursuite judiciaire.

L'audit est simplement défini comme un examen de vérification par un professionnel indépendant, de la manière dont une activité est exercée conformément aux normes d'usage[2]. L'audit peut-être financier, comptable, managérial, commercial. Ce qui nous intéresse dans cet ouvrage, c'est son aspect en lien direct avec la fraude fiscale, il s'agit bel et bien de l'audit financier et comptable. Selon l'Ordre des experts-comptables de France, l'audit financier est « un examen auquel procède un professionnel compétent et indépendant en vue d'exprimer une opinion motivée sur la régularité et la sincérité du bilan du compte de résultat et des informations annexes aux comptes annuels d'une entreprise[3].

A. Documents soumis au contrôle

Les documents soumis au contrôle des pouvoirs publics sont ceux qui sont liés à l'activité des opérateurs miniers. Le code et le Règlement miniers organisent les règles relatives à la manière dont ils doivent être tenus aussi bien dans le cadre de l'EMGE que de l'EMAPE.

---

[1] Banque Mondiale, *op. cit.*, p. 75

[2] Serge WHANNOU, Cours d'*audit comptable et financier*, syllabus de cours, master, p. 5

[3] Serge WHANNOU, *op. cit.*, p. 6

1. Documents concernés dans l'EMAPE (Exploitation minière artisanale et de petite mine)

Les opérateurs miniers intervenant dans le circuit de l'exploitation minière artisanale et de petite mine, en sigle EMAPE, sont soumis à la détention de certains documents quoique ceux de la petite mine soit quasiment soumis au même régime que l'EMGE exposé ci-dessous. La petite mine ou exploitation minière à petite échelle, mi-figue, mi-raisin, une sorte de poisson-chat à cheval entre les deux grands secteurs, occupe une place intermédiaire entre la production industrielle et la production artisanale[1]. L'Exploitation à Petite Echelle se définit comme étant « toute activité par laquelle une personne se livre à une exploitation de petite taille et permanente, exigeant un minimum d'installations fixes en utilisant des procédés semi-industriels ou industriels, après la mise en évidence d'un gisement ».

L'article 262 du Code minier tel que modifié par l'article 9 de la loi n° 18/001 du 09 mars 2018 prévoit un droit d'option offert à l'exploitant de petite mine entre le régime fiscal de droit commun et l'imposition forfaitaire de 10 % sur le chiffre d'affaires résultant de la valeur de vente des produits marchands. Aussitôt l'option levée, elle demeure irrévocable. Toutefois, il reste tenu de s'acquitter des impôts dont il est le redevable légal tel que la TVA, l'impôt professionnel sur les rémunérations…

Légalement parlant, les exploitants artisanaux regroupés en coopératives minières vendent leurs produits par l'entremise de ces dernières aux négociants agréés que dépêchent les comptoirs d'achat et de vente des minerais. Les importateurs, en l'occurrence les industriels s'approvisionnent auprès des comptoirs. Les exploitants artisanaux s'acquittent de droit de douane, de la TVA dans le cadre d'approvisionnement en équipement et matériel de travail, de la taxe rémunératoire à titre de droit d'obtention de la carte d'exploitant artisanal.

Sous peine du retrait d'agrément, les coopératives minières transmettent chaque mois toutes les statistiques de production au SAEMAPE (article 114 bis in fine du Code minier). Au-delà des statistiques de production, les données contenues dans le registre que tiennent à jour les coopératives minières devraient renseigner sur

---

[1] PROMINES, *Rapport final sur l'Evaluation Stratégique Environnementale et Sociale Sectorielle (ESESS) du secteur minier en RDC*, Sofreco, mars 2014, p. 59

l'effectif des membres, les impôts, taxes et autres droits[1]. La taxe d'agrément d'une coopérative minière est de 5000 USD.

En outre, elles payent anticipativement au Trésor la redevance annuelle lors de l'agrément et du renouvellement de ce dernier (de 800 à 5000 USD suivant les substances), la caution lors du dépôt de dossier (500 à 2500 USD selon la nature des substances), la taxe ad valorem (de 8 % de 1 % à 7 % de 0,5 %), de droits de douane, de la TVA, de la taxe d'intérêt commun sur les transactions d'or et de diamant (1 %), des impôts et taxes en qualité de redevable légal, de la taxe rémunératoire à titre de droit d'obtention de carte de travail du négociant expatrié[2]. Toutefois, ils ne sont pas dispensés de l'application du régime fiscal, parafiscal et douanier de droit commun.

L'article 250 du Règlement minier dispose en ce qui concerne le négociant minier : « Tout négociant a l'obligation de tenir à jour un registre sur lequel il consigne pour chaque transaction les éléments suivants :

- date, lieu et nom de l'acheteur ou du vendeur ;
- quantité, qualité et prix des minerais achetés ou vendus.

Tout négociant est tenu de déposer un rapport sur son activité au Ministre provincial des Mines qui lui a délivré sa carte de négociant et à la Division provinciale des Mines au début de chaque mois à compter de la date de remise de la carte de négociant. Ce rapport doit comporter les éléments suivants :

- nom et adresse du négociant ;
- nombre d'achats et des ventes réalisés pour le mois antérieur, avec le chiffre d'affaires ;
- pour chaque type de minerai, la quantité et la qualité de minerais achetés ainsi que la valeur payée, la quantité de minerais vendus et la valeur reçue, et la quantité en stock au dernier jour de chaque mois ».

Le retrait de la carte est la sanction en cas de manquement à cette obligation.

En tant que commerçants, les négociants, les comptoirs tiennent des documents de comptabilité et de gestion de l'activité commerciale sur base desquels l'administration des mines et du fisc pourra procéder au contrôle aux fins de l'imposition et de la taxation. Les comptoirs produisent aux termes de l'article 116 précité du code minier les mêmes documents que les titulaires des droits miniers (EMGE). Leur charge

[1] ITIE RDC, *op. cit.*, p. 3

[2] *Idem*, p. 27

parafiscale particulière (en dehors de celle du droit commun) est essentiellement la taxe rémunératoire pour la carte de négociant.

Les comptoirs d'achat et de vente des substances minérales sont tenus :

- de se soumettre au contrôle administratif et technique de l'Administration des mines et du CEEC du ressort à chaque fois qu'une opération d'achat et de vente des minerais a lieu ;
- De communiquer mensuellement aux services attitrés (ministre des mines, Direction des mines, Division provinciale des mines, CTCPM, CEEC) leur rapport d'activités sur les quantités des minerais achetés, vendus et stockés[1].

Tout manquement à ces obligations précitées expose le comptoir au retrait de son agrément sans préjudice des poursuites judiciaires et d'autres sanctions prévues dans le code et règlement miniers[2].

2. Documents requis dans le cadre de l'EMGE (Exploitation minière à grande échelle)

L'exploitation minière à grande échelle fait recourir à des techniques d'exploitation industrielle et de pointe. Elle est l'œuvre de grandes sociétés minières privées ou d'État dotées de grandes capacités de production.

Elles peuvent être publiques, mixtes ou privées. Par ricochet, toutes les sociétés privées sont mixtes d'autant plus qu'elles sont obligées lors de l'introduction de la demande du permis d'exploitation des substances minérales, de céder 10 % de parts de leur capital social à l'État congolais et 5 % au moment du renouvellement de leur titre minier. Ces parts sont libres de toute charge et non-diluables. La forme sous laquelle cette cession s'opère consiste, conformément au règlement minier, en une déclaration notariée établie par le représentant social. Il s'agit d'une souscription sans contrepartie au profit de l'État, propriétaire du sol et du sous-sol.

Toutefois, sur base de conventions minières sous forme de contrats d'association, une société minière publique peut s'associer à une société privée en vue de créer une société mixte proprement dite (joint-venture). Par exemple, la société Ashanti Goldfield Kilo relève d'une association

---

[1] Article 2 b et g de l'arrêté ministériel n°0022 CAB.MIN/MINES/01/2016 du 20 février 2016 portant agrément au titre de comptoir d'achat et de vente d'or de production artisanale au profit de la société Romineral Congo SARL

[2] *Idem*, article 3

entre Anglo Gold Ashanti (86,3 % de participation), une société minière sud-africaine et SOKIMO (13,7 %), société publique d'exploitation de l'or en Ituri[1].

Les principales compagnies minières d'État congolais sont :

- La GECAMINES (Générale des carrières et des mines) ;
- L'OKIMO (Office des mines d'or de Kilo-Moto) devenue la SOKIMO (Société minière de Kilo-Moto) ;
- La MIBA (Société minière de Bakwanga) ;
- L'EMK — Mn (Entreprise minière de Kisenge-Manganèse) ;
- La SODIMICO (Société de développement industriel et minier du Congo) ;
- La SAKIMA (Société aurifère du Kivu et du Maniema), ex. SOMINKI[2].

Conformément à l'article 216 du Code minier, « le titulaire des titres miniers ou de carrières et le détenteur d'un agrément au titre de comptoir ou d'entité de traitement ont l'obligation de tenir les registres, d'élaborer et de déposer les rapports de leurs activités conformément au Règlement minier ». À l'échéancier d'un mois, il dépose en outre un formulaire ad hoc déclinant les quantités produites, vendues ou exportées des substances minérales, leurs qualités, leurs valeurs, les montants de divers impôts, droits, taxes et redevances dus et payés au profit du Trésor public, aux entités territoriales décentralisées et aux organismes de l'État.

Le règlement minier est plus ou moins explicite sur la tenue de ces documents. Son article 497 énumère et explicite plusieurs registres et documents. Nous examinons ceux qui sont pertinents à la fraude et à la contrebande. Il s'agit du registre des échantillons pris et expédiés, du registre d'extraction, du registre des ventes, du registre des expéditions et des autorisations d'origine, du registre des exportations des substances minérales pour traitement à l'extérieur, le cas échéant, du journal de transformation indiquant s'il y a lieu l'origine, la quantité et la valeur des substances minérales utilisées comme intrants dans la transformation.

- Le registre des échantillons pris et expédiés :

Le principe est que les opérateurs miniers doivent traiter les minerais sur le territoire de la RDC avant leur exportation. Le souci du législateur est d'accroître la valeur ajoutée des minerais bruts qui donnent une diversité de produits à partir de concentrés repris dans la nomenclature. À titre exceptionnel et à des conditions cumulatives, ils peuvent solliciter

[1] Jeroen CUVELIER (dir.), *op. cit.*, pp. 14-15

[2] PROMINES, *op. cit.*, p. 61

l'autorisation d'exporter les minerais à l'état brut. Les échantillons à valeur marchande sont aussi soumis à la souscription auprès d'une banque agréée d'une déclaration temporaire EB. À cet effet, ils payent non seulement les impôts, taxes, droits et redevance de droit commun, mais aussi la redevance du suivi de change auprès de la BCC.

- le registre d'extraction :

Ce registre renseigne sur le tonnage, la teneur et la nature des minerais extraits. Il permet aux inspecteurs de se rendre compte que l'opérateur minier n'exploite pas des minerais autres que ceux pour lesquels le titre lui a été délivré.

- le registre des ventes :

Y sont contenues toutes les informations sur la vente comme l'identité de l'acheteur, les quantités vendues, les modalités de paiement. C'est un document central dont dépend la fixation de la fiscalité minière.

La tenue des registres et autres documents obéit aux normes anti-fraude, c'est-à-dire qu'ils doivent être reliés, cotés par feuillets ou par page suivant un numéro d'ordre, ne contenant pas de blanc vide, ni lacune. Au cours de leur patrouille, les inspecteurs de la direction des mines les cotent et les paraphent. Les relevés du registre d'extraction sont semestriellement déposés ou envoyés sous pli recommandé à la Direction des mines avec copie à la division provinciale des mines.

Endéans le mois qui suit la fin de chaque exercice annuel, le titulaire du droit minier d'exploitation remet contre récépissé ou envoie sous pli recommandé avec avis de réception à la direction des mines avec copie à la Division provinciale un relevé du registre des expéditions et des autorisations d'origine. Y sont joints les doubles de factures de ventes des minerais. Le défaut ou le refus de le communiquer est constitutif de l'infraction commerciale de la tenue irrégulière des documents sanctionnée dans le code minier en son article 293.

Au plus tard le 31 mars de l'année suivant celle de l'exercice, le titulaire de droit minier d'exploitation remet contre récépissé ou envoie sous pli recommandé avec demande d'avis de réception, au Secrétariat des mines, à la direction des mines avec copie à la division provinciale, son rapport d'activités. Y sont contenus notamment le tonnage extrait, transformé et vendu, les expéditions des produits marchands et leurs prix de vente, l'état de mise en œuvre des mesures de transparence, de traçabilité et de certification conformément aux normes nationales, régionales et internationales souscrites par la République Démocratique du Congo.

Le modèle du rapport d'activités sera retiré par les titulaires des droits miniers moyennant paiement des droits fixés par arrêté interministériel[1]. Il comprend les principaux points suivants dans son contenu :

a) Renseignements généraux ;
b) Données techniques :

Données relatives :

- aux traitements minéralurgiques ;
- aux traitements métallurgiques ;
- à la laverie et concentrateur ;
- à l'extraction métallurgique ;
- à la transformation.

Les données portent aussi sur un tableau statistique de production dont le contenu est tiré du registre de production.

c) Recherches et développement ;
d) Personnel et activités socio-culturelles ;
e) Activités agro-pastorales ;
f) Situation financière :

- Données économiques et financières :

Ici, l'opérateur minier dresse le bilan et le tableau de formation de résultat (Production vendue, production stockée, consommations matières et fournitures, transports consommés et autres services extérieurs consommés, valeurs ajoutée, charges et pertes, charges du personnel, impôts et taxes, charges financières, produits et profits), résultat brut d'exploitation (dotation aux amortissements, résultat net avant impôt sur le revenu, résultat net de l'exercice, dotation de l'exercice aux amortissements).

- Commercialisation :

Frais de commercialisation (transport intérieur, transports extérieurs, traitements extérieurs nécessitant des frais de commission, de courtage et d'assurance), situation des produits (stock au 1er janvier, production mensuelle, production mensuelle vendue, production annuelle, production annuelle vendue, stock au 31 décembre à l'issue de l'inventaire), recettes d'exportation (montant rapatrié, montant non

[1] Article 1er et 2 de l'arrêté ministériel n° 3156/CAB.MIN/MINES/01/2007 du 6 août 2007 portant établissement d'un modèle de rapport annuel des activités minières ou de carrières, Journal officiel de la RDC, numéro spécial, 15 août 2007

rapatrié, synthèse des mouvements de recettes des exportations mensuelles dans le compte principal et dans le compte national principal).

g) Énergie ;

h) Intégration industrielle :

- Produits finis, semi-finis ou sous-produits mis au point par l'entreprise

i) Perspectives d'avenir ;

j) Problèmes divers et solutions envisagées.

Telle est l'économie générale du modèle de rapports annuels. Au plus tard le 15 février, le titulaire des droits miniers établit les statistiques d'exportation des minerais à l'état brut se rapportant à l'année précédente (article 222 du règlement minier).

A. Incidence de ces documents avec la fraude et la contrebande minières

La tenue de ces documents est obligatoire sous réserve de sanctions particulières. En effet, leur contenu fournit des informations principalement sur la quantité (tonnage, carat, once), la qualité (teneur) des minerais sur base desquelles sont déclarées et acquittées les obligations fiscales et parafiscales. Somme toute, leur incidence est de permettre aux services intervenants de contrôler les activités des opérateurs miniers en vue de lutter contre la fraude et la contrebande minières.

1. La vérification de la quantité et de la qualité des produits miniers

Dans l'industrie minière, la quantité s'exprime en tonnage, carat (diamant) et once (or) tandis que la qualité s'évalue par rapport à la teneur. Le petit Larousse définit la teneur d'un minerai comme la proportion des substances utiles contenue dans un minerai. En minéralogie, il existe deux types de teneur dont l'un est le sous-ensemble de l'autre :

- « La teneur critique ou de coupure opérationnelle : c'est la teneur du minerai pour laquelle les recettes équilibrent l'ensemble des coûts concernant à la fois le stérile et le minerai, incluant les coûts d'extraction et les coûts de traitement ;
- La teneur de coupure : c'est la teneur du minerai pour laquelle les recettes équilibrent l'ensemble des coûts concernant uniquement le

minerai. On peut considérer que c'est en fait la teneur de coupure opérationnelle dans le cas où le ratio stérile/minerai est nul »[1].

Le tonnage d'un minerai est tout simplement la quantité de minerai exprimée en tonnes. Les services concourant à l'administration des mines ne semblent pas maîtriser les sinuosités et méandres de cette notion. Il conviendrait qu'ils élaborent des statistiques officielles complètes sur la production et l'exportation des minerais. En effet, doivent y figurer avec force-détail des données sur le tonnage et la teneur.

Le mesurage de la teneur et du tonnage s'effectue à deux moments :

- Lors de l'exploration géologique tendant à identifier un gisement économiquement rentable. En fonction de données prélevées sur les échantillons des sols, des roches, des carottes[2] de sondage, les prospecteurs déterminent les estimations sur le tonnage et la teneur ;
- Lors de la commercialisation du minerai extrait afin de fixer les taux d'imposition.

La teneur est à l'opposé du taux de décapage lequel renvoie à la roche stérile dans la composition du minerai[3]. Ainsi, pourrions-nous nous permettre d'identifier le tonnage et la teneur des gisements aux réserves géologiques. À titre d'exemple, certains gisements d'uranium à teneur élevée comme celui de Shinkolobwe peuvent receler cent kilogrammes par tonne (100 kg/t) des minerais avec une moyenne pondérée à peine supérieure à un kilogramme par tonne[4]. De tels gisements à haute teneur induisant la radioactivité élevée pour le cas de l'uranium, nécessitent la prise des mesures appropriées dans tous les sens : imposition élevée, interdiction de l'artisanat minier, l'EPI…

Les caractéristiques de Shinkolobwe figurant parmi les gisements d'uranium à haute teneur connus dans le monde, sont :

- Moyenne inférieure à 10 KgU/t ;
- 25 600 tU ;
- Mine souterraine exploitée[5], mais fermée par Décret n° 04/017 du 27 janvier 2004 portant classement en zone-interdite aux activités

---

[1] José Manuel DELGADO VEGA, *Apport des modèles géo-métallurgiques et de la catégorisation des ressources à la définition de la fosse ultime d'une mine à ciel ouvert. Application à la mine de cuivre de Mantos de la Luna au Chili*, thèse de doctorat, École nationale supérieure des mines de Paris, décembre 2012, p. 167

[2] Echantillon cylindrique tiré du sol

[3] Banque Mondiale, *op. cit.*, p. 18

[4] Jean-Michel MARINO et Georges CAPUS, « Les mines d'uranium à très haute teneur : défis et atouts », *Revue des Ingénieurs,* mai/juin 2002, p. 19

[5] Jean-Michel MARINO et Georges CAPUS, *op. cit.*, p. 20

minières et/ou aux travaux de carrières, de la zone de Shinkolobwe, située dans le territoire de Kambove, district du Haut-Katanga, province du Katanga (Le Haut-Katanga est érigé en province).

La Copper Belt (ceinture cuprifère) du Katanga contient 2 milliards de tonnes de minerais de cuivre à une teneur moyenne de 3,5 %, 1 milliard 500 millions de tonnes de minerais de cobalt avec une teneur moyenne de 0,34 % et 34 millions de tonnes de minerais de zinc à une teneur moyenne de 18,06 %[1]. À Kilo et à Moto, la teneur de riches mines d'or varie entre 5 et 15 g/t d'après une étude géologique menée en 1986. D'autres gisements des alentours ont des teneurs beaucoup plus élevées[2].

La teneur règle l'ajustement des prix, par ricochet, l'application du taux d'imposition : « Les prix des produits minéraux sont essentiellement fonction de la valeur ou de la qualité du minéral concerné. Les États, par conséquent, doivent être en mesure de déterminer la valeur d'un minéral avant de pouvoir en vérifier le prix. Le prix côté du minerai de fer, par exemple, repose sur une certaine teneur en fer de ce matériau. Lorsque cette teneur est inférieure ou supérieure, ou en cas d'impureté du matériau, le prix doit être ajusté, en tenant compte aussi des coûts éventuels »[3].

La détermination quantitative des bruts et concentrés devrait se grouper en teneur de telle sorte que la fixation de la valeur du produit marchand se dégage à partir de la corrélation tonnage-teneur. Celle-ci permet d'évaluer la qualité du produit minier aux fins de la fixation des impôts, taxes, droits et redevance.

C'est ainsi que des sénateurs enquêteurs de la première législature sont parvenus à ce constat : « L'omission par tous ces services de l'État d'indiquer les teneurs des substances minérales dans les statistiques présentées ne permet pas d'évaluer ou de contrôler la production officielle des différents métaux exportés sous divers formats ni de calculer la redevance minière due. Pour y parvenir, il faut recourir aux certificats de qualité des lots émis par l'OCC et classés aux archives difficiles d'accès et mal tenues par tous ces services intervenants »[4].

---

[1] Banque Mondiale, *op. cit.*, p. 116

[2] *Idem*, p. 129

[3] Alexandra READHEAD, *Contrôler la valeur des exportations de minéraux : options stratégiques pour les états*, programme IGF-OCDE sur les stratégies de BEPS dans l'exploitation minière, 2018, p. 2 *in* http://igfmining.org/tax-avoidance-guidance-document/

[4] David MUTAMBA DIBWE David et al., *op. cit.*, p. 63

Au cas où l'OCC se relâche ou que le produit ne s'exporte pas dans des conditions requises, ce serait un manque à gagner dans le chef de l'État. Par exemple, le certificat de vérification à l'exportation (CVE) que délivre l'OCC ne reprend pas la teneur des substances métalliques valorisables. À vrai dire, la détermination du tonnage est moins problématique que celle de la teneur.

Eu égard à ses potentialités minières, il est tout à fait logique que la RDC se dote d'un laboratoire d'analyse d'échantillons des minerais. À cette fin, cela requiert un budget, un personnel qualifié et expérimenté. Étant investi d'attributions à caractère général, l'OCC se bornera à jouer son rôle d'organisme public d'accréditation. C'est sur base de l'analyse des échantillons que la valeur du minerai est pertinemment estimée et ce, conformément aux techniques d'échantillonnage et de représentativité.

Si l'État n'est pas en mesure de mettre sur pied un tel laboratoire, ni de mobiliser le personnel qualifié et l'expertise technique adéquate pour prélever des données sur des lots de minerais, il peut néanmoins vérifier la conformité de ces méthodes de prélèvement qu'utilisent les sociétés minières, avec les normes internationales réputées fiables. Ce choix dépend du niveau de risque de fraude par la sous-déclaration relativement aux circonstances dans lesquelles se trouve chaque pays.

L'obligation de traitement des minerais bruts sur le territoire national, sous réserve de cas exceptionnels strictement règlementés, permet d'éviter que la fixation du produit brut ou intermédiaire ne soit moins transparente. En principe, l'évaluation des minerais à exporter s'opère au moment où, conformément à la législation ou aux règles de l'art, les impôts, taxes, droits et redevances sont perçus. En ce qui concerne l'EMGE en RDC, les agents du ministère des Mines évaluent la valeur aux portes de la mine[1]. Par contre, l'évaluation des minerais extraits artisanalement intervient au lieu aussi près que possible du lieu de la production, par peur de la contrebande. Telle est la raison pour laquelle les pouvoirs publics créent des centres de négoce juste à proximité de puits d'extraction.

Les pouvoirs publics veillent à ce que les sociétés affiliées (filiales d'une même société-mère) n'appliquent pas de prix artificiellement bas dans l'intention de minimiser le coût fiscal par la réduction du revenu imposable. D'ailleurs, l'article 1er 41 bis du nouveau code minier établit le principe de pleine concurrence applicable même dans les relations entre les sociétés affiliées : « principe selon lequel les prix pratiqués pour

---

[1] Alexandra READHEAD, *op. cit.*, p. 6

des transactions entre sociétés affiliées ou toutes autres conditions convenues qui s'appliquent auxdites transactions, doivent être établis par référence aux prix pratiqués sur le marché par des entreprises indépendantes » avant que l'article 265 alinéa 2 statue en ces termes : « Toute opération commerciale entre sociétés affiliées se déroule selon le principe de pleine concurrence ». L'objectif tous azimuts est de lutter contre la sous-évaluation de la qualité et de la quantité des minerais extraits dans des déclarations.

En définitive, l'indépendance financière des inspecteurs est un gage d'efficacité de contrôle. En connaissance de cause, les experts conseillent : « Les États doivent allouer des ressources suffisantes aux agents publics chargés de réaliser les visites d'inspection sur le site des mines, afin de ne pas avoir à solliciter un financement des entreprises elles-mêmes. En effet, il n'est pas rare d'observer que les frais de déplacement des agents publics chargés des inspections soient pris en charge par les entreprises minières.

Le budget affecté au ministère compétent couvre les salaires du personnel, mais celui-ci doit faire appel à l'aide des entreprises minières pour le soutien logistique et les frais de transport. De telles contraintes budgétaires nuisent à l'indépendance des agents publics et mettent en danger la capacité effective de l'État à contrôler les activités du secteur minier »[1].

2. La déclaration et l'acquittement des impôts, taxes, droits et redevances

Dans l'exercice de ses prérogatives régaliennes, l'Etat a le monopole de lever des impôts et taxes. Selon M. MEEHL, « l'impôt est une prestation pécuniaire requise des personnes physiques ou morales de droit privé et éventuellement de droit public, d'après leur faculté contributive, en vue de la couverture des charges publiques de l'Etat et les autres collectivités territoriales, ou de l'intervention de la puissance publique »[2].

Par contre, la taxe est « un prélèvement obligatoire opéré sur l'usage d'un service, mais sans que ce prélèvement ait une corrélation avec le coût du service qui lui est rendu. C'est la contrepartie monétaire d'un

[1] *Idem.*, p. 21

[2] Paulin ZABUDI TANSEL (dir.), *Gouvernance entrepreneuriale : Guide des procédures fiscales des entrepreneurs en RD Congo*, CREGD, novembre 2018, p. 25

service rendu »[1]. À la différence de deux précédemment définis, la redevance est « une somme versée à échéances périodiques en contrepartie d'un avantage concédé contractuellement »[2].

Sous peine de constituer une atteinte grave à ses intérêts financiers, aucun agent ne peut se permettre d'exiger plus que ce que l'administration fiscale a fixé en accord avec les textes législatifs et règlementaires[3]. De même, aucun contribuable ou redevable légal ne pourrait payer par mauvaise foi moins que ce qui est dû à l'issue d'une procédure transparente. Le premier abus est constitutif de concussion tandis que le second est un acte de fraude fiscale.

Le titre IX (de l'article 219 à l'article 262) du Code minier est ainsi libellé « le régime fiscal et douanier pour les mines ». En luminaire, il est affirmé que la fiscalité minière est exhaustive en ce sens que le code et le règlement miniers prévoient la plénitude des impôts, taxes, droits et redevances.

Aux termes de dispositions pertinentes du code et du règlement minier, les modalités de déclaration et de recouvrement applicable de la parafiscalité (droits, taxes et redevance) à percevoir au profit des provinces et ETD est régi par l'ordonnance-loi n° 13/003 du 23 février 2013 portant réforme des procédures relatives à l'assiette, au contrôle et aux modalités de recouvrement des recettes non fiscales, telle que révisée à ce jour tandis que celui revenant de droit au pouvoir central se fait en conformité avec l'ordonnance-loi n° 18/003 du 13 mars 2018 fixant la nomenclature des droits, taxes et redevances du pouvoir central.

Outre la parafiscalité en raison des activités minières, les titulaires des droits miniers sont soumis aux taxes, droits et redevance de droit commun à percevoir au profit du pouvoir central, des provinces et des entités territoriales décentralisées[4]. Le régime fiscal dérogatoire contenu dans la législation minière ne met pas en mal les principes budgétaires de l'État puisque tous ces prélèvements, quel que soit le régime concourent à alimenter dans l'unicité le budget de l'État congolais[5].

L'ordonnance-loi n° 13/001 du 23 février 2013 dans son article 11 dispose ce qui suit : « Le défaut de déclaration, les déclarations inexactes, incomplètes ou fausses faites par l'exploitant ainsi que l'exploitation illicite d'une activité donnent lieu à des pénalités d'assiette prévue à

---

[1] Paulin ZABUDI TANSEL (dir.), *op. cit.*, p. 30
[2] *Idem*, p. 31
[3] Jean-Paul DOUCET, *op. cit.*, p. 480
[4] Article 220 quater du Code minier
[5] Banque Mondiale, *op. cit.*, p. 25

l'article 12 ci-dessous, et ce, sans préjudice des sanctions administratives ou pénales que la fraude constatée peut entraîner ».

L'article 12 complémentaire à l'article précédent précise ladite assiette de pénalité : « Les pénalités d'assiette se rapportant aux manquements énumérés à l'article précédent de la présente ordonnance-loi sont calculées de la manière suivante :

- 20 % des droits dus en cas de défaut de déclaration ;
- 25 % des droits dus en cas de déclaration incomplète ou fausse ;
- 50 % des droits dus en cas de récidive »[1].

L'article 583 du Code civil livre III définit la transaction comme « un contrat par lequel les parties terminent une contestation née, ou préviennent une contestation à naître »[2]. Cette conception civiliste se transpose en droit pénal dès lors que l'application de la peine est alternative entre la servitude pénale principale (emprisonnement) et l'amende de par la volonté du législateur. Toutefois, une transaction ayant porté sur un intérêt civil n'empêche pas la poursuite du parquet, garant de l'ordre public[3].

Les amendes transactionnelles imposées par la brigade anti-fraude figure dans le libellé des droits, taxes et redevances relevant du ministère de la Justice et Garde des Sceaux[4]. En effet, les agents commis à cette brigade font office d'OPJ pour des infractions spécifiques liées à la fraude. La même ordonnance-loi classe dans la nomenclature des droits, taxes et redevances relevant des mines, des amendes transactionnelles dont les faits générateurs sont constitutifs des violations de la législation minière[5].

Un arrêté interministériel fixe les différents taux d'amendes transactionnelles :

- Du triple au quintuple du taux de l'acte éludé (évité) pour la redevance minière ;
- 7 % du montant par mois de retard en cas de retard de paiement ;

[1] Ordonnance-loi n° 13/003 du 23 février 2013 portant réforme des procédures relatives à l'assiette, au contrôle et aux modalités de recouvrement des recettes non fiscales

[2] Décret du 30 juillet 1888 portant Des contrats ou des obligations conventionnelles. (B.O, 1888, p. 109) *in* www.leganet.cd

[3] Article 585

[4] Ordonnance-loi n° 13/002 du 23 février 2013 fixant la nomenclature des droits, taxes et redevances du Pouvoir Central, annexe, p. 26

[5] Annexe, p. 38

- 100 à 1000 % du redressement effectué en cas de minoration[1].

« Un bon accord vaut mieux qu'un long procès »[2], dit-on. Il revient à l'administration fiscale le pouvoir exclusif de vérifier sur pièces ou sur place, l'exactitude des déclarations de tous impôts et autres droits dus par les redevables, conformément aux dispositions légales en vigueur[3].

Quelques mois après la promulgation du nouveau code minier, Thomas Lassourd tira la sonnette d'alarme sur le risque de fraude rationalisée : « Compte tenu du taux effectif moyen d'imposition du nouveau code minier, les sociétés minières auront de plus grandes incitations à user de multiples techniques d'érosion de l'assiette d'imposition pour limiter leurs obligations fiscales »[4]. Les opérateurs miniers n'ont le droit de contester les dispositions du nouveau code minier devant les instances judiciaires civiles ou administratives, car il n'existe pas de mauvaise loi et à moins qu'il ne soit pas conforme aux dispositions constitutionnelles supérieures dans le cadre de l'ordonnancement et de la hiérarchie des sources.

Toutefois, à l'issue de la fixation de la dette fiscale, ils ont la prérogative d'exercer le recours en contestant a priori ce qu'ils doivent à l'administration fiscale. Toute réclamation ou la contestation a posteriori n'est pas de nature à justifier la perpétration de l'acte évasif ou frauduleux au regard du fisc ou de la douane.

---

[1] Point 34 de l'arrêté interministériel n° 013/CAB/MIN/MINES/2005 et n° 118/CAB/MIN/FINANCES/2005 du 4 août 2005 portant Taux des droits, taxes et redevances du secteur minier cité par Jean-Marie F. MBOKO DJ'ANDIMA, *op. cit.*, p. 287

[2] Nathalie DELATTRE, *op. cit.*, p. 10

[3] Article 25 de la loi n°004/2003 du 13 mars 2003 portant réforme des procédures fiscales telle que modifiée par la loi n°06/003 du 27 février 2006

[4] Thomas LASSOURD, *La fiscalité du nouveau code minier de la République Démocratique du Congo*, Analyse, Natural resource Governance Institute, novembre 2018, p. 3

Contribution de principaux paiements des sociétés minières[1]

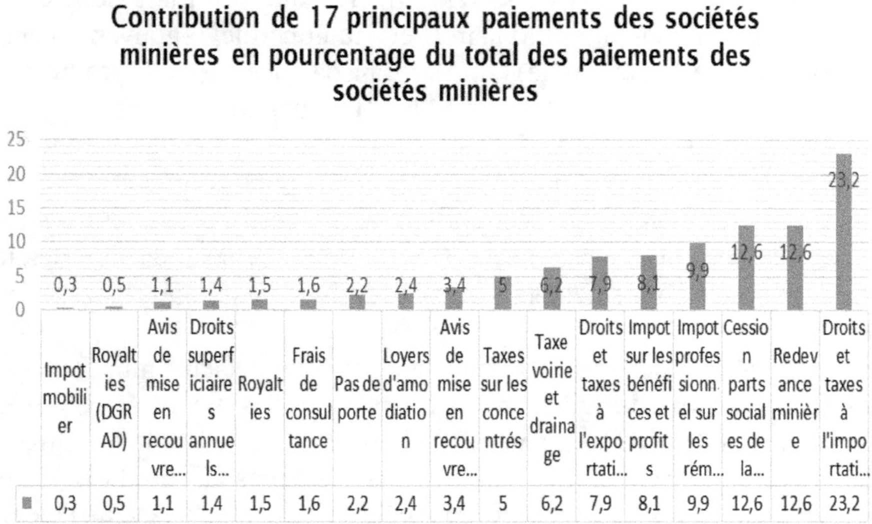

Un auteur soutient : « La fiscalité minière est une matière complexe qui nécessite, dans le chef de l'État, une compétence profonde. La haute ingénierie fiscale à laquelle recourent les grandes sociétés minières surpasse grandement les compétences de l'administration congolaise ». Mus par l'idée de maximiser leurs bénéfices et de les rapatrier, les investisseurs privés étrangers échafaudent des artifices de nature à réduire la base imposable suivant les principes de l'optimisation et de la planification fiscale[2].

La discrétion managériale sur le choix du traitement comptable des dépenses fait perdre à l'Etat congolais quelques recettes fiscales. Par exemple, pour échapper à la pression fiscale, il est constaté que les industries extractives (minières, pétrolières et gazières) adoptent à leur choix un système de traitement comptable en vertu duquel les dépenses relatives à l'exploration et à l'évaluation sont inscrites dans le poste des charges plutôt que des actifs du capital[3].

[1] Thomas LASSOURD, *op. cit.*, p. 12

[2] Philippe-Alexandre SONDJI MULANZA KATING, « Le projet de révision du code minier de la RDC : de l'incitation à la dissuasion ? », *Egmont* – The Royal Institute for International Relations, Academia Press, Janvier 2014, p. 21

[3] Patrick MAYIMBI EKULI NGOKANA, *Traitement Comptable des Dépenses de P&E et Motivations de Gestion du Résultat dans le Secteur Minier: une analyse empirique en contexte de la République Démocratique Congo,* 3ème Journée d'Étude Africaine en Comptabilité et Contrôle/Douala, 2018, AFC-Afrique, p. 7

C'est pour résoudre les difficultés liés aux paiements des impôts et à la publication des recettes fiscales minières que les Etats adhèrent à l'ITIE, une initiative volontaire et multipartite (gouvernements, entreprises et société civile) sur la transparence dans le cadre des industries extractives. Depuis 2005, la RDC applique les principes de l'Initiative de par son comité ITIE-RDC placé sous la tutelle du ministère du Plan. « L'ITIE exige la divulgation à un public large de tous les versements significatifs des entreprises pétrolières, gazières et minières aux gouvernements (« paiements ») et de tous les revenus significatifs perçus par les gouvernements des entreprises pétrolières, gazières et minières »[1].

En raison de la discrétion dont font preuve les sociétés minières, leur charge fiscale est difficilement estimable par des tiers[2]. Sous l'effet d'entraînement des mécanismes de l'ITIE-RDC, elles sont de plus en plus ouvertes à publier des données sur les coûts de production, les montants qu'elles versent aux fournisseurs en tant que société affiliée ou apparentée.

Outre la divulgation du contenu du paquet fiscal et parafiscal versé au gouvernement, l'ITIE insiste sur la publication d'autres informations en rapport avec les licences et contrats, la propriété effective des entreprises, la participation de l'État, l'exploration, la production, l'exportation, les revenus des ventes des parts de production de l'État et/ou autres revenus perçus en nature, les accords sur les fournitures d'infrastructures et accords de troc, les revenus provenant du transport, les transactions liées aux entreprises d'État. Toutes ces exigences sont élaborées dans l'objectif de rendre les retombées du secteur extractif profitable aux populations en assurant la transparence dans la gestion de ces recettes.

Il est arrivé lors des journées minières que les opérateurs miniers contestent le fait qu'en dépit de la publication conformément aux principes de l'ITIE, de ce qu'ils paient à l'État en termes des taxes fiscales au sens large, ce dernier déclare recevoir autre chose, sous-entendu des recettes inférieures. Il y a divergence sur fond de fraude dans le chef de service ad hoc de l'État. Nous rappelons que la publication des informations sur les flux de recettes du secteur minier est destinée à assurer la gestion de ces recettes pour une bonne gouvernance de ce secteur au profit des communautés locales et de la nation tout entière.

---

[1] ITIE, *La norme ITIE 2019. La norme mondiale pour la bonne gestion des ressources pétrolières, gazières et minières*, 17 Juin 2019, p. 22 in www.eiti.org

[2] Philippe-Alexandre SONDJI MULANZA KATING, *op. cit.*, p. 19

3. Le respect de la règlementation du change

Autant le titulaire des droits miniers a le droit d'importer librement sur le territoire de la RDC son capital et ses apports en investissement, il est également autorisé à exporter sa production sur le marché de son choix conformément à la législation minière[1]. Toutefois, il est soumis à la règlementation du change telle qu'émise à travers la BCC chargée légalement du pouvoir règlementaire en la matière.

À l'aide des documents ci-après à recouper, notamment le rapport mensuel sur les mouvements des fonds versés dans le compte principal à l'étranger, les dossiers d'exportation, les factures, les relevés bancaires, le contrat d'emprunt encaissé, la preuve de paiement de la redevance du suivi de change, les preuves douanières et de l'OCC[2], la BCC et la direction des mines vérifient la conformité par rapport à la réglementation du change. Ces règles sont de divers ordres.

Préalablement à toute importation et exportation des biens et services, de tout envoi et réception via une banque agréée d'un montant supérieur à 10 milles $ ou l'équivalent en une devise étrangère, il souscrit à une déclaration de divers modèles. Après réception des recettes d'exportation dans le compte principal à l'étranger dans les 45 jours[3], le rapatriement intervient dans les 15 jours à dater de l'encaissement des fonds dans le compte principal à l'étranger[4].

S'applique notamment à tout mouvement de débit ou de crédit effectué sur le compte principal à l'étranger[5], à toute exportation des biens et services, le paiement de la redevance de suivi de change de 2 ‰ (2 sur 1000) sur la totalité (100 %) du montant de toute exportation réalisée[6]. Hormis le diamant et l'or de production artisanale requérant 20 jours, le rapatriement des recettes d'exportation ou de réexportation de tout produit intervient dans les 60 jours à compter de la sortie des biens du territoire national ou de son embarquement à partir d'un port africain[7].

Le règlement des importations et des exportations est effectué selon les modes de paiement généralement acceptés dans le commerce international[8]. Sommeryns entend par règlement international, tout

---

[1] Article 73 de la règlementation du change
[2] Article 560 alinéa 2 du Règlement minier
[3] Article 76 alinéa 1er
[4] Article 77 alinéa 1er
[5] Article 78 alinéa 3
[6] Article 78 alinéa 1er
[7] Article 32 alinéa 1er
[8] Article 29 alinéa 1er

transfert de liquidités ou de tout autre moyen de paiement en règlement des transactions entre résidents d'États différents[1]. Le transfert à l'heure actuelle est devenu la véritable monnaie bancaire internationale, un acquis du perfectionnement bancaire et du progrès de la technologie[2].

Le droit du commerce international est l'ensemble des règles qui harmonisent ou uniformisent les rapports commerciaux sur le plan international. La majeure partie de ses règles sont nées à partir d'usages commerciaux. En important ou en exportant, le titulaire des droits miniers, l'entité de traitement et/ou de transformation et le comptoir d'achat et vente des minerais concluent un contrat commercial régi par l'application de la convention internationale sur la vente en raison de l'implication d'un élément d'extranéité. En raison de vérification, l'OCC, la DGDA, la DGI ou tout organisme public ou national ont accès à la banque des données de la BCC[3].

Section II. Mécanismes institutionnels

Concourent à la mise en application des mécanismes normatifs, certains services de l'État. Nous les avons regroupés sous le vocable de mécanismes institutionnels. Ils sont constitués de services généraux et des services spécialisés en matière de lutte contre la fraude et la contrebande minières. Les compétences globales leur attribuées en la matière et dans le secteur minier sont variées : administration du secteur, contrôle fiscal et de la règlementation du change, répression des activités illicites.

Paragraphe I. Services généraux

Tous les organes et institutions qui n'ont pas été spécifiquement créés pour administrer le secteur minier sont considérés comme des services généraux. Leurs compétences s'étendent à plusieurs secteurs, y compris les mines. Parmi ces services, certains sont soumis à la tutelle des ministres ou sous la supervision du gouvernement. Par contre, seul le pouvoir judiciaire est indépendant.

---

[1] J. SOMMERYNS, « Transaction internationales et règlements internationaux », *in* Centre d'Etudes Bancaires et Financières, *Techniques des opérations de change*, syllabus, Belgique, 1975, p. 35

[2] J. SOMMERYNS, *op. cit.*, p. 39

[3] Article 9 de la Règlementation du change

A. Services généraux soumis à la tutelle

Plusieurs services à compétence générale sont sous tutelle des ministres et d'autres institutions de la République, à l'instar du gouvernement. D'un côté, les régies financières dépendent du ministre des finances. De l'autre, des services intervenants comme le CEEC, l'OCC, le CGEA, la BCC, la Division du Commerce extérieur sont respectivement placés sous la tutelle ou supervision du ministre des Mines, du Commerce, de la Recherche scientifique, du Commerce extérieur, du gouvernement. Tous concourent à la lutte contre la fraude et la contrebande minières de par leur fonctionnement à large spectre.

1. Les régies financières : DGI, DGDA, DGRAD

L'Administration des impôts que représentent les régies financières est investie du pouvoir exclusif de vérification sur pièce et sur place, l'exactitude et la sincérité des déclarations fiscales des contribuables[1]. Cette tâche est accomplie notamment à l'aide des livres, carnets, journaux, écritures et documents comptables à présenter ou à communiquer aux contrôleurs fiscaux[2].

Conformément à la loi portant transformation des entreprises publiques[3], certains services publics non personnalisés, bien que jouissant de l'autonomie administrative et financière, sont soumis à la tutelle du ministre sectoriel. C'est ainsi que les régies financières, à l'instar de la DGI, de la DGRAD et de la DGDA sont placées sous l'autorité directe du ministre ayant les finances dans ses attributions.

L'article 2 alinéas 1 et 2 du décret portant création de la Direction générale des Impôts dispose ce qui suit : « La Direction générale des impôts exerce, dans le cadre des lois et règlements en vigueur, toutes les missions et prérogatives en matière fiscale. Les missions et prérogatives visées à l'alinéa précédent comprennent notamment celles concernant

[1] Norbert BOKIE NDWAYA et LEPRIYA MIKOLE BONZALE, *op. cit.*, p. 11

[2] *Idem*, p. 13

[3] Article 9 de la Loi n° 08/007 du 7 juillet 2008 portant dispositions générales relatives à la transformation des entreprises publiques, JO de la RDC, 49ème année, numéro spécial, 12 juillet 2008 : « Les entreprises publiques dont les activités sont, soit non lucratives et non concurrentielles, soit le prolongement de celles de l'Administration publique, soit bénéficiant d'une parafiscalité et qui poursuivent une mission d'intérêt général, sont transformées, selon le cas, en établissements publics ou en services publics ».

l'assiette, le contrôle, le recouvrement et le contentieux des impôts, taxes, redevances et prélèvements à caractère fiscal »[1].

Dans le secteur minier, la Direction générale des Impôts (DGI) est chargée de la détermination et de l'administration des impôts sur le revenu, les dividendes, la valeur ajoutée, et d'autres taxes.

Les prélèvements dont s'occupe la DGI sont :

- Impôt sur les bénéfices et profits (IBP) ;
- Impôt professionnel sur les prestations de services des non — résidents (IBP/Non Résident) ;
- Impôts sur les revenus des capitaux mobiliers (IM/Droits Nationaux) ;
- Impôt professionnel sur les rémunérations des nationaux (IPR)/Nat ;
- Impôt professionnel sur les rémunérations du personnel expatrie (IPR)/Exp. ;
- Impôt exceptionnel sur les rémunérations du personnel expatrie ;
- Impôt sur le chiffre d'affaires à l'intérieur (ICA/I) ;
- Taxe sur la valeur ajoutée (TVA) ;
- Imprimé ;
- Pénalités[2].

Au sein de la DGI, la collecte ou le recouvrement des impôts relevant du secteur minier est confié à la division des mines et hydrocarbures[3].

L'article 4 du statut régissant la DGDA se lit : « Dans les conditions prévues par les lois et règlements, la Direction générale des Douanes et Accises exerce sur l'étendue du territoire national toutes les missions et prérogatives relatives à l'application des législations douanière et accisienne, ainsi qu'à celle de tous autres textes légaux et réglementaires liés à l'importation ou l'exportation, au transit et au séjour des marchandises en entrepôt de douane »[4]. La DGDA collecte les taxes

---

[1] Décret 017/2003 du 2 mars 2003 portant création de la Direction générale des impôts, Journal Officiel de la RDC, numéro spécial, 15 mars 2003, p. 4

[2] PROMINES, *Publication des statistiques minières 1er semestre 2017*, p. 33

[3] Third World Network-Africa, *Expérience en matière de réforme fiscale et de renégociation des contrats miniers : le cas de la République Démocratique du Congo*, Ghana, 2017, p. 6 in www.twnafrica.org

[4] Décret n° 09/43 du 03 décembre 2009 portant création et organisation de la Direction Générale des Douanes et Accises, en sigle « D.G.D.A. », Journal Officiel de la RDC, numéro spécial, 10 décembre 2009

douanières, les droits, taxes à l'exportation et les frais de services d'exportation.

Les taxes à l'exportation que perçoit la DGDA est de 10 % en ce qui concerne les minerais et concentrés, sous réserve de la redevance à l'exportation dont le taux varie suivant la catégorie des minerais de 1 % à 4 %. Elle s'occupe de prélèvements suivants :

- Droits de douane à l'importation ;
- Redevance administrative à l'import ;
- Droits de sortie sur le diamant artisanal ;
- Droits de sortie sur l'or artisanal ;
- Droits de sortie sur les autres produits minéraux.

La Direction générale des Recettes administratives, des Domaines et des participations (DGRAD) collecte les redevances minières (forme d'impôt sur l'épuisement des ressources minérales, destiné à indemniser un pays qui autorise l'extraction d'une ressource non renouvelable[1]), les frais requis par le ministère des Mines pour les divers permis et autorisations, et les droits superficiaires fixés par le Cadastre minier (CAMI) pour la délivrance et le renouvellement des droits miniers.

La DGRAD prélèvent :

- La redevance pour agrément de comptoirs or et diamant ;
- Les droits superficiaires annuels par carré ;
- La redevance minière ;
- La redevance pour acheteur supplémentaire ;
- L'agrément laboratoire d'analyse ;
- La redevance annuelle de l'entité de traitement ;
- Le pas-de-porte ;
- La taxe rémunératoire de la valeur expertisée de substances précieuses ;

Les régies financières, y compris la DGRAD, font face à deux problèmes majeurs obstruant la forte mobilisation des recettes :

- La passivité de la direction et des politiques ;
- La malveillance des agents et cadres[2].

Dans la lutte contre la fraude, les directions générales chargées de la collecte d'impôts, taxes, droits et redevance, versent des rémunérations

[1] Commission économique des Nations Unies pour l'Afrique, *Optimiser la mobilisation des recettes publiques et la création de valeur ajoutée. Vers l'harmonisation des régimes fiscaux de l'industrie minière en Afrique*, Première édition : novembre 2016, Addis-Abeba, p. 11

[2] Third World Network-Africa, *op. cit.*, p. 6

aux aviseurs dont le rôle est de dénoncer les fraudeurs et contrebandiers. Au sens de l'arrêté interministériel créant la CNLFM, l'aviseur est aussi « toute personne qui aura appréhendé entre les mains d'une autre personne un ou plusieurs colis de substances minérales ou des produits miniers en fraude »[1].

Si l'infraction est établie, elles infligent des amendes et pénalités relevant aussi bien de la législation minière que du droit commun[2] . La clé de répartition s'énonce de la manière suivante : « conformément aux dispositions de l'article 4 du décret n° 017/2003 du 2 mars 2003, la Direction générale des Impôts bénéficie de 50 % des pénalités fiscales perçues dont 40 % pour la motivation de son personnel et des aviseurs à travers la prime de contentieux et 10 % pour ses dépenses d'investissement »[3].

Dans l'optique d'encourager ces aviseurs, il est essentiel de leur assurer la protection contre les représailles, à forte raison lorsque leurs dénonciations portent sur des réseaux mafieux (criminalité organisée) à démanteler. L'alerte s'accompagne des mesures de sureté et de sauvegarde au bénéfice des dénonciateurs. L'aboutissement de l'initiative de l'aviseur à des sanctions nécessite le passage au crible de ces informations en termes d'évaluation, suivie d'enquête sérieuse.

Dans un rapport de la chambre des mines de la FEC, les représentants des sociétés minières ont tiré la sonnette d'alarme sur les dérives du système des « primes aux aviseurs ». Ceux-ci peuvent être des fonctionnaires, des agences fiscales et même des tiers qui touchent des primes à titre de récompense pour avoir participé à l'imposition des pénalités ou amendes fiscales et parafiscales. À force de poursuivre la chasse aux primes, les agents du fisc sont en mesure de travailler de connivence avec des complices internes de l'entreprise, chargés de faire commettre à la société des erreurs purement volontaires et susceptibles d'être requalifiées en fraude lors des contrôles ou audits fiscaux et parafiscaux qu'ils provoquent ou déclenchent[4].

Le système fiscal en RDC est encore déclaratif. En d'autres termes, il pèse sur le contribuable présumé l'honneur et la charge de notifier à

---

[1] Article 2

[2] Philippe-Alexandre SONDJI MULANZA KATING, *op. cit.*, p. 16

[3] Cf. N.S. n° 01/026/DGI/IS/FD/03 du 2 avril 2003 cité par Jean-Marie F. MBOKO DJ'ANDIMA, *op. cit.*, p. 338

[4] Chambre des mines de la FEC, *Industrie minière en RDC*, Rapport annuel 2015 du 10 février 2016, p. 11 in www.chambredesminesrdc.com

l'Administration fiscale, les bases de son impôt[1]. Sur base de la déclaration du contribuable réel ou du redevable légal, bref l'assujetti, le service d'assiette établit la note de débit qu'il transmet au service percepteur. Ce dernier dresse la note de perception dont le montant est similaire à celui figurant dans la note de débit. L'assujetti à l'impôt s'acquitte de l'impôt auprès d'une banque commerciale désignée ou au guichet unique. En contrepartie, la banque commerciale lui remet à titre de preuve le bordereau de versement et l'attestation de paiement.

Endéans 48 heures, ladite banque commerciale vire le montant perçu vers le compte du Trésor public à la Banque Centrale du Congo ou au niveau provincial. La Banque Centrale du Congo informe le service percepteur sur les montants crédités dans son compte, sur le service percepteur (régies financières et/ou directions provinciales des recettes à l'instar de la DGRK).

Le service percepteur informe le service d'assiette. C'est auprès de ce dernier que l'assujetti exhibe la preuve de paiement lui délivré[2]. Au cas où les charges d'exploitation des sociétés minières ne répondent pas aux critères de la réalité et de la normalité, elles sont réintégrées dans les bases d'imposition[3].

La pratique du montage des dossiers en doublon caractérise la fraude dans le chef des agents percepteurs des régies financières : la technique consiste à établir deux dossiers dont l'un reprend le montant réel de la dette fiscale ou parafiscale et l'autre un montant intentionnellement minoré. L'agent empoche le premier et verse le second au compte de l'État[4].

L'agent de la DGDA désigné comme vérificateur[5] est accompagné d'un agent de la brigade mobile pour identifier les produits importés ou à exporter en établissant une note de déclaration import ou export selon le cas. Sur base de cette note, la DGDA procède à l'évaluation de ces produits et effectue simultanément le calcul des impôts, droits, taxes et redevances tirés de la valeur des produits. En outre, elle perçoit des taxes pour le compte d'autres services intervenants, à l'instar du CGEA, du

[1] Norbert BOKIE NDWAYA et LEPRIYA MIKOLE BONZALE, *op. cit.*, p. 3

[2] ITIE RDC, *op. cit.*, pp. 28-29

[3] Jerome Nirnal THOMAS, *op. cit.*, p. 80

[4] Third World Network-Africa, *op. cit.*, p. 11

[5] OMD, *op. cit.*, p. 39 : « La vérification des marchandises est une opération par laquelle la douane procède à l'examen physique des marchandises afin de s'assurer que leur nature, leur origine, leur état, leur quantité et leur valeur sont conformes aux données de la déclaration de marchandises ».

Fonds pour la Promotion de l'Industrie, de la Société Nationale d'Assurance, de l'OGEFREM[1].

2. Les autres services intervenants : OCC, OGEFREM, CEEC, CGEA, BCC, Division du commerce extérieur

Contrairement aux régies financières, l'OCC est un établissement public dotée de la personnalité juridique et crée par Ordonnance-loi n° 74/01 du 10 janvier 1974 et placée sous la tutelle du ministre ayant le commerce dans ses attributions.

L'article 4 alinéas 1 et 2 de son statut précise son objet en ces termes : « L'Office a pour objet de procéder en tant que tierce partie à l'évaluation de conformité, en l'occurrence l'inspection, la certification, les essais ou analyse et à la métrologie en se référant aux standards nationaux, régionaux et/ou internationaux.

À cet effet, il effectue notamment :

- le contrôle de tous les produits fabriqués localement ;
- le contrôle de qualité de tous marchandises et produits, à l'importation et à l'exportation au niveau du guichet unique ;
- les essais ou analyses des échantillons des produits importés ;
- le contrôle technique de tous appareils et travaux ;
- la vérification et l'étalonnage des instruments de mesure ;
- la certification de la qualité des produits autres que les matières précieuses, des systèmes et du personnel ;
- les contrôles techniques »[2].

En ce qui concerne le secteur minier, l'OCC a pour tâches :

- La présentation par l'opérateur minier d'une licence d'exportation des lots des produits miniers ;
- Le contrôle des lots sur demande de l'exportateur ;
- La délivrance d'un rapport de constat de chargement ;
- La délivrance de certificat de qualité à partir d'une analyse par des laboratoires qu'il agrée ;
- La délivrance du certificat de vérification à l'exportation[3].

En partenariat avec la société BIVAC, l'OCC organise l'inspection avant expédition de toutes marchandises à l'importation (excepté celles

[1] MUTABAZI NGABOYEKA et NYASSA SANGANYI, *op. cit.*, p. 71

[2] Décret n° 09/44 DU 03/12/2009 fixant les statuts d'un établissement public à caractère scientifique et technique dénommé Office Congolais de Contrôle

[3] David MUTAMBA DIBWE et al., *op. cit.*, p. 47

dont la valeur f.a.b. est inférieure) portant sur la qualité et la conformité. BIVAC en délivre une attestation de vérification[1]. C'est une société privée de certification des minerais.

L'Office de gestion du fret multimodal, « OGEFREM » en sigle, est aussi un établissement public créé par ordonnance 80-256 du 12 novembre 1980. Son objet social est repris en l'article 4 de son statut :

« L'Office a pour mission :

- de promouvoir la productivité nationale dans le secteur du transport multimodal par des mécanismes de régulation appropriés ou par des actions spécifiques en ayant constamment en vue, la recherche de l'efficacité et de la rentabilité de toute opération du fret maritime depuis le producteur jusqu'au consommateur ;
- d'assurer l'assistance aux chargeurs et de promouvoir le commerce extérieur de la République Démocratique du Congo ;
- de fournir les supports techniques au Gouvernement dans l'élaboration d'une politique nationale efficiente des transports et de veiller à son exécution »[2].

L'Office est placé sous la tutelle du ministre ayant les transports et voies de communication dans ses attributions eu égard à l'article 28.

Un autre établissement public sous tutelle du ministre des Mines lutte contre la fraude. Il s'agit du CEEC. Il est chargé de la certification sur la quantité et la qualité des produits miniers. Il fixe et bénéficie d'une taxe à l'exportation des substances minières rentrant dans ses attributions au titre du décret de 2011.

Il assure la supervision et le contrôle sur les flux matières (ressources minières) et sur les flux financiers (recettes provenant des taxes et impôts fixés sur base de la valeur vénale du produit minier). Par là, elle offre concomitamment un appui technique au profit des comptoirs, des négociants et des entités de traitement[3]. En assurant la traçabilité des substances minérales précieuses et semi-précieuses ainsi que des substances minérales d'origine artisanale depuis le comptoir d'achat ou dépôt jusqu'à l'exportation, le CEEC est censé contribuer efficacement à

---

[1] OMC, *Examen des politiques commerciales : RDC*, p. 29 (WT/TPR/S/240)

[2] Décret n° 09/63 du 3 décembre 2009 fixant les statuts d'un établissement public dénommé Office de Gestion du Fret Multimodal en sigle « OGEFREM», Journal Officiel de la RDC, 10 décembre 2009, numéro spécial, p. 181

[3] ITIE RDC, *op. cit.*, p. 25

la lutte contre la fraude des substances minérales dont il assume la supervision ainsi que contre la vente de tous produits frauduleux saisis[1].

La division provinciale des mines joue un rôle de premier plan lors de l'exportation des minerais en ce sens qu'elle commet un agent chargé d'investiguer, au niveau du dépôt de l'entreprise, sur la qualité, la quantité et la nature du produit à exporter. De biais, elle prélève des taxes dont la taxe spéciale (45 %), la taxe rémunératoire (1,25 %), la taxe sur le permis d'exploitation (50 %)[2].

Le commissariat Général à l'Énergie Atomique est un établissement public à caractère scientifique et technique placé sous la tutelle du ministre ayant la recherche scientifique dans ses attributions. Son rôle est de délivrer à l'exportateur des minerais un certificat d'évaluation de la radioactivité à l'exportation.

La BCC est aussi un service intervenant dans la lutte contre la fraude minière dans son aspect relatif à la sauvegarde de la règlementation du change par les opérateurs miniers. Institution de droit public dotée de la personnalité juridique[3], elle est chargée de définir et de mettre en œuvre la politique monétaire du pays[4] et édicte, dans le cas d'espèce, des normes et règlements concernant les opérations sur les devises étrangères[5].

Ses agents effectuent des visites d'inspection en leur qualité d'OPJ au siège administratif des titulaires des droits miniers. À l'issue de recoupement porté sur base de documents commerciaux, la BCC ne tolère pas d'écart, surtout celui d'un million de dollars entre le montant total facturé et celui réellement encaissé lors de la vente des minerais à l'exportation, peu importe la remise. Ce dont la DGDA tient compte, c'est le prix vénal, la valeur du produit telle que pratiquée sur le marché et reprise dans la preuve de paiement. Si une société minière ne justifie pas correctement le transfert à ou vers l'étranger, l'administration fiscale et la BCC procède au redressement en réintégrant les bénéfices en cause dans les bases d'imposition[6].

---

[1] Article 5 point 2 et 9 du Décret n° 11/28 du 07 juin 2011 fixant les statuts d'un établissement public dénommé Centre d'Expertise, d'Evaluation et de Certification des substances minérales précieuses et semi-précieuses, CEEC en sigle.

[2] MUTABAZI NGABOYEKA et NYASSA SANGANYI, *op. cit.*, p. 71

[3] Article 1er de la loi n°005/2002 du 7 mai 2002 relative à la constitution, à l'organisation et au fonctionnement de la Banque Centrale du Congo, Journal Officiel de la RDC, numéro spécial de mai 2002

[4] Article 3 alinéa 1er

[5] Article 6

[6] Jerome Nirnal THOMAS, *op. cit.*, p. 49

En matière de prix de transfert, le droit fiscal et la règlementation du change veulent un prix juste entendu comme la « contrepartie équitable d'un bien ou d'une prestation correspondant à sa valeur normale et raisonnable »[1]. L'écart entre le prix fixé par contrat et celui du marché est sanctionné en fiscalité et surtout à juste titre par le juge de l'impôt.

Selon PriceWaterHouseCoopers, des pénalités de divers ordre et taux frappent le non-respect de la réglementation du change, sous réserve des poursuites pénales. Par exemple, la société minière est astreinte à payer 150 milles $ si elle n'est pas prête dans les 48 heures à présenter les états financiers au cas où les inspecteurs de la BCC se présentent chez elle.

Souvent, la BCC forme conjointement avec les régies financières des équipes de descente sur le terrain. Selon l'article 30 alinéa 3 de la loi du 13 mars 2003 portant réforme de procédures fiscales, le redevable doit formuler une demande écrite et motivée dans les 48 heures de la réception de l'avis de vérification pour solliciter le report. Toutefois, ce report ne pouvant dépasser quinze jours, doit être accepté par le vérificateur[2].

Comme évoqué ci-haut, l'écart d'un million de dollars américains est perçu comme une recette d'exportation qui aurait dû être déclarée. Par là, il s'agit d'un acte de fraude entraînant des conséquences logiques en termes de sanction. Outre la présente astreinte, les autres pénalités sont fixées de la manière suivante :

- 1,5 % pour non-déclaration ;
- 1 % pour non-paiement ;
- 5 % de 60 % d'un million de dollars américains pour défaut de rapatriement.

Le refus de signer le procès-verbal de clôture de contrôle fait encourir une pénalité de 30 milles $[3].

Étant donné que notre économie minière est extravertie et que la quasi-totalité de nos minerais sont exportés, la BCC est appelée à être plus opérationnelle au-delà des frontières. De ce fait, outre l'existence des dispositions légales et règlementaires sur la fraude internationale, la coopération internationale est une voie nécessaire.

Il vaut la peine de renforcer les différents mécanismes de contrôle des opérations financières internationales auxquelles se livrent les sociétés

[1] NAJIB GHARBI, *Le contrôle fiscal des prix de transfert*, L'Harmattan, Paris, 2005, p. 123

[2] Norbert BOKIE NDWAYA et LEPRIYA MIKOLE BONZALE, *op. cit.*, p. 21

[3] Emmanuel Le BRAS et al., Price WaterHouse Coopers in https://miningandbusiness.com/2019

minières. En effet, l'exportation caractérise profondément le droit minier congolais. C'est pourquoi l'obligation documentaire ne suffit pas. Des renseignements supplémentaires à l'échelle internationale atténuent le secret bancaire et contribuent à la lutte contre la fraude[1].

La Division du commerce extérieur s'occupe de l'enregistrement des données sur les flux d'importations et d'exportations, y compris celles des minerais. Elle dépend du secrétariat général au Commerce Extérieur.

B. L'appareil judiciaire

Les crimes à caractère économique sont à la base de la pauvreté et de la déliquescence de la RDC. Le pouvoir judiciaire devrait fourbir ses armes pour poursuivre sans aucune incapacité ni manque de volonté, les présumés auteurs d'actes de fraude, de contrebande, de corruption et de blanchiment d'argent, bref de crimes économiques.

Bony Cizungu réfléchit sur le tribunal pénalement compétent : « Les infractions à la législation minière sont créées par la loi n° 007/2002 du 11 juillet 2002. Cette loi, bien que postérieure à la loi n° 002/2001 du 03 juillet créant les tribunaux de commerce, n'a pas déterminé le tribunal pénal compétent. Nous estimons que, le nouveau code minier faisant partie de la législation économique et commerciale de notre pays en vertu de l'article 17 de la loi n° 002/2001, les infractions en matière des mines et carrières relèvent de la compétence pénale des tribunaux de commerce »[2].

Souvent, les affaires portant sur la fraude et la contrebande minières se règlent par voie de transaction. Toutefois, en cas de gravité, les autorités compétentes défèrent les fraudeurs et contrebandiers par-devers les autorités judiciaires. Ces poursuites sont généralement dépendantes de la demande (plainte) des services intéressés. Étant donné qu'il s'agit des infractions qui embrassent la dimension transfrontalière, la coopération judiciaire avec d'autres États est de mise. Les jalons de ce mécanisme de coopération sont posés aussi bien sur le plan régional (CIRGL) qu'international.

---

[1] En ce sens, NAJIB GHARBI, *op. cit.*, p. 271

[2] Bony CIZUNGU, *op. cit.*, pp. 162-164

1. Poursuite de présumés auteurs de fraude et contrebande minières

Le fraudeur ou contrebandier ayant fait l'objet d'amendes et pénalités de la part des inspecteurs d'investigation peut-il être poursuivi devant les cours et tribunaux ? L'article 83 de la loi n° 004/2003 du 13 mars 2003 portant réforme des procédures fiscales telle que modifiée par la loi n° 06/003 du 27 février 2006, dispose : « Les pénalités fiscales comprennent les pénalités d'assiette ou majorations, les pénalités de recouvrement ou intérêts moratoires, les astreintes, les amendes administratives et les sanctions pénales ». Ces amendes sont une sanction disciplinaire sur le plan social tandis que les pénalités sont des sanctions fiscales à caractère punitif[1].

En principe, l'auteur d'un acte de fraude ou de contrebande constaté sur procès-verbal par un inspecteur est déchargé dès l'instant où il paie l'amende transactionnelle. Si cette amende n'est pas payée ou que l'acte frauduleux est tellement grave que le paiement de l'amende n'est plus opportun, c'est alors que son dossier est référé à l'autorité judiciaire ou administrative. L'exception ne bis in idem est-il fondé au regard croisé de la jurisprudence nationale et comparée ? Ne bis in idem autorise-t-il le prononcé des amendes fiscales parallèlement aux peines prononcées par le juge répressif ? Quelles sont la portée et la limite de ce principe en droit positif congolais ? « Elle [la dualité de sanctions] est au demeurant justifiée par le fait que nombre de litiges sont clos par une transaction, procédure inhabituelle en droit pénal »[2]. En vertu de la règle non (ne) bis in idem, une infraction ayant déjà fait l'objet d'un jugement définitif conforme à la procédure pénale ne peut pas être sanctionnée deux fois sans poser la problématique du cumul des peines.

La fraude minière fiscale relève notamment des infractions dont la poursuite est soumise à une plainte préalable de la victime (le fisc). Le retrait de la plainte par ledit service paralyse-t-elle l'action publique ? Les inspecteurs des mines font office d'OPJ dans la poursuite, la recherche et la constatation sur procès-verbal des infractions relatives au Code minier et à ses mesures d'application dans le cadre de leurs missions d'inspection (article 504 in fine du Règlement minier). Telle est la raison

---

[1] Agnès CHAUTARD-ANGOTTI, *Bonne foi, mauvaise foi, manœuvres frauduleuses : intérêt de la distinction, in* Thierry LAMBERT (dir.), *Les sanctions administratives fiscales : aspects de droit comparé*, coll. Finances publiques, L'Harmattan, Paris, 2006, p. 140

[2] Jean-Paul DOUCET, *op. cit.*, p. 483

pour laquelle la législation minière les habilite à imposer des amendes et pénalités aux opérateurs miniers responsables des infractions à ladite législation. Ces amendes et pénalités tiennent-elles lieu d'amende transactionnelle éteignant l'action publique ? L'accumulation de ces deux peines, l'amende fiscale et la servitude pénale est-elle juridiquement fondée ?

De par leur nature juridique, ce sont des sanctions administratives. Toutefois, étant donné que l'initiative de leur imposition est le fait des inspecteurs des mines revêtus de la qualité d'OPJ, ces sanctions administratives fiscales sont considérées comme des amendes transactionnelles. Que prévoit le code fiscal, des poursuites indépendamment des pénalités ? L'article 101 de la loi sus évoquée se lit :

« Sans préjudice des peines portées aux articles 123 et 124 du Code pénal, les auteurs d'infractions fiscales qui procèdent manifestement d'une intention frauduleuse sont passibles des peines ci-dessous :

1°) Pour la première infraction :

— un emprisonnement d'un à trente jours ;

— une amende égale au montant de l'impôt éludé ou non payé dans le délai ;

— ou l'une de ces peines seulement.

2°) En cas de récidive :

— un emprisonnement de quarante à soixante jours ;

— une amende égale au double du montant de l'impôt éludé ou non payé dans le délai ;

— ou l'une de ces peines seulement.

L'intention frauduleuse consiste à poser des actes en vue de se soustraire ou de soustraire des tiers à l'établissement ou au paiement total ou partiel de l'impôt dû ». L'article 102 cite nommément les infractions fiscales telles que réprimées ci-haut : « Les infractions fiscales visées à l'article précédent sont les suivantes :

— l'omission volontaire de déclaration ;

— la dissimulation volontaire des sommes sujettes à l'impôt ;

— la passation délibérée des écritures fictives ou inexactes dans les livres comptables ;

— l'incitation du public à refuser ou à retarder le paiement de l'impôt ;

— l'émission des fausses factures ;

— l'opposition à l'action de l'Administration des impôts ;

— l'agression ou l'outrage envers un agent de l'Administration des Impôts ».

Ces dispositions répressives et dissuasives sont appliquées à chaque fois que la mauvaise foi ou les manœuvres frauduleuses sont établies. Selon la jurisprudence française, est de mauvaise foi, « le contribuable qui se rend délibérément coupable d'omissions ou d'insuffisances de déclaration »[1].

L'administration fiscale française à son tour définit les manœuvres frauduleuses en ces termes : « La mise en œuvre des procédés ayant pour effet soit de faire disparaître ou de réduire la matière imposable, soit d'obtenir de l'État des remboursements injustifiés, lorsque ces procédés ne peuvent être considérés comme des erreurs excusables ou des omissions involontaires, mais sont, au contraire, le résultat d'actes conscients et volontaires destinés à donner l'apparence de la sincérité à des déclarations en réalité inexactes de leurs auteurs et impliquant l'intention manifeste d'éluder tout ou partie de l'impôt »[2].

L'imposition des pénalités et amendes limitent le cumul des peines le subjuguant à une triple condition (conformément à l'avis du Conseil constitutionnel français). Les requérants en l'affaire portée devant le Conseil constitutionnel français par voie d'une question de priorité de constitutionnalité ont soutenu : « que le fait qu'une même omission déclarative puisse faire l'objet, à la fois, des poursuites administratives et pénales prévues par les dispositions précitées des articles 1728[3] et 1741[4]

---

[1] Agnès CHAUTARD-ANGOTTI, *op. cit.*, p. 143

[2] *Idem*, p. 144

[3] « 1. Le défaut de production dans les délais prescrits d'une déclaration ou d'un acte comportant l'indication d'éléments à retenir pour l'assiette ou la liquidation de l'impôt entraîne l'application, sur le montant des droits mis à la charge du contribuable ou résultant de la déclaration ou de l'acte déposé tardivement, d'une majoration de :

a. 10 % en l'absence de mise en demeure ou en cas de dépôt de la déclaration ou de l'acte dans les trente jours suivant la réception d'une mise en demeure, notifiée par pli recommandé, d'avoir à le produire dans ce délai ;

b. 40 % lorsque la déclaration ou l'acte n'a pas été déposé dans les trente jours suivant la réception d'une mise en demeure, notifiée par pli recommandé, d'avoir à le produire dans ce délai ;

c. 80 % en cas de découverte d'une activité occulte ».

[4] « Sans préjudice des dispositions particulières relatées dans la présente codification, quiconque s'est frauduleusement soustrait ou a tenté de se soustraire frauduleusement à l'établissement ou au paiement total ou partiel des impôts visés dans la présente codification, soit qu'il ait volontairement omis de faire sa déclaration dans les délais prescrits, soit qu'il ait volontairement dissimulé une part des sommes sujettes à l'impôt, soit qu'il ait organisé son insolvabilité ou mis obstacle par d'autres manœuvres au

du Code Général des Impôts reconnaissant les principes de nécessité et de proportionnalité des délits et des peines »[1].

Si le juge pénal est saisi de peu de cas relatif à la fraude fiscale, cela n'est pas imputable au dysfonctionnement de la justice, mais plutôt au principe départiteur des compétences et tâches entre la justice pénale et l'administration fiscale dans la lutte contre la fraude. Avant d'atteindre la juridiction pénale qui se saisit du fond, le pouvoir d'appréciation de poursuite des auteurs de fraude appartient à échelon variable au fisc et au ministère public[2].

Sauf cas de fraude aggravée présentant de l'intérêt au grand public en terme d'exemplarité, les sanctions administratives et les amendes transactionnelles mettent fin aux poursuites pénales par souci de désengorgement, de célérité et de technique de la matière. Il convient de préciser que la transaction ne porte aucunement sur le montant de l'impôt dû et éludé, mais plutôt sur la pénalité fixée dans la loi sur base du pourcentage majoré de l'impôt éludé.

Francis Kernaleguen constate que la sanction de la fraude fiscale révèle une sorte d'ambiguïté fondamentale. En effet, en dépit de la répartition des tâches entre l'Administration fiscale et l'autorité judiciaire, celle-ci est réduite à jouer un rôle subordonné[3]. Cette subordination apparaît manifestement lors de l'exercice de l'action publique. Celle-ci ne peut être mise en mouvement qu'à l'issue des préalables administratifs et que toute transaction a pour effet de l'éteindre[4].

Dans une affaire antérieure datant du 24 juin 2016, le Conseil avait acquiescé le cumul des poursuites ou des sanctions administratives et pénales sous trois conditions : la gravité de l'acte frauduleux, la proportionnalité par rapport au plafond de la répression et la nécessité des infractions et des peines. Le Conseil a motivé à sa plus simple

---

recouvrement de l'impôt, soit en agissant de toute autre manière frauduleuse, est passible, indépendamment des sanctions fiscales applicables, d'un emprisonnement de cinq ans et d'une amende de 500 000 €, dont le montant peut être porté au double du produit tiré de l'infraction... »

[1] Conseil constitutionnel français, *M. Thomas T. et autre (Pénalités fiscales pour omission déclarative et sanctions pénales pour fraude fiscale)*, Décision n° 2018-745 QPC du 23 novembre 2018, commentaire de l'arrêt, p. 7

[2] Nathalie DELATTRE et al., *La lutte contre la fraude (procédure accélérée)*, avis n°600 de la Commission des lois, Sénat, session ordinaire de 2017-2018, France, p. 8

[3] Francis KERNALEGUEN, *Le juge de la fraude*, *in* Loïc CADIET et Erik NEVEU, *op. cit.*, p. 173

[4] *Idem*, p. 175

expression : « Les poursuites engagées sur le fondement de l'article 1741 ont un caractère public qui leur confère une exemplarité et une portée dissuasive supplémentaire pour l'ensemble des personnes susceptibles de manquer frauduleusement à leurs obligations fiscales.... permettent d'assurer ensemble la protection des intérêts financiers de l'État ainsi que l'égalité devant l'impôt, en poursuivant des finalités communes, à la fois dissuasive et répressive »[1].

La loi fiscale norvégienne en son article 12-2 détermine même les critères d'une fraude fiscale aggravée : « Pour déterminer si la fraude fiscale est aggravée, on accordera un poids particulier au point de savoir si elle risque d'entraîner la soustraction de montants très importants en impôts, si elle est exécutée d'une manière qui en rend la découverte particulièrement difficile, si elle est le fruit d'un abus d'autorité ou de confiance ou si elle résulte d'une complicité dans l'exercice de fonctions professionnelles »[2].

La Cour européenne des droits de l'homme en l'affaire A et B contre la Norvège est parvenue à la conclusion suivante : « Le cumul des sanctions pénales et administratives de nature pénale a été spécifiquement rejeté par la Cour dans l'affaire *Grande Stevens* de même que par la Cour de Justice de l'Union Européenne dans l'arrêt *Hans Åkeberg Fransson.* Après la délivrance de son certificat de décès dans l'affaire italienne, une telle approche est aujourd'hui ressuscitée en tant qu'approche calibrée »[3].

Peuvent faire l'objet de poursuites judiciaires, tous les intervenants aux différentes opérations minières, de l'extraction à l'exportation, ayant bafoué la législation minière dans son intégralité. Par exemple, des exportateurs, personnes physiques ou sociétés qui se sont habitués à sous-évaluer les matières minérales tels que le diamant et l'or en vertu des techniques d'établissement des prix de transfert, peuvent être ciblés dans le collimateur de la justice. Les agents de l'État ne sont pas à l'abri de poursuite au même chef que les opérateurs miniers.

Conformément à l'article 103 de la loi ci-haut, l'action publique en l'encontre des suspects tombant sous le coup des articles 101 et 102 est exercée par le Procureur de la République sur requête de l'agent de l'administration des Impôts ayant statut d'OPJ à compétence restreinte,

---

[1] Conseil constitutionnel français, *M. Thomas T. et autre*, Décision n° 2018-745 QPC du 23 novembre 2018, pp. 6-7

[2] CEDH, *Affaire A et B c. Norvège (Requêtes nos 24130/11 et 29758/11),* Arrêt du 15 novembre 2016, p. 12

[3] CEDH, Affaire *A et B c. Norvège (Requêtes n° 24130/11 et 29758/11)*, Arrêt du 15 novembre 2016, p. 96

du Directeur Général ou du Directeur compétent. La charge de la preuve sur l'existence de l'intention frauduleuse incombe à ces derniers en vertu de l'adage latin *Actori incumbit probatio*, pour faire établir non seulement la matérialité des faits, mais aussi la responsabilité du délinquant. Le principe en droit congolais est que la fraude fiscale figure parmi les infractions subordonnées à la plainte préalable de la victime qu'est le fisc. Néanmoins, un magistrat en pleine instruction d'une affaire pourrait se saisir d'office.

L'article 13 de l'ordonnance-loi octroyant le pouvoir de règlementation du change à la BCC fixe le taux de la peine d'un mois à cinq ans de servitude pénale principale et/ou d'une amende de 100 à 100 000 zaïres (francs congolais constants équivalant tels quels en dollars américains). Il n'en demeure pas moins qu'en cas de fraude, l'infracteur soit condamné à la peine maximale. Les poursuites pénales sont subordonnées à la demande notamment sous forme de plainte préalable de la BCC (article 15) sous peine d'irrecevabilité de l'action au cas où le ministère public la met en branle de sa propre initiative[1].

Néanmoins, l'organe de règlementation apprécie les possibilités et modalités de la transaction « dont l'absence de règlement définitif entraîne d'office la transmission du dossier au parquet »[2]. Le montant de la transaction est de 100 à 100 000 zaïres, outre la restitution obligatoire des devises illégalement et frauduleusement transférées. Qu'à cela ne tienne, les devises ayant fait l'objet de transfert illégal et frauduleux doivent être obligatoirement restituées en place (dans le compte national) peu importe l'issue des poursuites ou du jugement définitif.

Un cas judiciaire se présenta dans le Lualaba. L'interception à la frontière avec la Zambie de 14 camions bourrés de minerais bruts donna lieu à un contentieux. Selon des sources indiscrètes à la DGDA à Kinshasa, le convoi ne disposait d'aucun document en lien avec l'exportation. La direction provinciale des mines de Lualaba tenta de régulariser la situation. Cette saisie fut opérée lors d'un contrôle sur le contenu et la radioactivité à Kisanga, près de Kolwezi.

À la grande curiosité de l'opinion publique, le parcours de ce convoi se fit sous le nez et la barbe des services de renseignements et des mines. Pendant que l'affaire était fixée au Tribunal de grande instance de

---

[1] CSJ, R.P. 79, 25 juillet 1973, BA 1974, p. 144 cité par Bony CIZUNGU MUGARUKA, *op. cit.*, pp. 136-137

[2] *Idem*, p. 97

Lubumbashi, contre toute attente et malgré les tractations, la saisie fut levée bien avant le prononcé de la décision judiciaire[1].

Le procureur général de Goma a déclaré en 2015 sur les ondes de la Radio Okapi ce qui suit : « C'est la fraude minière qui est à la base de la pauvreté de la population. Au mois d'octobre, nous avons saisi 15 kg d'or qu'on tentait de faire passer par la fraude à la frontière de Kasindi. L'année passée, il y a eu 68 tonnes de cassitérite, 130 tonnes de coltan que nous avons saisies et qui se trouvent consignées à la Banque Centrale du Congo »[2].

1.1. Affaire Ismaël Al Farran et consorts en 2016

Les faits révèlent que conformément à l'article 358 du code douanier, la DGDA a saisi 22 camions chargés de minerais bruts de cobalt se trouvant dans l'enceinte du parking Exportation du Katanga Border Post à Kasumbalesa. Huit seulement étaient couverts de documents d'exportation régulièrement établis par des services de douane, de la division provinciale des mines et du Commerce extérieur.

Sur diligence de la DGDA et du CEEC, l'affaire fut enregistrée sous RP 12126/12 129 au Tribunal de Grande Instance de Lubumbashi. Inculpés pour association des malfaiteurs, contrebande, faux en écriture, transport illicite des minerais, corruption, les trois prévenus furent condamnés à cinq ans de servitude pénale principale et à 100 000 francs congolais d'amende. Le tribunal écarta la première infraction d'association des malfaiteurs et retint la contrebande pour laquelle ils furent condamnés à trois ans de servitude pénale principale et à une amende équivalant à deux fois la valeur marchande des produits miniers. Il ordonna la confiscation pour le compte du Trésor public des minerais et des véhicules ayant servi au transport illicite. Non contents de sanctions prononcées, les prévenus, la DGDA et le CEEC ont interjeté appel du jugement.

Reprochant encore l'œuvre de la Cour d'appel d'avoir violé les droits de la défense, les prévenus formèrent un pourvoi en cassation. À cet effet, la Cour Suprême de Justice cassa l'arrêt en appel, renvoie l'affaire à ses sections réunies et statua en tant que juridiction de fond au second degré.

---

[1] www.business-humanrights.org

[2] Radio Okapi, « Nord-Kivu : plusieurs tonnes de minerais exportées frauduleusement » (10 novembre 2015) < https://www.radiookapi.net/2015/11/10/actualites/sociétés/nord-kivu-plusieurs-tonnes-de-minerais-exportees-frauduleusement > 2 avril 2019 cité par BALINGENE KAHOMBO, *op. cit.*, p. 216

Selon la Cour, Ismaël et consorts engagèrent leur responsabilité dès lors que l'exportation des minerais saisis entre dans l'exécution du contrat invoqué et que cette exportation s'est faite à l'aide des documents établis en dehors des services ad hoc en violation de la législation douanière. La contrebande fut établie en fait et en droit en dépit de la régularisation de la procédure, qui d'ailleurs, a encore renforcé la conviction intime de la Haute Cour. Celle-ci condamna pour contrebande Ismaël à dix-huit mois de servitude pénale principale, à 34 millions USD d'amendes, à 1 700 000 dollars américains pour taxes et droits évités à l'exportation (10 % de la valeur des marchandises saisies), à 1/5 pour chacun à titre de frais d'instance, le 2/5 à charge du Trésor.

1.2. Affaire Kotecha

Opérateur économique au Sud-Kivu, il a été arrêté pour avoir dissimulé dans une citerne des lots de coltan. Il fut traduit en justice en date du 23 juin 2020 grâce au concours de la CNLFM, du ministère provincial des Mines et du CEEC. Étant une affaire récente, l'instance est en cours[1].

1.3. Affaire établissements Panzu

En 2003, le propriétaire de ce comptoir d'achat d'or de production artisanale fut pris en flagrant délit d'exportation frauduleuse d'or en Belgique. Il s'agissait en réalité de la saisie d'une quantité considérable d'or non-déclaré. Monsieur Panzu a été arrêté et ses avoirs gelés pour blanchiment d'argent. De son côté, la RDC, pays d'origine de l'or, avait ouvert une instruction judiciaire pour la même affaire.

Vu le caractère pendant de ladite affaire par-devers la justice belge, la Commission Lutundula, chargée de l'examen de la validité des conventions à caractère économique et financier conclues pendant les guerres, avait recommandé non seulement que la justice congolaise au Sud-Kivu soit saisie aux fins d'instruction, mais aussi que les activités de cet établissement du commerce général d'import-export soient suspendues jusqu'au prononcé du jugement[2].

2. Ouverture à la coopération judiciaire avec d'autres États

[1] www.mamaradio.info/sud-kivu

[2] Assemblée Nationale de la RDC, *op. cit.*, p. 185

2. Ouverture à la coopération judiciaire avec d'autres États

La CIRGL offre d'ores et déjà un cadre de coopération judiciaire entre les États de la Région en matière de lutte contre la fraude et la contrebande minières et d'autres ressources naturelles en général résultant du pillage de ces ressources. Le protocole au Pacte de Nairobi portant sur la coopération judiciaire organise l'éradication de l'impunité sur le plan régional en assurant la poursuite et la condamnation de tous les individus contre laquelle il existe des preuves établissant qu'ils ont commis des infractions dans l'un des pays de la Région des Grands Lacs. Cette coopération mutuelle porte sur des matières d'enquêtes, de poursuites et d'échange de renseignements et de documents[435]. Il s'articule autour de deux axes dont l'extradition ou la simple coopération en matière d'enquête et de renseignement.

Relèvent de ce protocole les infractions de droit commun punissable de six mois de servitude pénale au moins[436]. Il s'entend naturellement que les crimes économiques à l'instar de la fraude et de la contrebande minières rentrent dans ce cadre. Étant donné qu'aux termes de cet instrument juridique, les États signataires ne sont pas tenus d'extrader leurs propres nationaux[437], la simple coopération judiciaire est requise dans le chef de l'appareil judiciaire de l'État sur le territoire duquel se trouve la personne poursuivie. La partie requérante sera informée de la suite qui aura été donnée à sa demande.

Le Bureau du Représentant spécial du Secrétaire général des Nations Unies dans la région des Grands Lacs a pu malheureusement constaté que « peu de mesures ont été prises pour stimuler l'entraide judiciaire régionale ». Sous ses auspices, ont eu lieu en 2016 deux réunions, dont l'une à Kinshasa et l'autre à Nairobi. Au cours de ces assises ont participé des procureurs et des commissaires de police pour débattre sur les écueils constatés jusque-là et les recommandations pour promouvoir la mise en œuvre de ce protocole de la CIRGL[438]. Toujours sous l'égide de la CIRGL, les délégués des services des États membres chargés de la lutte contre la fraude et la contrebande minières s'étaient-ils réunis à Kinshasa du 17 au 18 avril 2015. En marge de ces réunions, plusieurs recommandations ont été formulées[439].

---

435 Préambule du Protocole sur la Coopération Judiciaire du 1er décembre 2006, Conférence Internationale sur la Région des Grands-Lacs

436 Article 3

437 Article 6

438 Madeleine SCHWARZ, *Coopération judiciaire régionale*, Bureau de l'Envoyé Spécial du Secrétaire général pour la Région des Grands-Lacs, 5 septembre 2016

439 Martin KABWELULU, *op. cit.*, p. 30

Au titre de l'engagement régional 6 de l'Accord-cadre d'Addis-Abeba, les États de la Région se sont résolus à ne pas héberger, ni fournir une protection, de quelque nature que ce soit, aux personnes accusées de crimes de guerre, de crimes contre l'humanité, d'actes de génocide ou de crimes d'agression, ou aux personnes sous le régime de *sanctions des Nations Unies.* Ces sanctions onusiennes frappent notamment des personnes physiques ou morales qui sont réputées dans la fraude et la contrebande minières dans le contexte de conflit tel que nous l'avons examiné précédemment.

Paragraphe II. Services spécialisés

À côté de services généraux, la législation minière a mis sur pied des services ou organes spécialisés de lutte contre la fraude et la contrebande minières. Dans le cadre de cet ouvrage, nous avons épinglé principalement deux : l'inspection minière et la Commission Nationale de Lutte contre la Fraude Minière, CNLFM en sigle. Ils sont spécialisés à la différence d'autres services, dans la mesure où la raison d'être de leur existence est la lutte contre ces comportements anormaux précités.

A. La Direction des investigations et de l'inspection minière

Étant l'une des directions du Secrétariat général aux mines, l'inspection minière est chargée de toute vérification conformément aux dispositions de la législation minière. Ses différentes attributions convergent vers un seul réceptacle : la lutte contre la fraude et la contrebande minières. Ses rapports d'inspection débouchent sur des observations, recommandations, et même sur des sanctions administratives, pénalités et saisine des autorités judiciaires.

1. Attributions et modalités de contrôle

La confiance n'exclut pas le contrôle. Bien que les opérateurs miniers soient des partenaires de l'État, ce dernier use de ses prérogatives de régulateur des activités minières. La formation, l'expérience et le savoir sont les trois facteurs d'influence dans la détection et la reconnaissance des traces pertinentes sur les lieux d'investigation et d'inspection[1]. C'est

---

[1] Durđica HAZARD et al., « Pertinence de la trace: Etude théorique et perspectives expérimentales », in *Revue internationale de criminologie et de police technique et scientifique*, Volume LXIV, Juillet – septembre 2011, p. 343

pourquoi l'inspecteur formé et expérimenté est en mesure de constater ce qu'il observe et d'en dégager l'importance[1].

Il est une obligation que les titulaires des droits miniers se soumettent, dans la franche collaboration avec des agents chargés de l'inspection des activités minières, aux inspections aussi bien périodiques que ponctuelles aux bureaux, ateliers ou chantiers et à des heures d'ouverture aux fins de contrôle de la véracité des rapports et autres documents (article 217 du Code minier). Les inspecteurs relèvent de plusieurs services, en particulier et dans le cas d'espèce, de la direction des mines et de la direction de l'inspection minière dont les attributs sont explicitement consacrés dans le Règlement minier. Son article 12 se lit : « La Direction de l'Inspection minière est chargée de :

- rechercher, détecter, constater et réprimer les infractions liées aux activités minières prévues par le Code minier et ses mesures d`application ;
- mettre en œuvre toute mesure de surveillance et de protection contre les vols, recel, détournement, détention, transport, achat et vente illicite ainsi que la fraude des substances minérales précieuses, semi-précieuses et autres substances du genre ;
- assurer le suivi (de) et participer à l'exécution des mesures pratiques de collaboration sur le terrain entre les services et organismes publics ayant dans leurs attributions, la lutte contre la fraude et la contrebande dans le secteur minier ;
- contrevérifier les actions de différents services, organismes et entreprises intervenant dans l'exploitation, l'évaluation et la commercialisation des produits miniers et des carrières ;
- participer au processus (initiatives ou normes nationales, régionales et internationales) de certification et de traçabilité des minerais de production artisanale, de la petite mine et d'exploitation industrielle, et le cas échéant, en contrôler la mise en œuvre effective ;
- assurer le contrôle de performances des comptoirs et des entités de traitement et/ou de transformation des substances minérales de production artisanale ».

Sans préjudice d'inspections ponctuelles et dans le cas sous examen, la périodicité du contrôle de la direction des mines est d'une fois le trimestre (article 503 alinéa 3). Les inspections ponctuelles sont effectuées chaque fois que les circonstances l'exigent, sur autorisation préalable du ministre. Ces circonstances susceptibles d'amener le

[1] Durđica HAZARD et al., *op. cit.*, p. 355

ministre des Mines à autoriser une inspection ponctuelle peuvent être rangées en sources externes et internes :

- sources internes : rapport de mission, rapport des sociétés minières, rapport des structures partenaires (BGR, ITRI,…) ;
- sources externes : presse, rapport de la société civile nationale, régionale ou internationale, dénonciation, plainte[1].

À la fin de la mission, ils dressent des rapports de mission, des procès-verbaux ainsi que des bons de paiement dont on verse le paiement à la DGRAD au cas où ils ont imposé une pénalité ou amende transactionnelle. D'habitude, une équipe d'inspection est composée de deux ou plusieurs agents de spécialité différente : engineering, droit, économie.

Les inspections sur terrain se font sur ordre de mission ou de service signé et délivré par le chef de service (article 504 alinéa 1er du règlement minier). Ils ont libre accès aux installations techniques et administratives, aux registres et documents, et aux travaux de prospection, de recherche, d'exploitation et de transformation (article 505 alinéa 1er), se font présenter des registres sur lesquels ils apposent le visa après avoir formulé, s'il échet, des observations et recommandations techniques sur les matières soumises à leur surveillance (article 505 alinéa 2 du règlement minier).

Un autre axe important rentrant dans les attributions de la direction des investigations et de l'inspection est le contrôle des circuits commerciaux des minerais, y compris la vérification de l'authenticité des documents que détiennent les opérateurs miniers tels que la carte d'exploitant artisanal et du négociant, l'arrêté portant agrément d'une coopérative minière ou d'un comptoir d'achat des minerais[2]. Il arrive que l'inspecteur saisisse en cas d'irrégularité la marchandise sur base d'un procès-verbal de constat signé par les deux parties (le suspect et l'inspecteur), qu'il transfère au CEEC.

Ancien corps des inspecteurs des mines dissout en 1994, la direction des investigations et de l'inspection rattachée au secrétariat général des mines joue un rôle central au point de se transformer en Inspection générale des mines, service public de contrôle doté d'une autonomie administrative et financière pour dissocier les activités de régulation de la structure normative et celles de contrôle. Cette proposition de réforme à opérer fait suite au rapport d'audit qu'a émis PriceWaterHouseCoopers,

---

[1] PROMINES, *op. cit.*, p. 100
[2] PROMINES, *op. cit.*, p. 104

laquelle est destinée à renforcer l'efficacité en matière de lutte contre la fraude et la contrebande minière[1].

Figure : Liste des processus de la Direction des investigations et de l'inspection[2]

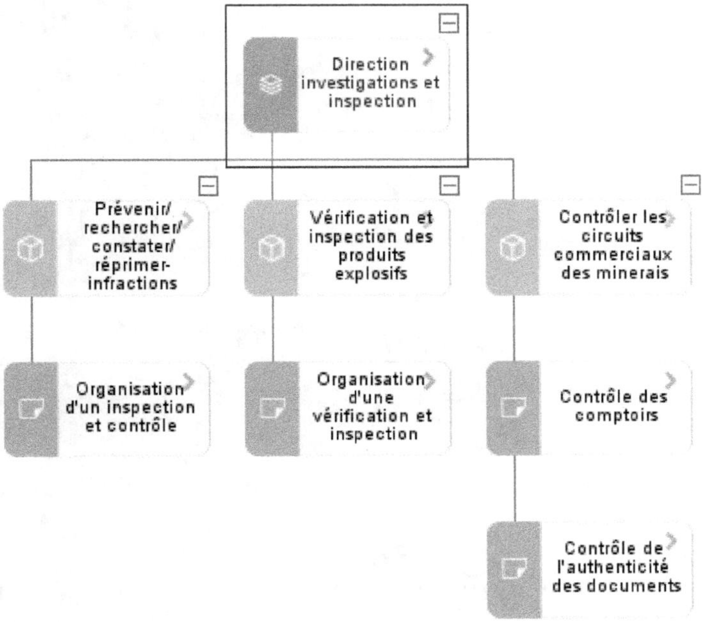

Sans préjudice des compétences dévolues aux Directions de la géologie, des mines et de la protection de l'environnement minier, la Direction des investigations et de l'inspection est chargée de prévenir, rechercher, constater et réprimer les infractions prévues par le Code minier. Ils ont, en outre, pour mission de contrôler la production, les conditions sanitaires, sécuritaires et environnementales sur les sites d'exploitation industrielle et artisanale.

[1] Gaston ALUTA LOTAMBI, « La Direction des Investigations bientôt Inspection générale des Mines », *in Horizon Mines Magazine*, mensuel n° 017, mars 2019, p. 21
[2] PROMINES, *op. cit.*, p. 97

Processus d'une inspection ponctuelle[1]

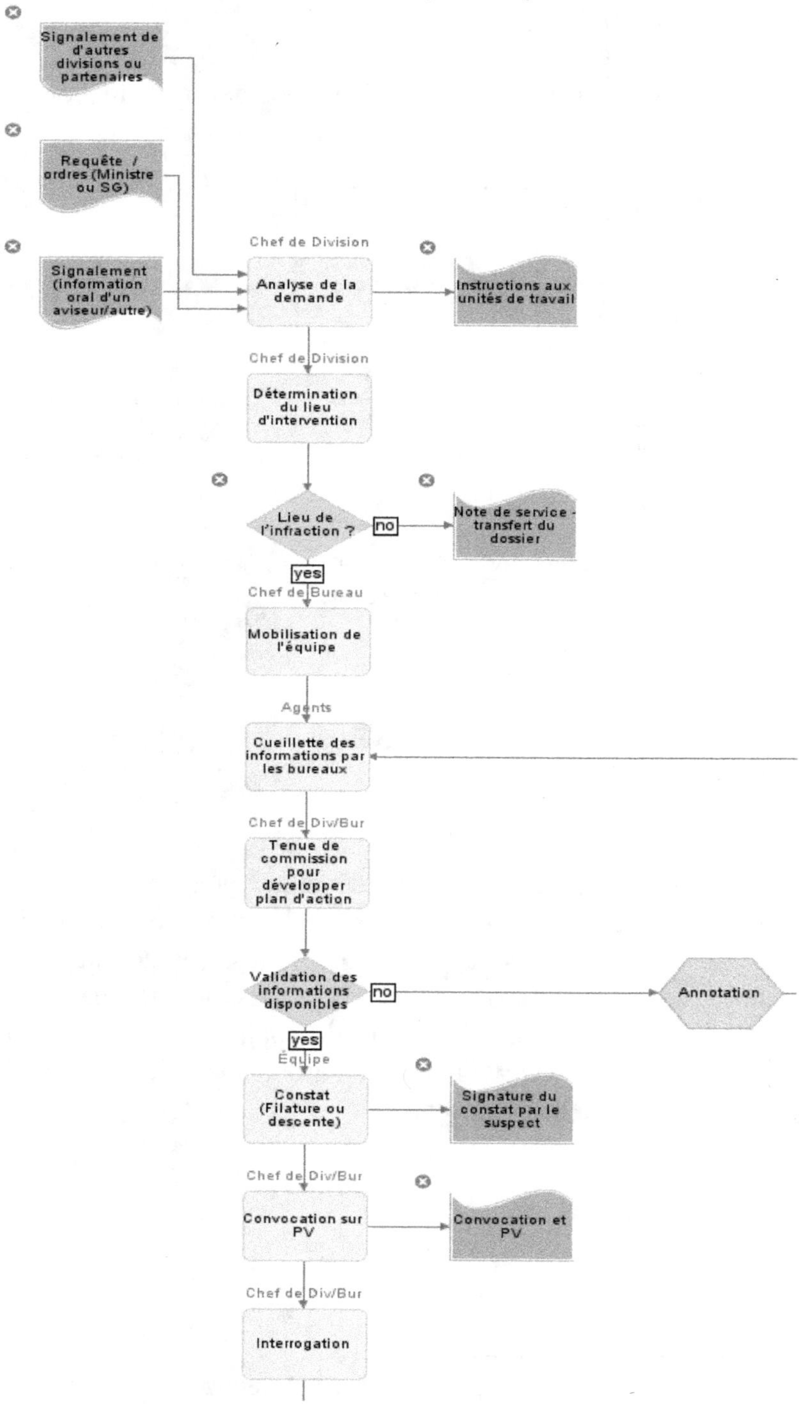

[1] PROMINES, *op. cit.*, p. 99

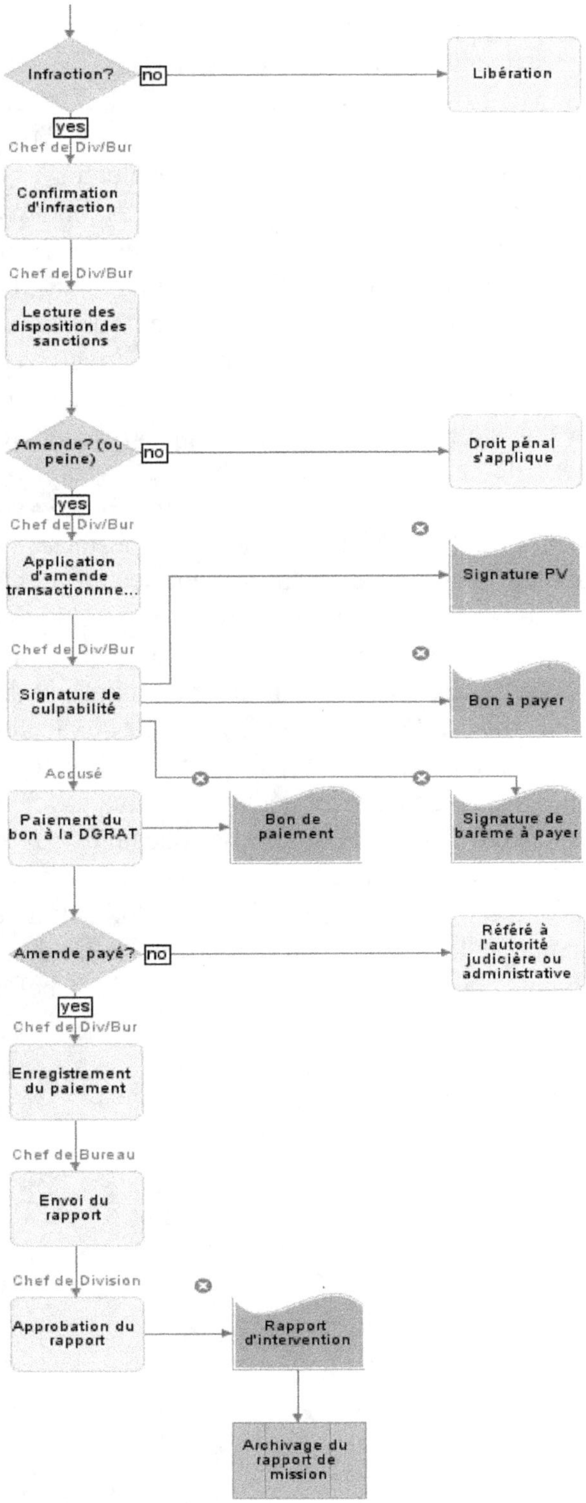
Infraction?
no
Libération
yes
Chef de Div/Bur
Confirmation d'infraction
Chef de Div/Bur
Lecture des disposition des sanctions
Amende? (ou peine)
no
Droit pénal s'applique
yes
Chef de Div/Bur
Application d'amende transactionnne...
Signature PV
Chef de Div/Bur
Signature de culpabilité
Bon à payer
Accusé
Paiement du bon à la DGRAT
Bon de paiement
Signature de barème à payer
Amende payé?
no
Référé à l'autorité judicière ou administrative
yes
Chef de Div/Bur
Enregistrement du paiement
Chef de Bureau
Envoi du rapport
Chef de Division
Approbation du rapport
Rapport d'intervention
Archivage du rapport de mission

Le graphique ci-haut relaie de manière minutieuse la procédure subséquente à une dénonciation aux fins d'enquête dans le secteur minier. En cas de signalement à l'initiative du ministre des Mines, des structures partenaires ou des aviseurs, le Chef de la division provinciale des mines analyse l'information (évaluation). Si elle est fondée, il donne instruction aux unités de travail en leur indiquant le lieu où l'infraction aurait été commise. Le Chef de bureau à qui le dossier est transmis mobilise une équipe d'inspecteurs qui s'informent sur le dossier et montent un plan d'action résultant de la coordination de plusieurs bureaux. Aussitôt les informations sont validées, l'équipe des inspecteurs entreprend une action de filature ou de descente sur terrain. Le constat des faits est établi et le suspect appose sa signature. C'est alors que sur base de ce constat que le Chef de division ou de bureau convoque le suspect pour être entendu sur procès-verbal et le soumet à l'interrogatoire. Si l'infraction est constatée, le Chef de division ou de bureau la confirme en faisant une lecture des sanctions à l'attention du concerné. C'est ainsi que s'offrira ou pas la possibilité de paiement d'une amende transactionnelle. Dans l'hypothèse où la disposition pénale ne prévoit guère la possibilité de transaction, le droit pénal s'applique et le concerné est déféré devant les autorités judiciaires ou administratives. Au cas contraire, le suspect paie tout bonnement l'amende sur procès-verbal qu'il signe. Le Chef lui délivre un bon à payer auprès de la DGRAD. S'il est arrivé que la personne ne s'acquitte pas de ladite amende ou s'y oppose, le Chef de division ou de bureau n'a d'autre option que de le référer à l'autorité judiciaire ou administrative (fisc). L'amende étant acquittée, le paiement est enregistré. En fin de compte, le Chef de bureau soumet le rapport à l'approbation du Chef de division. Ce dernier l'archive.

Processus d'inspection dans une société minière[1]

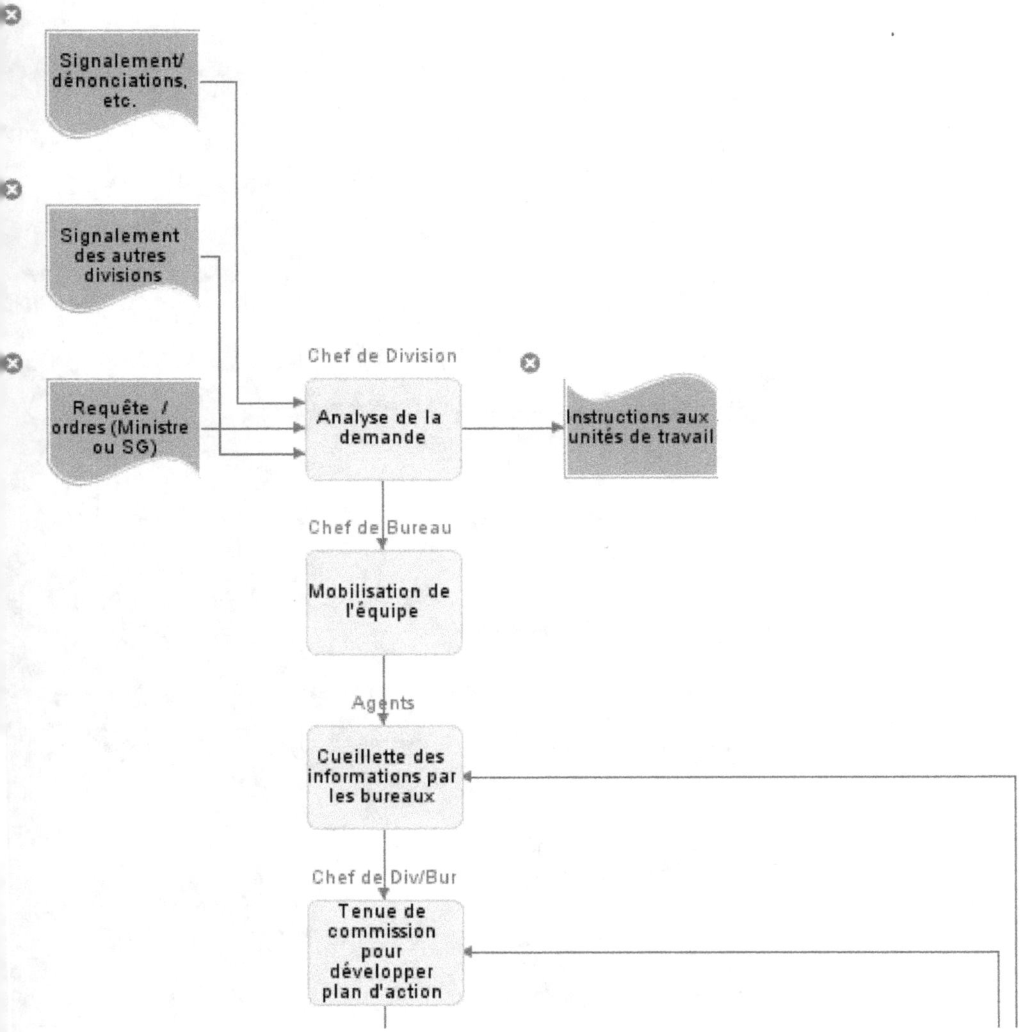

[1] PROMINES, *op. cit.*, p. 101

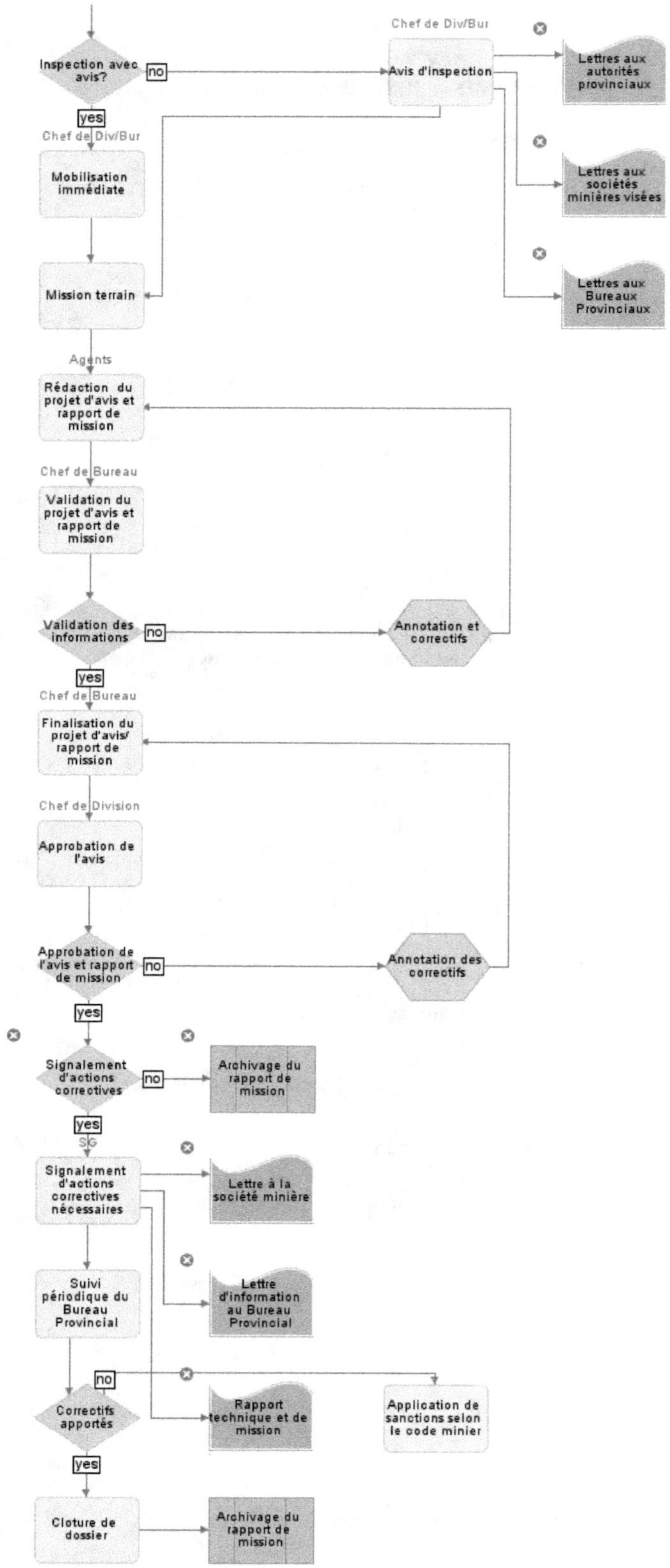
Inspection avec avis?
no
yes
Chef de Div/Bur
Avis d'inspection
Lettres aux autorités provinciaux
Lettres aux sociétés minières visées
Lettres aux Bureaux Provinciaux
Chef de Div/Bur
Mobilisation immédiate
Mission terrain
Agents
Rédaction du projet d'avis et rapport de mission
Chef de Bureau
Validation du projet d'avis et rapport de mission
Validation des informations
no
Annotation et correctifs
yes
Chef de Bureau
Finalisation du projet d'avis/ rapport de mission
Chef de Division
Approbation de l'avis
Approbation de l'avis et rapport de mission
no
Annotation des correctifs
yes
Signalement d'actions correctives
no
Archivage du rapport de mission
yes
SG
Signalement d'actions correctives nécessaires
Lettre à la société minière
Lettre d'information au Bureau Provincial
Suivi périodique du Bureau Provincial
no
Application de sanctions selon le code minier
Correctifs apportés
Rapport technique et de mission
yes
Cloture de dossier
Archivage du rapport de mission

La procédure d'enquête sur les sociétés minières est d'autant plus longue que globale. La situation initiale étant quasiment identique est marquée par un signalement ou une dénonciation dont les initiateurs peuvent être le ministre des Mines, le Secrétaire général aux mines, des autorités d'autres divisions (Chef de division ou Chef de bureau).

Comme à l'accoutumée, le Chef de division territorialement compétent analyse la demande d'enquête, donne instruction au Chef de bureau afin de la relayer aux unités de travail et de mobiliser l'équipe. Au sein du bureau, les agents glanent des informations et font rapport à la hiérarchie qui s'attèle à développer un plan d'action suivant la constitution des commissions. C'est alors que le Chef de division délivre un avis d'inspection par courrier avec accusé de réception à destination des autorités provinciales, des sociétés minières concernées et des bureaux provinciaux. Sur base de cet avis, il mobilise l'équipe pour une mission de terrain. Après avoir accompli leur mission, les agents rédigent un projet d'avis et de rapport de mission que le Chef de bureau pourrait valider. S'il ne le valide pas à première vue, il porte des annotations correctives. Au cas où il le valide tel quel, le Chef de bureau le finalise avant de le soumettre à l'approbation du Chef de division. Dans l'hypothèse où ce dernier ne le valide pas, il porte des annotations correctives. S'il le valide, il vérifie la possibilité d'entreprendre des actions correctives aux sociétés minières concernées et aux bureaux par l'entremise du Secrétaire général aux mines.

Le bureau provincial est chargé du suivi périodique de ces décisions que doivent appliquer les sociétés minières. Par la suite, il établit un rapport technique et de mission quant à ce. Au cas où, sur fondement des informations contenues dans ce rapport, la société minière ne porte pas des correctifs dans le délai prescrit, il est fait application des sanctions conformément au Code minier. Dans l'hypothèse où la société s'est bien exécutée en s'acquittant de cette responsabilité, le Secrétaire général aux mines clôture le dossier et archive ledit rapport de mission.

Figure : Processus de contrôle de l'authenticité des documents[1]

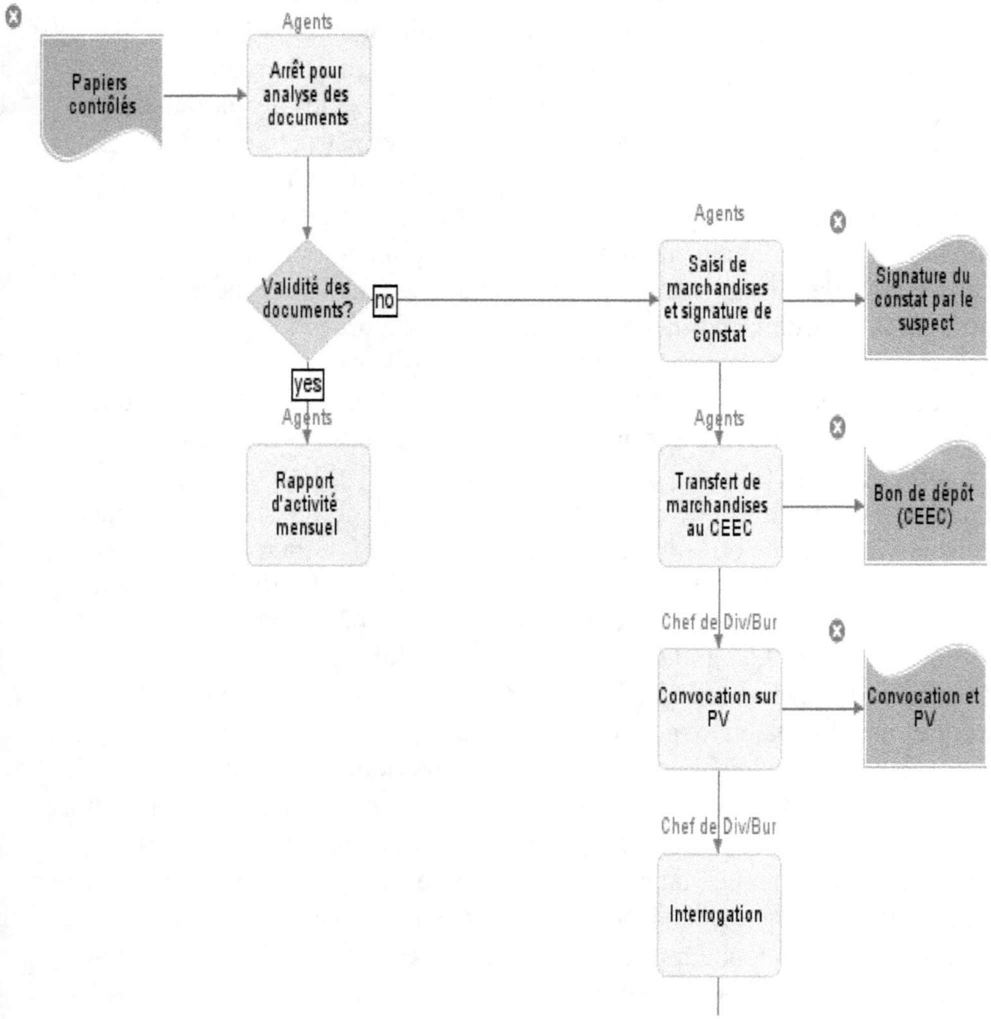

[1] PROMINES, *op. cit.*, p. 107

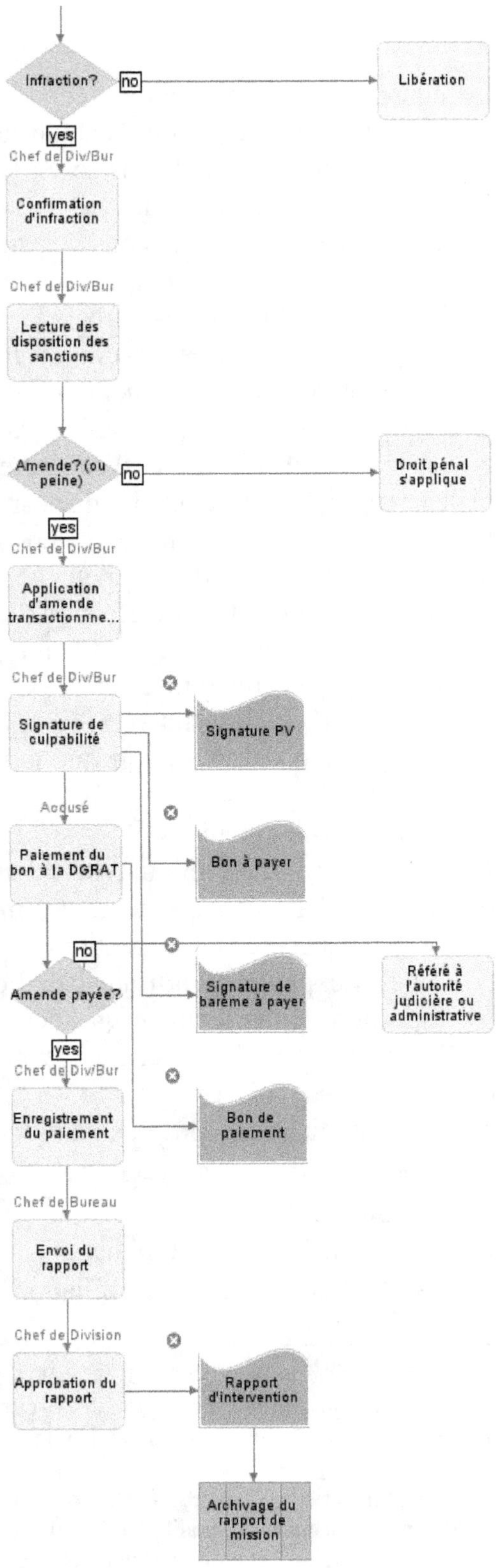

Infraction?
no
Libération
yes
Chef de Div/Bur
Confirmation d'infraction
Chef de Div/Bur
Lecture des disposition des sanctions
Amende? (ou peine)
no
Droit pénal s'applique
yes
Chef de Div/Bur
Application d'amende transactionne...
Chef de Div/Bur
Signature de culpabilité
Signature PV
Accusé
Bon à payer
Paiement du bon à la DGRAT
no
Référé à l'autorité judicière ou administrative
Signature de barème à payer
Amende payée?
yes
Chef de Div/Bur
Enregistrement du paiement
Bon de paiement
Chef de Bureau
Envoi du rapport
Chef de Division
Approbation du rapport
Rapport d'intervention
Archivage du rapport de mission

Une procédure particulière régit le contrôle de l'authenticité des documents : s'agissant de l'opération de contrôle des documents, l'agent arrête (stop) le concerné aux fins d'analyse. Si le document est valide, la mention est portée dans le rapport d'activité mensuel. Au cas contraire, la marchandise est saisie sur base d'un constat à signer par l'agent et par le suspect. Couverte d'un bon de dépôt, la marchandise est transférée au CEEC. Sur fondement d'un procès-verbal, le Chef de division ou de bureau convoque le concerné à des fins utiles d'interrogatoire.

À l'issue de cet interrogatoire, le Chef (sous-entendu de division ou de bureau) apprécie si l'infraction est établie. Au cas où elle n'est pas établie, le suspect est libéré. Au cas contraire, après avoir confirmé l'infraction, le Chef lui donne lecture des dispositions sanctionnatrices.

Dans l'hypothèse où celles-ci ne prévoient pas la possibilité d'une amende transactionnelle ou d'une pénalité, la procédure pénale s'applique devant le magistrat. Toutefois, si l'amende est possible, le Chef dresse un procès-verbal assorti d'un bon à payer à la DGRAD. Au cas où le suspect ne paie ou refuse de la payer, il est déféré devant l'autorité judiciaire ou administrative. S'il s'en acquitte, le bon de paiement est enregistré dans un rapport que le Chef de bureau expédie vers l'autorité hiérarchique pour approbation. Finalement, le rapport approuvé est classé dans les archives.

Dans le cadre de la mise en œuvre du mécanisme régional de certification de la CIRGL, les inspecteurs des mines procèdent une fois l'an ou en cas de nécessité à l'inspection, à la qualification et à la validation des sites d'exploitation artisanale de l'or et de 3T[1]. Ils utilisent une fiche d'inspection définie comme un document retraçant les lignes directrices d'inspection minière suivant le modèle proposé par le Secrétariat Exécutif de la CIRGL[2].

Le contenu de cette fiche est constitué de rubriques suivantes :

- Références de l'équipe d'inspection ;
- Inspection du site minier ;
- Identification de l'exploitant minier ;
- Détails sur le titre : la ZEA et l'affiliation à la sécurité sociale ;

---

[1] Article 5 de l'Arrêté ministériel n° 0057 CAB. MIN/Mines/01/2012 du 29 février 2012 portant mise en œuvre du mécanisme régional de certification de la Conférence Internationale sur la Région des Grands-Lacs, « CIRGL » en République Démocratique du Congo

[2] Page de l'Arrêté ministériel n°0919/CAB.MIN/Mines/01/2015 du 29 octobre 2015 fixant les procédures d'inspection, de qualification et de validation des sites miniers des filières aurifères et stannifère en République Démocratique du Congo

- Détails sur la production minière ;
- Main d'œuvre (employés, sous-traitants) et exploitants artisanaux ;
- Salaires/paiements ;
- Paiements impôts, droits et taxes ;
- Risques de conflits et sécurité ;
- Politique sociale de l'exploitant minier ;
- Gestion de la santé et de la sécurité au travail ;
- Gestion et situation environnementales ;
- Investigations géologiques ;
- Méthodes d'exploitation minière et du traitement des minerais ;
- Respect des dispositions légales et règlementaires en vigueur ;
- Devoir de diligence et traçabilité des minerais ;
- Equipement de protection individuelle (EPI) ;
- Mesures de sécurité dans le site minier ;
- Relations avec la communauté locale ;
- Résumé et recommandations de l'inspection minière ;
- Exigences cote rouge et jaune de la certification régionale ;
- Critères de progrès de la certification régionale ;

Les experts de l'équipe conjointe chargée de la qualification et de la validation des sites miniers d'exploitation artisanale s'attèlent dans l'analyse de la situation sécuritaire du site, à opérer une distinction entre les forces de sécurité gouvernementales (FARDC et PNC) déployées pour sécuriser les sites et les exploitants artisanaux, de celles qui sont directement ou indirectement impliquées dans l'exploitation minière pour financer les conflits armés[1]. La confirmation de la seconde hypothèse entraîne la non-validation tandis que la première n'influe pas négativement sur la qualification et la validation.

À la loupe et au passage au crible de critères sécuritaires et socio-économiques, les sites miniers sont classés en trois catégories :

- Qualification rouge : les indicateurs de la situation sécuritaire laissent à désirer, couplée du non-respect des conditions socio-économiques en termes de droits de l'homme (présence de mineurs de moins de 15 ans et des femmes enceintes, précarité de l'équipement de protection individuelle…) ;

---

[1] Article 8 de l'Arrêté ministériel n° 0058/CAB.MIN/MINES/01/2012 du 29 février 2012 fixant les procédures de qualification et de validation des sites miniers des filières aurifère et stannifère dans les Provinces du Katanga, du Maniema, du Nord Kivu, du Sud Kivu et de la Province Orientale

- Qualification jaune : Un site minier est qualifié jaune dès lors que la situation sécuritaire et socio-économique est peu satisfaisante ;
- Qualification verte : Ici, le site a totalement satisfait aux conditions sécuritaires (contrôle de l'administration des mines et des autorités administratives légalement établies) et socio-économiques (pas ou moins de mineurs de moins de 15 ans, ni femmes enceintes).

Seul le site vert peut être validé, car il est propre et libre de tout conflit[1].

La qualification entraîne plusieurs implications selon la catégorie de classement de chaque site minier. Un site qualifié rouge ou jaune ne peut faire l'objet d'aucune activité minière. Qu'à cela ne tienne et au cas où il est frauduleusement exploité, tout minerai extrait et sortant de ce site ne peut faire l'objet de transaction à aucune phase du circuit minier. La voie de recours est possible sur base d'une demande d'inspection de suivi par un auditeur indépendant ou par une tierce partie[2]. Cette inspection est différente de celle qui s'opère dans des périmètres d'exploitation minière industrielle et à petite échelle.

2. Recommandations et sanctions

Le présent ouvrage met l'accent sur la qualité et la quantité de la production, sur la déclaration et l'acquittement des impôts, droits, taxes et redevances ainsi que sur le respect de la réglementation du change. Un audit consacré à l'organisation et au fonctionnement du ministère des Mines émet une critique à la mise en application de la législation minière : « Une bonne répartition des tâches aurait pu consister à assigner à chaque entité une attribution distincte, par exemple, le constat des infractions à la Direction des Investigations et le suivi des activités aux entités opérationnelles que sont la Direction de la Géologie, des Mines et de la Protection de l'Environnement minier. Ainsi, ces directions opérationnelles saisiraient la Direction des Investigations pour enquêter sur tout fait potentiellement répréhensible qui viendrait à leur connaissance »[3]. La Direction d'investigation souffre de manques de moyens financiers, logistiques, du personnel qualifié, de la confusion des

---

[1] Article 9 de l'arrêté précité

[2] Article 10

[3] PROMINES, *Audit du Cadre Institutionnel et Organisationnel régissant le Secteur des Mines*, Rapport sur l'organisation et le fonctionnement du Ministère des Mines, 2016, p. 40

rôles avec d'autres services concurrents et intervenants dans le secteur minier.

B. Commission nationale de lutte contre la fraude minière

Chargée de la conception et de la planification des stratégies de lutte contre la fraude et la contrebande minières, la CNLFM fut créée par voie d'arrêté interministériel. Similairement à l'inspection des mines, ses multiples attributions et règles de fonctionnement s'orientent de manière spécifique vers la lutte contre ces faits infractionnels. Conformément à ses compétences de coordination pour une action collective de riposte, la CNLFM collabore avec d'autres structures à plusieurs échelons : provincial, national, régional.

1. Attribution et fonctionnement

Créée par arrêté interministériel et, de ce fait, placée sous l'autorité conjointe des ministres ayant les affaires intérieures et les mines dans leurs attributions[1], c'est une structure composite et hétérogène au sein de laquelle siègent les délégués provenant de plusieurs ministères, organismes publics et services : Présidence de la République, Primature, ministère ayant les affaires intérieures dans ses attributions, ministère des mines (Cabinet du ministre, secrétariat général, CTCPM, CEEC, SAEMAPE), ministère de la Justice (Parquet général de la République, Parquet général près la Haute Cour militaire)...[2] Il s'agit d'un regroupement des spécialistes relevant de plusieurs domaines et institutions où chacun apporte son expertise au cas par cas.

Aux termes de l'article 3 de l'acte créateur de l'institution, la CNLFM est globalement chargée de la conception, de la mise en œuvre et du suivi de l'exécution des mesures pratiques de collaboration sur le terrain entre les services et organismes publics ayant dans leurs attributions la lutte contre la fraude et la contrebande minières. À ce titre, elle détecte des lots ou chargements des minerais en fraude, joue la plaque tournante dans la centralisation des renseignements, fait le suivi de l'exécution des actions menées, entretient une base des données, conseille le gouvernement sur des initiatives légales et règlementaires en la matière[3].

---

[1] Article 1er de l'arrêté interministériel n° 0719/CAB.MIN/MINES/01/2010 et n° 140/CAB.MIN/INT.SEC/2010 du 20 octobre 2010 portant création, organisation et fonctionnement de la Commission Nationale de Lutte contre la Fraude Minière

[2] Article 5

[3] Article 3 alinéa 2

Il conviendrait d'admettre que cette tâche défie toute aisance. D'un point de vue statistique, la base des données devrait contenir de manière non exhaustive les principaux sites d'exploitation minière ainsi que les substances extraites, la cartographie des voies de communication aux alentours de ces sites, les postes frontaliers et postes-frontières à côté des sites, des listes des détenteurs des titres miniers, des exploitants artisanaux, des négociants et des comptoirs agréés, les utilisateurs des substances minérales congolaises assortis de leurs pays d'installation, des informations sur les réseaux des fraudeurs et des contrebandiers[1].

Elle est dirigée par un coordonnateur et un coordonnateur adjoint, se réunit une fois par mois en session ordinaire et à tout moment qu'il est besoin en session extraordinaire, et ce, sur convocation de la coordination (du Coordonnateur ou Coordonnateur adjoint en cas d'empêchement du premier)[2]. Outre la coordination, la CNLFM est dotée d'un secrétariat technique dont la cellule permanente s'acquitte des tâches administratives naturellement dévolues à un secrétariat[3]. Par-delà les attributions administratives, la cellule permanente recueille, analyse des informations et propose des stratégies permettant à la structure d'atteindre ses fins en matière de lutte contre la fraude et la contrebande minières[4].

Conformément à l'article 9, les dispositions complémentaires se rapportant à son fonctionnement et à ses actions sont prévues dans son règlement intérieur qu'approuvent les ministres dont elle relève. Ce règlement intérieur prévoit les modalités de collaboration sur le terrain, le caractère confidentiel des informations circulant entre les services intervenants, des mesures de protection des aviseurs, la clé de répartition des primes octroyées aux agents des services concernés et aux aviseurs[5].

Excepté la dotation du budget de l'État et les contributions du ministère des Mines, son fonctionnement est financé par une quotité sur les amendes et pénalités recouvrées sur les actes de fraude découverts, constatés et signalés par elle. À cela s'ajoute aussi une quotité sur la vente des produits confisqués[6].

Il y a lieu de souligner que, conformément à l'arrêté ministériel n° 0004/CAB/MINES/FKM/00/CNY/98 du 16 janvier 1998 portant renforcement de lutte contre la fraude des substances minérales

---

[1] Article 4

[2] Article 6

[3] Article 8

[4] Article 8 *in fine*

[5] Article 9

[6] Article 13

précieuses, la CNLFM alloue une prime de contentieux chaque fois que l'information que l'aviseur fournit est confirmée et suivie de la saisie des substances minérales ou des produits miniers marchands en fraude[1]. Le mécanisme d'alerte rapide sur des cas de fraude et de contrebande minières fut d'ores et déjà prévu dans l'arrêté précité de 1998. Étant encore en vigueur, il a servi de soubassement à l'acte créateur de la CNLFM.

Ce sont des dénonciateurs fiscalement dénommés aviseurs qui lancent l'alerte rapide avec promesse règlementaire de récompense en contrepartie (prime de contentieux). Cette rétribution se déduit des amendes, pénalités et vente des produits saisis. Ainsi, importe-t-il que le ministre des Finances soit associé dans un ultérieur arrêté interministériel[2].

En assumant le point focal vis-à-vis d'instrument de lutte contre le pillage des ressources naturelles de la CIRGL, la CNLFM harmonise de concours avec elle le cinquième outil de la Déclaration de Lusaka de 2010, en l'occurrence le mécanisme d'alerte rapide. Elle reçoit, en cas d'incident lié à la fraude, à la contrebande, à l'exploitation, au trafic illicites, des appels de la part des lanceurs d'alerte aux fins de dénonciation. Le point focal désigne pour chaque État membre une autorité centrale chargée de formaliser et de recevoir des requêtes dans le cadre de la coopération et de l'assistance mutuelle au titre de l'article 20 du protocole sur la lutte contre l'Exploitation illégale des ressources naturelles dans la Région des Grands Lacs[3].

Dans son actif, ladite Commission a fait arrêter une personne reprochée d'avoir usurpé ses attributions afin de faciliter l'exportation frauduleuse d'un lot des minerais au détriment du Trésor public[4]. En outre, elle a fait procéder à l'interception de 22 camions transportant frauduleusement les substances minérales dans le Nord-Katanga, à l'interpellation de plusieurs agents complices et à l'arrestation des auteurs de la forfaiture.

---

[1] Article 12

[2] Martin KABWELULU, *op. cit.*, p. 29

[3] Ladite disposition se lit comme suit : « 1. Dans le cadre de la coopération et de l'assistance mutuelle préconisées par le présent Protocole, chaque Etat membre désigne une autorité centrale.

2. Les autorités centrales sont chargées de la formulation et de la réception des requêtes de coopération et d'assistance prévues par le présent Protocole. Elles peuvent directement communiquer entre elles »

[4] NDIATU MAVUNGU, « La Commission Nationale de Lutte contre la Fraude Minière à l'œuvre », *in Horizon Mines Magazine,* mensuel n° 009, Janvier 2018, p. 13

En termes de retombées statistiques positives depuis la création de cette structure sous examen, la production nationale de l'or artisanal est passée de 12 kg en 2010 à 242,16 kg en 2016, entraînant de manière simultanée la hausse de la production industrielle de l'or à 30.221,68 kg en la même année 2016.

Elle reste un organe spécialisé et stratégique en ce sens qu'elle est chargée d'élaborer des politiques de lutte contre la fraude et la contrebande minières, laquelle sera implémentée par divers services engagés sur terrain contre ce fléau. À cet effet, il importe que toutes les procédures et politiques éparses et relevant de la diversité d'organes intervenants soient harmonisées pour garantir une bonne exécution des activités y relatives.

Toutefois, dans la recherche des moyens efficaces contre la fraude et la contrebande minières, la CNLFM a toujours fustigé le trafic d'influence dans le chef de responsables politiques, militaires et administratifs au moment des saisies des lots de minerais en fraude au Nord-Kivu. Depuis qu'un officier des FARDC avait été mis en détention pour avoir tenté d'exporter illégalement 600 kg de coltan vers le Rwanda, les membres de la CNLFM/Nord-Kivu faisaient l'objet de pression[1].

2. Collaboration avec d'autres structures du pouvoir central, provincial et de l'étranger

L'article 20 de l'arrêté ministériel relatif au mécanisme régional de certification de la CIRGL pose le jalon de la coopération entre la Commission nationale de lutte contre la fraude minière avec des services correspondants d'autres États : « La Commission nationale de lutte contre la fraude minière, en synergie avec la direction des investigations du Secrétariat Général des Mines et les Services spécialisés du Ministère des Mines, collabore dans le cadre du mécanisme régional de la CIRGL, avec les Services des États membres chargés de lutter contre la fraude et la contrebande minières en vue de renforcer les mesures nécessaires pour prévenir, rechercher et réprimer les actes illégaux d'exploitation, de détention, de transport et de commercialisation des minerais désignés ». Lors des assises de la CIRGL était née l'idée de l'organisation d'une conférence régionale regroupant les représentants de différents services chargés de la lutte contre la fraude et la contrebande (Commission nationale, douane, police transfrontalière, gardes-frontières).

---

[1] www.radiookapi.net/2017/12 du 14 décembre 2017 consulté le 24 juillet 2020

Lorsque le CEEC, l'Administration des mines, la DGDA constatent qu'un chargement à exporter n'est pas en conformité avec les conditions de délivrance du certificat de la CIRGL, ils le saisissent[1]. Le service saisissant informe directement le CEEC en qualité d'autorité chargée de la certification qui diligente la confiscation et informe les autorités judiciaires[2].

Les États de la CIRGL sont tenus réciproquement de saisir et de restituer vers un autre État de la Région d'où est provenu le lot de minerais non couverts du certificat. L'article 19 alinéa 5 et 6 de l'arrêté portant mise en œuvre du mécanisme régional de certification de la Conférence Internationale sur la Région des Grands Lacs « CIRGL », en République Démocratique du Congo, règle les modalités pratiques : « Aussitôt informé, le CEEC, en collaboration avec l'Administration des Mines et la Commission Nationale de lutte contre la fraude minière, est tenu d'entreprendre les démarches de rapatriement des minerais faisant l'objet de la saisie.

En cas de saisie et de confiscation de minerais introduits illégalement en République Démocratique du Congo, le CEEC, en collaboration avec l'Administration des Mines et la Commission Nationale de lutte contre la fraude minière renvoient lesdits minerais à l'État membre. Les gouvernements des États membres de la CIRGL ont, en vertu de l'application du Mécanisme Régional de Certification, l'obligation de veiller à la mise en place et à la supervision d'un système de suivi de la chaine de possession responsable en minerais à l'intérieur de leurs propres frontières[3].

À l'issue des analyses interprétatives des chiffres, Shawn Blore, rédacteur d'un rapport pour le compte de l'ONG Partenariat Afrique Canada, conclut : « L'or de contrebande est plutôt un problème régional massif qui touche une grande part des pays producteurs de la Région CIRGL, sinon tous »[4].

L'UE accompagne les efforts de la CIRGL à travers la mise en œuvre de l'initiative régionale de lutte contre le pillage des ressources naturelles, IRRN en sigle, dont l'un des six outils est l'harmonisation des

---

[1] Article 19 alinéa 1er de l'Arrêté ministériel n° 0057/CAB.MIN/MINES/01/ 2012 du 29 février 2012 portant mise en œuvre du Mécanisme Régional de certification de la Conférence Internationale sur la Région des Grands Lacs « CIRGL », en République Démocratique du Congo

[2] Article 19 alinéa 2

[3] Martin KABWELULU, *op. cit.*, p. 13

[4] Shawn BLORE, *op. cit.*, p. 13

législations nationales des pays de la Région et dans la lutte contre la fraude minière vers les pays voisins laquelle est quasiment absente[1]. Le nivellement du taux de la taxe d'exportation des substances précieuses entre les États membres s'inscrit spécialement dans le cadre de l'harmonisation de la politique fiscale.

Le Bureau international de documentation fiscale publia le Glossaire de la fiscalité internationale dans lequel l'harmonisation fiscale est définie comme « l'élimination des différences ou des incohérences entre les différents systèmes fiscaux de différents pays, ou le fait de rendre ces incohérences compatibles »[2]. Le défaut de cette harmonisation induit le fait que les flux financiers illicites et les pratiques illégales et frauduleuses dans le chef des compagnies minières mettent en mal la mobilisation des recettes dans le secteur minier.

Dans un rapport de la Commission économique pour l'Afrique, il est clairement établi sans ambages que « L'harmonisation des codes miniers s'est poursuivie dans tout le continent, en raison des avantages que présente l'unification continentale des pratiques minières selon des modalités qui, collectivement et individuellement, permettent de desserrer les goulets d'étranglement faisant obstacle à la mobilisation des ressources publiques et à la transformation structurelle des économies »[3].

Le fait d'insérer dans la législation minière des dispositions relatives à la formalisation du secteur artisanal marque un bon présage de volonté dans le chef de l'État congolais. À titre d'illustration, les exploitants artisanaux sont regroupés dans des coopératives minières, les ZEA sont instituées et portées sur les cartes des retombes minières…

Après avoir comparé l'état des lieux de la formalisation de l'exploitation minière artisanale entre les pays de la CIRGL, le guide… les juge encore faibles à cause de l'absence de mécanismes permettant d'atteindre les creuseurs aux confins de leurs sites miniers les plus éloignés. Par conséquent, une décentralisation moins complaisante de l'assistance technique et administrative est salvatrice[4].

La prévalence de l'informel est de nature à ne pas contribuer à l'économie nationale. Les conclusions de l'auditeur indépendant, PriceWaterHouseCoopers/RDC sur l'intégration de ce sous-secteur dans

---

[1] Réseau européen pour l'Afrique Centrale, *op. cit.*, p. 39

[2] LARKIN, D. (2005). IBFD International Tax Glossary. International Bureau of Fiscal Documentation cité par Commission économique des Nations Unies pour l'Afrique, *op. cit.*, p. 8

[3] Commission économique des Nations Unies pour l'Afrique, *op. cit.*, p. 7

[4] CIRGL, *op. cit.*, p. 17

le processus de l'ITIE[1] ne doivent pas être considérées au pied de la lettre.

À l'échelle internationale, l'article 27 point 1 de la Convention des Nations Unies contre la criminalité transnationale organisée consacre et réitère la coopération judiciaire en ces termes : « Les États Parties coopèrent étroitement, conformément à leurs systèmes juridiques et administratifs respectifs, en vue de renforcer l'efficacité de la détection et de la répression des infractions visées par la présente Convention ».

L'article 5 de la Convention internationale d'assistance mutuelle administrative en vue de prévenir, de rechercher et de réprimer les infractions douanières, signée et ratifiée sous les auspices de l'Organisation mondiale des douanes, dispose : « 1. Les renseignements, les documents et autres éléments d'information communiqués ou obtenus en application de la présente Convention :

(a) ne doivent être utilisés qu'aux fins de la présente Convention, y compris dans le cadre de procédures judiciaires ou administratives, et sous réserve des conditions que l'administration douanière qui les a fournis aurait stipulées ;

(b) bénéficient dans le pays qui les reçoit des mêmes mesures de protection des informations confidentielles et du secret professionnel que celles qui sont en vigueur dans ce pays pour les renseignements, documents et autres éléments d'information de même nature qui auraient été obtenus sur son propre territoire.

2. Ces renseignements, documents et autres éléments d'information ne peuvent être utilisés à d'autres fins qu'avec le consentement écrit de l'administration douanière qui les a fournis et sous réserve des conditions qu'elle aurait stipulées, ainsi que des dispositions du paragraphe 1 (b) du présent Article »[2].

Dans le processus de centralisation des informations de tous les États ratificateurs de la Convention, une annexe à la présente prévoit la fourniture au dépositaire des renseignements sur :

« (a) des personnes qui ont été condamnées à titre définitif pour contrebande ; et

(b) éventuellement des personnes soupçonnées de contrebande ou appréhendées en flagrant délit de contrebande sur le territoire de la Partie

---

[1] *Rapport de l'auditeur indépendant sur l'étude de cadrage de la couverture de l'exploitation minière artisanale à l'Est de la République démocratique du Congo*

[2] Convention internationale d'assistance mutuelle administrative en vue de prévenir, de rechercher et de réprimer les infractions douanières, Nairobi, le 9 juin 1977, Organisation Mondiale des Douanes, Bruxelles

contractante responsable de la notification, même si aucune poursuite judiciaire n'a encore abouti »[1], et aussi :

« (a) des personnes qui ont été condamnées à titre définitif pour fraudes douanières autres que la contrebande ;

(b) éventuellement des personnes soupçonnées de telles fraudes, même si, dans ce cas, aucune poursuite judiciaire n'a encore abouti ».

La douane congolaise peut conclure un protocole d'entente devant garantir la collaboration tous azimuts avec la police nationale, étrangère et l'Interpol. Cette coopération douane – police s'opère au-delà des échanges d'informations jusqu'à la coordination d'interventions conjointes contre les fraudeurs et contrebandiers[2]. Cette synergie repose sur la thématique de gestion coordonnée des frontières pour l'OMD ou gestion intégrée des frontières d'après l'Interpol.

Dans le manuel sur la coopération douane – police conjointement élaborée par l'Interpol et l'Organisation mondiale des douanes, il est fait allusion à la complémentarité de ces deux services : « Les produits, les biens de contrebande et les documents connexes saisis sont parfois des éléments de preuve physique indispensables pour établir une infraction. En cela, la douane peut aider la police à étayer ses dossiers d'enquête sur la criminalité organisée impliquée dans des activités transfrontalières »[3].

Si la douane a pour mission de règlementer la circulation et la sécurité des marchandises à la frontière, la police assume le rôle de la sécurité des personnes et de leurs biens, marchandises comprises. Cette fonction revient à la police administrative opérant à côté de la police judiciaire dotée de pouvoirs d'enquête criminelle. La première intervient dans la prévention tandis que la seconde recherche, détecte et réprime les infractions, fort malheureusement commises malgré les efforts déployés dans le cadre de la prévention.

La prévention est « le premier impératif de la justice »[4]. Elle est préférable à la répression au motif que remettre la situation à son état antérieur à la commission de l'infraction quelle que soit la réparation, est

---

[1] Annexe IX

[2] Interpol et Organisation Mondiale des Douanes, *Manuel sur la coopération douane – police*, mars 2018, p. 2

[3] Interpol et Organisation Mondiale des Douanes, *op. cit.*, p. 9

[4] Rapport du Secrétaire général sur le rétablissement de l'état de droit et l'administration de la justice pendant la période de transition dans les sociétés en proie à un conflit ou sortant d'un conflit (S/2004/616), paragraphe 4 cité par Office des Nations Unies contre la drogue et le crime, Application de la Convention des Nations Unies contre la criminalité transnationale organisée et des Protocoles s'y rapportant: outils d'évaluation des besoins, New York, août 2017, p. 83

souvent utopique et non réalisable. Pour illustration, il n'est plus aisé en vertu de la coopération interétatique de faire saisir et de rapatrier le produit de la fraude et de la contrebande se trouvant dans un autre État, et ce, pour des raisons pratiques.

En ce sens, l'article 20 de la Convention contre la criminalité organisée énonce des techniques d'enquête spéciales telles que la livraison surveillée, la surveillance électronique et les opérations d'infiltration[1]. Le but est de détecter des réseaux des fraudeurs et contrebandiers sans qu'ils ne s'en rendent compte.

La coopération s'avère nécessaire d'autant plus que la fraude et la contrebande sont des faits infractionnels relevant à la fois du droit pénal et du droit douanier. En tout état de cause, le cadre juridique congolais dote la douane des compétences policières judiciaires dans la lutte contre ces formes de criminalité. Cependant, cette habilitation fonctionnelle étendue n'exclue pas la coopération avec la police. En effet, certains agents douaniers sont revêtus de la qualité d'OPJ, mais cette compétence est restreinte comparativement à la police judiciaire dotée de la compétence générale.

Par un communiqué officiel datant de 2015, l'OCDE a félicité les efforts qu'ont déployés des gouverneurs des provinces minières de la RDC dans la lutte contre la fraude et la contrebande minière grâce à l'action des comités provinciaux de lutte contre la fraude et la contrebande minières qui ont démantelé des réseaux mafieux et saisi plusieurs lots des minerais en fraude. In globo, le partenariat se lie même avec des partenaires non étatiques à l'instar du BGR et de l'ITRI.

À la fin de cette analyse des mécanismes de lutte contre la fraude et la contrebande minières, il en découle que l'enjeu sécuritaire reste en définitive la clé de voûte qui garantit leur efficacité. Conclure des protocoles d'accord avec plusieurs partenaires chargés de certifier et de tracer des minerais est un facteur de compétitivité.

Au moins l'État congolais devra veiller surtout sur les clauses de transfert de technologie et de qualification en faveur de ses services intervenants (SAEMAPE, CEEC). La mise à niveau de ces agents, à la hauteur des défis, rend les vérifications et contrôles publics plus soutenus et efficaces. En cas de fraude et contrebande avérées et aggravées, les autorités judiciaires sont invitées à exercer leur pouvoir en toute indépendance, à l'abri d'ingérences et trafic d'influence.

[1] Office des Nations Unies contre la drogue et le crime, *op. cit.*, p. 55

Conclusion

Tout est parti de la définition de la fraude et de la contrebande minières selon l'arrêté interministériel créant la CNLFM. Contrairement au code minier dont la définition est restrictive et même omise, il définit la fraude comme « l'exploitation, la détention, le transport, la commercialisation ou l'exportation des produits miniers en violation du Code minier et de ses mesures d'application, du Code douanier, du Code des impôts ainsi que des dispositions de la règlementation de change et ce, dans le but de se procurer un bénéfice illicite au détriment des intérêts de l'État ». Dans le deuxième alinéa du même article, la contrebande se définit en ces termes : « l'exportation ou l'importation des produits miniers en dehors des points officiels de sortie ou d'entrée du territoire national, ou encore l'exploitation, la détention ou le transport des substances minérales réservées en violation des règles auxquelles elles sont soumises ». De ces deux définitions résultent l'exploitation de différentes branches du droit auxquelles le droit minier, étant au centre de la problématique, a lancé un appel de ralliement pour faire face à la sophistication de la fraude et de la contrebande minières. À la tête du peloton de ces disciplines, le droit pénal conduit la cadence d'autant plus qu'il s'agit avant tout des infractions. Le droit pénal organise un traitement quasi-équitable à toutes les infractions sous le couvert de trois éléments constitutifs. Étant donné que l'aboutissement de l'*iter criminis* (processus criminel) se matérialise par des actes ou faits infractionnels, nous avons regroupé les actes de fraude et de contrebande minières suivant les formes ou catégories, et ce, à tous les échelons du circuit minier artisanal et industriel. Ces infractions emboîtent les pas à la logique des branches juridiques auxquelles la définition de la fraude et de la contrebande minières fait appel. Le refrain fatidique de l'expression « fraude et contrebande minières » se justifie par le fait qu'elle est la thématique mise en vedette de cet ouvrage. De même, le refrain sur la fiscalité et la règlementation du change. Nous nous y sommes étalés longuement, car elles constituent l'épine dorsale. En grande partie, la finalité des fraudeurs et contrebandiers est d'éluder les impôts, taxes, droits et redevances.

Le contexte de la fraude et de la contrebande minières prévalant dans la Région des Grands Lacs est marqué de deux facteurs dont l'un lui est spécifique et l'autre est considéré comme commun sur l'ensemble du territoire de la République. Ce facteur général (peut-être, est-il la résultante de l'instabilité) renvoie à l'affaiblissement des contrôles publics. Par contre, le facteur spécifique est le pillage et/ou l'exploitation illégale des ressources naturelles.

Quant à ce, plusieurs initiatives furent mises en œuvre pour couper le lien entre le conflit armé et l'exploitation illégale des minerais, particulièrement. C'est ainsi que sont nés après atermoiements et tergiversation, des systèmes de certification, de traçabilité, des déclarations, pacte, protocoles et accord-cadre au sein de la CIRGL.

Tel qu'il fut conçu et malgré ses faiblesses, le système de traçabilité iTSCi est porteur d'impacts positifs en ce sens qu'il est de nature à améliorer la gouvernance et la formalisation du secteur de l'artisanat minier, à accroître les recettes fiscales de l'État, à faire observer l'équité dans la fixation des prix de 3T à l'échelle mondiale, à élaborer ses propres statistiques sur le secteur minier artisanal, à promouvoir le progrès socio-économique des communautés[1]. Bien que l'effritement des contrôles publics puisse être l'une des conséquences de l'instabilité endémique de la Région des Grands Lacs, il est au moins caractéristique de l'Administration congolaise dans son ensemble.

En dehors du devoir de diligence raisonnable, la vérification et le contrôle des documents des opérateurs miniers renforcent les mécanismes normatifs de lutte contre la fraude et la contrebande minières. Cette vérification porte sur des documents (rapports d'activités, registres…) dont la tenue régulière est obligatoire.

Y sont contenues des informations utiles aux services intervenants dans le secteur minier, en termes de quantité (tonnage, carat, once), qualité des minerais, de déclaration et acquittement des impôts, taxes, droits et redevances, du respect de la réglementation du change. Par exemple, la DGI, la DGDA et la BCC vérifient la conformité des prix de transfert, le rapatriement régulier de quotité nationale portant sur les recettes d'exportations.

Le contraste entre les statistiques des flux matières et l'ampleur des activités d'exploitation minière artisanale dénote de la fraude et de la contrebande minières. De ce fait, il n'est pas aisé de déterminer, même au regard des statistiques privées ou officielles soient-elles, la taille de la

---

[1] ITRI, *op. cit.*, p. 2

partie immergée de l'iceberg si ce n'est que la face émergée de la fraude et de la contrebande minières. Le terrorisme fiscal tue l'impôt, autrement dit l'acharnement fiscal est contreproductif. Les disparités fiscales et des prix tel que pratiqués dans la Région stimulent la fraude par l'exportation illégale des minerais vers des États voisins de l'Est. Grâce à l'harmonisation des taux entre les pays de la Région, la RDC gagnera en termes d'encaissements. Le vœu le plus ardent est que l'exploitation des ressources naturelles de la RDC ne soit plus sources de conflit, mais plutôt de paix et de croissance.

La vérification est l'œuvre de plusieurs services, particulièrement des services généraux contribuant soit à l'administration, soit au contrôle du secteur minier comme les régies financières ainsi que les autres services intervenants, chacun dans les limites de ses attributions et compétences. Au cas où l'autorité compétente relevant de l'un de ces services n'entrevoit aucune possibilité de transaction avec un fraudeur ou contrebandier, les autorités judiciaires sont saisies aux fins de poursuite, même au-delà des frontières, des auteurs présumés d'actes de fraude et de contrebande minières.

Interviennent également dans le même sillage, des services spécialisés, en l'occurrence l'inspection minière et la CNLFM. Ils sont spécialisés par rapport aux attributions leurs dévolues de lutter contre ces crimes économiques. La première paraît plus un organe de terrain, c'est-à-dire opérationnel tandis que la seconde s'occupe plus, vu sa composition hétérogène ou multi-institutionnelle, de la conception et de la coordination de l'action commune pour ce faire.

Tant que la fraude et la contrebande minières à grande échelle persisteraient dans une large mesure, l'État congolais aura difficile à réduire la pauvreté et à atteindre les objectifs du millénaire vu que le secteur minier ou extractif dans sa globalité contribue à un taux élevé au budget de l'État. Le renforcement d'un système de traçabilité implique l'enregistrement et le captage du minerai depuis le puits d'extraction, la centralisation dans des entrepôts agréés ainsi que la soumission à la fouille (check up) de tous les moyens de transport, même ceux bénéficiant de l'inviolabilité ou d'un quelconque privilège à quelque titre que ce soit.

Le gouvernement de la République accepte bon gré mal gré la présence de l'exploitation minière artisanale aux côtés de l'exploitation industrielle et à petite échelle eu égard à son impact socio-économique sur les communautés rurales par la réduction de la pauvreté[1]. Malheureusement, la fraude s'érige en obstacle à la bonne gouvernance du secteur minier et à la lutte contre les minerais de sang.

La perception des sanctions en termes de moyens dissuasifs dépend de trois facteurs : le risque qu'encourt l'auteur de la fraude, l'efficacité du contrôle et les effets répressifs. L'État de droit par le respect du droit du sommet à la base est une garantie efficace contre la fraude et la contrebande minières considérant les cas de trafic d'influence dans lesquels s'affichent des officiels. La Justice en joue le rôle de fer de lance.

Considérant que les substances minérales réservées, en raison de leur radioactivité ionisante, sont au cœur des enjeux stratégiques sur le plan international, il est urgent que la RDC détermine d'ores et déjà sa politique en la matière par décret du Premier ministre. Elle est vivement appelée à tirer son épingle du jeu de sorte que la forte teneur de son uranium très prisé par les grandes puissances nucléaires contribue substantiellement à l'amélioration des conditions socio-économiques de toutes les Congolaises et Congolais.

Il y a lieu d'entrevoir et d'appliquer des mécanismes d'assistance administrative d'échange international de renseignements par voie de coopération. « Si le développement n'est jamais au rendez-vous de la richesse géologique, la pauvreté et le déficit de gouvernance le sont »[2].

---

[1] CIRGL, *Élaboration d'un Guide Régional sur la Formalisation du Secteur de l'EMAPE dans les Etat Membres de la CIRGL. Annexe 2 : aperçu général de la législation des Etats membres de la CIRGL (l'Ethiopie et le Ghana en tant que pays benchmark)*, July 2017, p. 4

[2] Thierry VIRCOULON, *op. cit.*, p. 597

Bibliographie

I. Documents officiels

A. Traités et accords internationaux

- Accord Général sur le Commerce et les Tarifs de 1947 (www.wto.org)
- Accord Général sur le Commerce et les Tarifs de 1994 (www.wto.org)
- Accord sur les sauvegardes, annexe au traité instituant l'OMC (www.wto.org)
- Acte uniforme du 17 avril 1997 relatif au droit des sociétés commerciales et du groupement d'intérêt économique, Journal Officiel OHADA n° 2, 01/10/97, p.1 et s. (www.ohada.com)
- Convention internationale d'assistance mutuelle administrative en vue de prévenir, de rechercher et de réprimer les infractions douanières, Nairobi, le 9 juin 1977, Organisation Mondiale des Douanes, Bruxelles (www.wcoomd.org)
- Convention de l'Union Africaine sur la prévention et la lutte contre la corruption (www.au.int)
- Protocole sur la Coopération Judiciaire du 1er décembre 2006, Conférence Internationale sur la Région des Grands Lacs (www.icglr-rtf.org)
- Protocole sur la Lutte contre l'Exploitation Illégale des Ressources Naturelles du 30 novembre 2006, Conférence Internationale sur la Région des Grands Lacs (www.icglr-rtf.org)
- Traité sur la non-prolifération des armes nucléaires du 1er juillet 1968 (www.un.org)
- Traité sur la zone exempte d'armes nucléaires en Afrique (Traité de Pelindaba) *in* www.peauceau.org

B. Rapports internationaux et résolutions des Organisations internationales

- Déclaration du 6e sommet ordinaire des Chefs d'État et de Gouvernement de la CIRGL, Luanda, Angola, 14 juin 2016 (www.icglr.org)
- Résolution 1457 (2003) adoptée par le Conseil de Sécurité des Nations Unies à sa 4691e séance du 24 janvier 2003 (www.un.org)

C. Législation nationale

- Constitution de la République Démocratique du Congo telle que modifiée par la Loi n° 11/002 du 20 janvier 2011 portant révision de certains articles de la Constitution de la République Démocratique du Congo du 18 février 2006 (Textes coordonnés), Journal Officiel de la République Démocratique du Congo, 52e année, numéro spécial, Kinshasa, 5 février 2011
- Loi n° 73/009 particulière sur le commerce du 5 janvier 1973
- Loi n° 005/2002 du 7 mai 2002 relative à la constitution, à l'organisation et au fonctionnement de la Banque Centrale du Congo, Journal Officiel de la RDC, numéro spécial de mai 2002
- Loi n° 004/2003 du 13 mars 2003 portant réforme des procédures fiscales telle que modifiée par la loi n° 06/003 du 27 février 2006
- Loi n° 007/2002 du 11 juillet 2002 portant Code minier, telle que modifiée et complétée par la Loi n° 18/001 du 09 mars 2018
- Loi n° 08/007 du 7 juillet 2008 portant dispositions générales relatives à la transformation des entreprises publiques, Journal Officiel de la RDC, 49e année, numéro spécial, 12 juillet 2008
- Loi n° 16/013 du 15 juillet 2016 portant Statut des agents de carrière des services publics de l'État, Journal Officiel de la RDC, numéro spécial, 57e année, 3 août 2016
- Ordonnance-loi n°67/272 du 23 juin 1967 relative aux pouvoirs règlementaires de la Banque Nationale du Congo en matière de règlementation du change, Moniteur congolais, 8e année, n° 21 du 1er novembre 1967
- Ordonnance-loi n° 10/002 du 20 août 2010 portant Code des douanes
- Ordonnance-loi n° 13/003 du 23 février 2013 portant réforme des procédures relatives à l'assiette, au contrôle et aux modalités de recouvrement des recettes non fiscales

- Ordonnance-loi n° 13/002 du 23 février 2013 fixant la nomenclature des droits, taxes et redevances du Pouvoir Central
- Ordonnance n° 20/013/10 du 16 mars 2020 portant création, organisation et fonctionnement de l'Agence pour la prévention et la lutte contre la corruption
- Décret du 30 juillet 1888 portant Des contrats ou des obligations conventionnelles. (B.O, 1888, p. 109) *in* www.leganet.cd
- Décret du 30 janvier 1940 tel que modifié et complété à ce jour portant Code pénal congolais, journal officiel, 45e année, numéro spécial du 30 novembre 2004
- Décret-loi n° 017/2002 du 3 octobre 2002 portant Code de conduite de l'Agent public de l'État, Journal Officiel de la République Démocratique du Congo, 44e année, numéro spécial, 15 janvier 2003
- Décret 017/2003 du 2 mars 2003 portant création de la Direction Générale des Impôts, Journal Officiel de la RDC, numéro spécial, 15 mars 2003
- Décret n° 038/2003 du 26 mars 2003 portant Règlement minier tel que modifié et complété par le décret n° 18/024 du 8 juin 2018 (Textes coordonnés), Journal Officiel de la RDC, 59e année, numéro spécial du 12 juin 2018
- Décret n° 04/017 du 27 janvier 2004 portant classement en zone-interdite aux activités minières et/ou aux travaux de carrières, de la zone de Shinkolobwe, située dans le territoire de Kambove, district du Haut-Katanga, province du Katanga, Journal Officiel de la RDC, 45e année, Première partie, n°4
- Décret n° 05/020 du 29 mars 2005 portant création d'un Conseil National de Sécurité Nucléaire, en sigle « CNSN », Journal Officiel de la RDC, première partie n° 7, 15 avril 2005
- Décret n° 09/43 du 03 décembre 2009 portant création et organisation de la Direction Générale des Douanes et Accises, en sigle « D.G.D.A. », Journal Officiel de la RDC, numéro spécial, 10 décembre 2009
- Décret n° 09/44 du 03 décembre 2009 fixant les statuts d'un Etablissement public à caractère scientifique et technique dénommé Office Congolais de Contrôle
- Décret n° 09/63 du 3 décembre 2009 fixant les statuts d'un établissement public dénommé Office de Gestion du Fret Multimodal en sigle « OGEFREM », Journal Officiel de la RDC, 10 décembre 2009, n° spécial, p. 181

- Décret n° 11/28 du 07 juin 2011 fixant les statuts d'un établissement public dénommé Centre d'Expertise, d'Évaluation et de Certification des substances minérales précieuses et semi-précieuses, CEEC en sigle.
- Décret n° 17/009 du 04 avril 2017 portant création et statuts d'un Service public dénommé Service d'Assistance et d'Encadrement de l'Exploitation Minière Artisanale et à Petite Echelle, « SAEMAPE », en sigle
- Décret n° 171007 du 16 août 2017 portant interdiction de perception des taxes et frais d'intervention ou administratifs illégaux aux frontières et sur l'ensemble du territoire national du 16 août 2017, Journal Officiel de la RDC, première partie n° 17, 1er septembre 2017
- Décret n° 19/16 du 05 novembre 2019 portant création, organisation et fonctionnement de l'Autorité de Régulation et de Contrôle des Marchés des Substances Minérales Stratégiques
- Décret n° 19/15 du 5 novembre 2019 portant sauvegarde des activités relatives aux substances minérales stratégiques d'exploitation artisanale
- Arrêté ministériel n° 3156/CAB.MIN/MINES/01/2007 du 6 août 2007 portant établissement d'un modèle de rapport annuel des activités minières ou de carrières, Journal Officiel de la RDC, numéro spécial, 15 août 2007
- Arrêté ministériel n° 3163/CAB.MIN/MINES/01/2007 du 11 août 2007 portant réglementation des activités de l'entité de traitement et de l'entité de transformation des substances minérales, *in* journal Officiel de la République Démocratique du Congo, 48e année, 1ère partie, n°20
- Arrêté ministériel n° 0057 CAB. MIN/Mines/01/2012 du 29 février 2012 portant mise en œuvre du Mécanisme régional de certification de la Conférence Internationale sur la Région des Grands Lacs, « CIRGL » en République Démocratique du Congo
- Arrêté ministériel n° 0058/CAB.MIN/MINES/01/2012 du 29 février 2012 fixant les procédures de qualification et de validation des sites miniers des filières aurifère et stannifère dans les Provinces du Katanga, du Maniema, du Nord Kivu, du Sud Kivu et de la Province Orientale
- Arrêté ministériel n° 0919/CAB.MIN/Mines/01/2015 du 29 octobre 2015 fixant les procédures d'inspection, de qualification et de

validation des sites miniers des filières aurifères et stannifère en République Démocratique du Congo

- Arrêté ministériel n° 0022 CAB.MIN/MINES/01/2016 du 20 février 2016 portant agrément au titre de comptoir d'achat et de vente d'or de production artisanale au profit de la société Romineral Congo SARL
- Arrêté interministériel n° 719/CAB.MIN/MINES/01/OCT/2010 et n° 140/CAB.MIN/INT.SEC/2010 du 20 Octobre 2010 portant création, organisation et fonctionnement de la Commission Nationale de Lutte contre la Fraude Minière
- Arrêté interministériel n° 0075/CAB. MIN/MINES/01/2018 et n° 017/CAB/MIN/FINANCES/2018 du 27 février 2018 portant modalités de recouvrement et de répartition des droits superficiaires annuels par carré à percevoir à l'initiative du Ministère des mines
- Arrêté interministériel n° 0001/CAB/MIN/MINES/01/2019 et CAB/MIN/FINANCES/2019/009 du 22 février 2019 portant fixation des taux des droits, taxes et redevances à percevoir à l'initiative du ministère des Mines (Ministère des mines)
- Circulaire n° CAB/PM/CJDH/2017/02 relative aux heures d'ouverture et de fermeture des postes frontaliers nationaux concernant la circulation des biens du 16 août 2017, Journal Officiel de la RDC, première partie n° 17, 1er septembre 2017
- Circulaire n° CAB/PM/CJDHC/2017/04 relative à l'application des sanctions administratives et poursuites judiciaires à l'égard des personnes impliquées dans les opérations de fraude douanière et fiscale, d'évasion fiscale, de détournement de derniers publics, de concussion et autres vexations du 16 août 2017, Journal Officiel de la RDC, première partie n° 17, 1er septembre 2017
- Règlement de la Banque Centrale du Congo, Règlementation du change en République Démocratique du Congo du 25 mars 2014 tel que modifié par le règlement n° 001/19 du 29 janvier 2019, Journal Officiel de la RDC, 55e année, numéro spécial du 28 mars 2014

II. Décisions de Justice

A. Juridictions nationales et étrangères

- Conseil constitutionnel français, *M. Thomas T. et autres*, Décision n° 2018-745 QPC du 23 novembre 2018, 8 p. (www.conseil-constitutionnel.fr)

- Conseil constitutionnel français, *M. Thomas T. et autres* (Pénalités fiscales pour omission déclarative et sanctions pénales pour fraude fiscale), Décision n° 2018-745 QPC du 23 novembre 2018, commentaire de l'arrêt, 18 p. (www.conseil-constitutionnel.fr)

B. Juridictions internationales

- CEDH, Affaire *A et B c. Norvège* (Requêtes n° 24130/11 et 29 758/11), Arrêt du 15 novembre 2016, 96 p. (www.echr.coe.int)
- CIJ, *Activités armées sur le territoire du Congo (République Démocratique du Congo c. Ouganda)*, ordonnance du 8 septembre 2020, rôle général n° 116, 8 p.
- CIJ, *Activités armées sur le territoire du Congo (République démocratique du Congo c. Ouganda)*, arrêt, C.I.J. Recueil 2005, p. 168, § 250 (www.icj-cij.org)
- CIJ, *Activités armées sur le territoire du Congo (République démocratique du Congo c. Ouganda)*, arrêt, C.I.J. Recueil 2005, p. 280 (www.icj-cij.org)
- CIJ, *Activités armées sur le territoire du Congo (nouvelle requête : 2002) (République démocratique du Congo c. Rwanda)*, compétence et recevabilité, arrêt, C.I.J. Recueil 2006, p. 6, § 128 (www.icj-cij.org)
- CIJ, *Activités armées sur le territoire du Congo (République démocratique du Congo c. Ouganda)*, Communiqué de presse n° 2015/18 du 9 juillet 2015 (www.icj-cij.org)

III. Doctrine

A. Ouvrages

- AMILHAT SZARY (Anne-Laure) (dir.), *Frontières, penser à la limite*, France. Association des Anciens Elèves de l'ENS-Ulm, 2013 halshs-00817174, 312 p. (https://halshs.archives-ouvertes.fr)
- BAMBI KABASHI (Adolphe), *Le droit minier congolais à l'épreuve des droits foncier et forestier*, coll. Comptes rendus, L'Harmattan, Paris, 2012, 248 p.
- BOKIE NDWAYA (Norbert) et MIKOLE BONZALE (Lepriya), *Procédures fiscales congolaises*, éditions INADOF, mai 2006, 134 p.
- CADIET (Loïc) et NEVEU (Erik), *Regards sur la fraude fiscale*, coll. Travaux et recherches, Economica, Paris, 1986, 217 p.

- CIZUNGU MUGARUKA (Bony), *Les infractions de A à Z*, volume 1, coll. Connaissance et chemin de la justice, éditions Nyangezi, Kinshasa, 2001, 863 p.
- COSSON (Jean), *Les industriels de la fraude fiscale*, Seuil, Paris, 1971, 232 p.
- DANA (Adrien-Charles), *Essai sur la notion d'infraction pénale*, LGDJ, Paris, 1982, 568 p. (https://www.persee.fr/doc/ridc_0035-)
- DOUCET (Jean-Paul), *Le droit criminel. La protection de la société*, Saint-Gildas-de-Rhuys, 2013, 599 p. (https://ledroitcriminel.fr)
- K. KATSHINGU (Remy), *Du miracle rwandais au paradoxe congolais (RDC). De la pauvreté à l'émergence économique*, coll. Etudes africaines, L'Harmattan, Paris, 2015, 317 p.
- KIBEL'BEL OKA (Nicaise), *L'avènement du jihad en RD Congo : un terrorisme islamiste ADF mal connu*, éd. Scribe, Bruxelles, 2016, 267 p.
- KOURRA OWONA MFEGUE (Félicité), *Les ressources naturelles dans les conflits armés en République Démocratique du Congo*, L'Harmattan, Paris, 2012
- KUMABA MBUTA (WUTIBAAL), *L'ONU et la diplomatie des conflits : le cas de la République Démocratique du Congo*, coll. Afrique : politiques publiques, sécurité, défense, L'Harmattan, Paris, 2012, 417 p.
- LAMBERT (Thierry) (dir.), *Les sanctions administratives fiscales : aspects de droit comparé*, coll. Finances publiques, L'Harmattan, Paris, 2006, 245 p.
- MAMPUYA KANUNK'a-TSHIABO (Auguste), *Le droit international à l'épreuve du conflit des Grands Lacs au Congo-Zaïre : guerre-droit, responsabilité et réparations*, A.MA.ED-Nancy-Kinshasa, 2004
- MBOKO DJ'ANDIMA (Jean-Marie), *Code général des impôts*, Presses Universitaires du Congo, Kinshasa, 2007, 438 p. (www.droitcongolais.info)
- MWAYILA TSHIYEMBE, *Géopolitique de paix en Afrique médiane : Angola, Burundi, RDC, République du Congo*, L'Harmattan, 2003, 220 p.
- NAJIB GHARBI, *Le contrôle fiscal des prix de transfert*, L'Harmattan, Paris, 2005, 493 p.
- NGOY (Théodore), *L'Accord de Lusaka et la paix en RDC : Une autre lecture*, CERBIPAD, 2002

- OUDENOT (Philippe), *Fiscalité approfondie des sociétés*, 2e édition, Litec, Paris, avril 2001, 897 p.
- SHYAKA (Anastase) (dir.), *La résolution des conflits en Afrique des Grands Lacs. Revue Critique des Mécanismes internationaux*, éditions de l'Université nationale du Rwanda, Kigali, 2004, 247 p.
- THOMAS (Jérôme Nirnal), *Le contrôle fiscal des opérations internationales*, l'Harmattan, Paris, 2004, 395 p.

B. Revues, articles et autres publications

- ACEMOGLU, Daron, SIMON Johnson and JAMES Robinson, 2003, "An African Success Story: Botswana," in DANI Rodrik (ed.), *In Search of Prosperity: Analytic Growth Narratives*, Princeton, pp. 80-122.
- Allocution de Son Excellence Monsieur Félix-Antoine TSHISEKEDI TSHILOMBO, Président de la République Démocratique du Congo, Chef de l'État, sur l'état de la Nation devant le Parlement réuni en congrès, 13 Décembre 2019 (www.presidence.cd)
- ALUTA LOTAMBI (Gaston), « La Direction des Investigations bientôt Inspection générale des Mines », *in Horizon Mines Magazine*, Mensuel n° 017 — mars 2019, p. 21
- ASADHO/Katanga, *Mine uranifère de Shinkolobwe : d'une exploitation artisanale illicite à l'accord entre la RD Congo et le groupe nucléaire français AREVA*, Lubumbashi, juillet 2009, 56 p.
- Assemblée Nationale de la RDC, *Rapport des travaux de la Commission spéciale chargée de l'examen de la validité des conventions à caractère économique et financier conclues pendant les guerres de 1996-1997 et de 1998*, 1ère partie, 26 juin 2005, 271 p.
- Association of Certified Fraud Examiners, *Report to the Nations 2020 global study on occupational fraud and abuse*, 87 p. (www.acfe.com)
- BALINGENE KAHOMBO, « Les activités minières et le respect des droits de l'homme au Kivu », *in Recht in Afrika – Law in Africa – Droit en Afrique* 22 (2019), pp. 204-234 (https://www.nomos-elibrary.de/agb)
- Banque Mondiale, *République Démocratique du Congo. La bonne gouvernance dans le secteur minier comme facteur de croissance*, mai 2008, 147 p. (https://documents.worldbank.org)

- Banque Mondiale, *République Démocratique du Congo : Révision du Code Minier – Examen, Observations, et Analyse Comparative*, avril 2016, 45 p. (https://documents.worldbank.org)
- Banque Mondiale, *Révision du Code Minier. Examen, Observations, et Analyse Comparative*, 2016, 27 p.
- BLORE (Shawn), *La contrebande de l'or dans la région des Grands Lacs. Les flux d'or transfrontaliers dans la région et la contrebande vers l'extérieur de la région*, Rapport du Partenariat Afrique Canada Mai 2015, 56 p. (https://impacttransform.org)
- BOURDON (William) (dir.), *Les principes directeurs de l'OCDE à l'intention des entreprises multinationales. Un statut juridique en mutation*, juin 2007, 48 p. (https://www.business-humanrights.org)
- CARF, *Exploitation minière artisanale en RDC. Défis et perspectives. Etudes dans les sites miniers de Kipushi et de Kolwezi*, édition du CARF, 2016, 32 p.
- CENADEP, *La fraude et la contrebande minière dans le territoire de Kalehe (Sud-Kivu) Cas de la chaîne d'approvisionnement de Numbi/Lumbishi*, Anvers/Bukavu, avril 2018, 21 p. (https://ipisresearch.be)
- Chambre des mines de la Fédération des Entreprises du Congo, *Charte d'éthique et de bonne gouvernance des sociétés minières*, 26 mars 2015
- Chambre des mines de la FEC, *Industrie minière en RDC*, rapport annuel 2015 du 10 février 2016, 17 p. (www.chambredesminesrdc.com)
- CIRGL, *fiche d'inspection minière*, 30 p.
- CIRGL, *Projet de Mécanisme de Certification Régional révisé pour consultation-révision*, responsable Trade-Levin Sources, 2018, 76 p. (www.levinsources.org)
- CIRGL, *Manuel de certification. Mécanisme de certification régional (MCR)*, 55 p. (www.oecd.org)
- CIRGL, *Élaboration d'un Guide Régional sur la Formalisation du Secteur de l'EMAPE dans les Etat Membres de la CIRGL. Annexe 2 : aperçu général de la législation des États membres de la CIRGL (l'Ethiopie et le Ghana en tant que pays benchmark)*, juillet 2017, 34 p. (www.icglr-rinr.org)

- Commission économique des Nations Unies pour l'Afrique, *Optimiser la mobilisation des recettes publiques et la création de valeur ajoutée. Vers l'harmonisation des régimes fiscaux de l'industrie minière en Afrique*, 1ère édition, novembre 2016, Addis-Abeba, 37 p. (https://www.uneca.org>sites)
- CUVELIER Jeroen (dir.), *La complexité de la gestion des ressources dans un contexte de fragilité de l'État : le cas de l'Est de la RDC*, novembre 2010, IPIS-International Alert, 80 p. (https://www.international-alert.org)
- Déclaration sur les engagements du Mouvement du 23 mars au terme du Dialogue de Kampala, Nairobi, Kenya, 12 décembre 2013, annexe au Communiqué final conjoint CIRGL-SADC sur les pourparlers de Kampala (www.justiceinfo.net>media>RDC)
- DELATTRE (Nathalie) et al., *La lutte contre la fraude (procédure accélérée)*, avis n° 600 de la Commission des lois, Sénat, session ordinaire de 2017-2018, France, 47 p. (https://www.senat.fr)
- DISLE (Emmanuel) et al., *Droit fiscal*, manuel DCG 4, 2018 — 2019, Dunod, 2018, 16 p. (www.dunod.com)
- Fédération internationale des sociétés de la Croix-Rouge et du Croissant, *Guide pour le suivi et l'évaluation de projets/programmes*, Suisse, Genève, 2012 (www.ifrc.org)
- FONTANOT (Paul) et al., *Fraud and corruption in mining and metals. Focus on business ethics 2010*, Ernst & Young, 2010, 19 p. (https://www.ey.com)
- FRANKEL, Jeffrey, 2016, "Mauritius: African Success Story," *in* Sebastian Edwards, Simon Johnson, and David N. Weil (eds.), *African Successes*, Volume IV: Sustainable Growth, University of Chicago Press, NBER book, pp. 295-342.
- GEENEN (Sara) et MARYSSE (Stefaan) « La fin des diamants du sang… un futur brillant pour les diamants du Congo ? », in *L'Afrique des Grands Lacs*. Annuaire 2007-2008, Anvers, mai 2008, pp.331-355 (https://journals.openedition.org)
- GEENEN (S.) and KAMUNDALA BYEMBA (G.), « Qui cherche, trouve ? Opportunités, défis et espoirs dans le secteur de l'or à Kamituga », *in* : MARYSSE (S.), REYNTJENS (F.) and VANDEGINST (S.) (2009), *L'Afrique des Grands Lacs, Annuaire 2008-2009*, L'Harmattan, Paris, (https://www.researchgate.net>publications)

- GEENEN (Sara) et CUSTER (Ruud), « Tiraillements autour du secteur minier de l'Est de la RDC », *in* VANDEGINSTE, S., REYNTJENS, F. et MARYSSE, S., *L'Afrique des Grands Lacs.* Annuaire 2009-2010, L'Harmattan, Paris, pp. 231-258 (https://www.researchgate.net>publications)
- GEROLD (Gérard), *RD Congo : un an après l'accord-cadre d'Addis-Abeba, où en sont les reformes et la réconciliation ?*, Observatoire des Grands Lacs en Afrique, note n° 9-2013, Décembre 2013
- Global Witness, *Une corruption profonde. Fraude, abus et exploitation dans les mines de cuivre et de cobalt du Katanga*, juillet 2006, 55 p. (https://www.globalwitness.org>katanga)
- Groupe de Travail du Suivi de la mise en œuvre de l'Accord-cadre (RRSSJ, RENADHOC, NSCC, CEGO, LE, ACIDH, ACAJ, VSV, SOFEPADI), *Mise en œuvre de l'accord-cadre et de la résolution 2098 (2013) : encore du chemin à faire !!!, « Observations des Organisations de la Société Civile »*, Rapport d'évaluation à mi-parcours, Réseau pour la Réforme du Secteur de Sécurité et de Justice, Kinshasa, 15 septembre 2014, 59 p. (www.refworld.org)
- Haut-Commissariat des Nations Unies aux Droits de l'Homme, *Principes directeurs relatifs aux entreprises et aux droits de l'homme. Mise en œuvre du cadre de référence « protéger, respecter et réparer » des Nations Unies*, New York et Genève, 2011, 41 p. (https://www.ohchr.org>publications)
- HAZARD (Durđica) et al., « Pertinence de la trace : Etude théorique et perspectives expérimentales », *in Revue internationale de criminologie et de police technique et scientifique*, Volume LXIV, Juillet – Septembre 2011, pp. 341-374 (https://www.researchgate.net>publications)
- HERMALIN, Benjamin E., 1998, "Toward an Economic Theory of Leadership: Leading by Example," *The American Economic Review*, vol. 88, no. 5, 1188-1206.
- Impact (ONG), *Repousser les limites*, rapport annuel 2017, 10 p. (https://impacttransform.org>uploads)
- Institut français d'information juridique, *Code général des impôts*, 1105 p. (www.droit.org)
- Interpol et Organisation mondiale des Douanes, *Manuel sur la coopération douane – police*, mars 2018 (https://www ; interpol.int>files>customs)

- ITIE RDC, *Rapport de l'auditeur indépendant sur l'étude de cadrage de la couverture de l'exploitation minière artisanale a l'Est de la République Démocratique du Congo*, 30 juillet 2015, PricewaterhouseCoopers RDC, 41 p. (https://eiti.org>files>documents)
- ITIE, *La norme ITIE 2019. La norme mondiale pour la bonne gestion des ressources pétrolières, gazières et minières*, 17 juin 2019, 68 p. (www.eiti.org)
- ITRI, *iTSCi — Programme commun de l'industrie pour la traçabilité et le devoir de diligence*, 2016, 19 p. (www.itsci.org)
- KABWELULU (Martin), *Rapport général de la RDC sur la mise en œuvre de six outils de lutte de la CIRGL contre l'exploitation illégale des ressources naturelles « Déclaration de Lusaka, six ans après (du 15 décembre 2010 au 15 décembre 2016) : Etat des lieux, défis et perspectives »*, Kinshasa, décembre 2016, 42 p. (https://ungreatlakes.unmissions.org)
- LASSOURD (Thomas), *La fiscalité du nouveau code minier de la République Démocratique du Congo*, Analyse, Natural Resource Governance Institute, novembre 2018, 31 p. (https://resourcegovernance.org>files)
- LEVI, Margaret, 2006, "Presidential Address: Why We Need a New Theory of Government," *Perspectives on Politics*, vol. 4, no. 1, 5-19
- LEVIN (Estelle) et COOK (Rupert), *Etude comparative des systèmes de certification et de traçabilité*, Projet de rapport final, 9 avril 2015, Estelle Levin Ltd, 152 p. (www.prominesrdc.cd>rapport)
- LOSANGO NZINGA (Jean Didier), *Évaluation des Systèmes de Chaînes d'Approvisionnement : La République Démocratique du Congo (RDC). Évaluation critique des mécanismes de traçabilité des chaînes d'approvisionnement déployées au Congo : Le Cas de la Société Aurifère du Kivu et du Maniema (SAKIMA)*, Auditeur Indépendant de la Chaîne Minière (AICM), mai 2017, 31 p. (https://icglr-rinr.org>media>2018/10/15)
- LYONS, Joseph B. and TAMERA R. Schneider, 2009, "The effects of leadership style on stress outcomes", The Leadership Quarterly, vol. 20, no. 5, 737-748
- MARCHAL (Roland) et MESSIANT (Christine), « De l'avidité des rebelles : l'analyse économique de la guerre civile selon Paul Collier », *in Cadernos de Estudos Africanos* [En ligne], 2 | 2002, mis en ligne le 17 février 2015, consulté le 01 mai 2019. URL :

http://journals.openedition.org/cea/1253 ; DOI : 10.4000/cea.1253, pp. 10-23 (https://www.researchgate.net>publication)

- MARINO (Jean-Michel) et CAPUS (Georges), « Les mines d'uranium à très haute teneur : défis et atouts », *Revue des Ingénieurs* — mai/juin 2002, pp. 19-22 (https://www.mines-paris.org>docs)
- MATATA PONYO, MAPON et Jean-Paul K. TSASA, 2019, « L'artefact de la malédiction des ressources naturelles », *Revue Congo Challenge*, vol. 1, n° 2, 120-176.
- MATATA PONYO MAPON et Jean-Paul K. TSASA, 2020, « Programmes du FMI et performances économiques en RDC : Historique, impact et perspectives ».
- MAYIMBI EKULI NGOKANA (Patrick), *Traitement Comptable des Dépenses de P&E et Motivations de Gestion du Résultat dans le Secteur Minier : une analyse empirique en contexte de la République Démocratique Congo*, 3e Journée d'Étude Africaine en Comptabilité et Contrôle/Douala, 2018, AFC-Afrique, 18 p. (www.jeacc.org>D1-Mayimbi)
- MAZALTO, Marie, 2008, « La réforme du secteur minier en République démocratique du Congo : Enjeux de gouvernance et perspectives de reconstruction », *Afrique contemporaine*, vol. 3, no. 227, 53-80
- Mémorandum de la société civile relatif au protocole d'accord entre le ministère des mines de la République Démocratique du Congo et ITRI Ltd sur l'initiative d'ITRI pour la chaîne d'approvisionnement de l'étain (iTSCi) du 17 février 2012, lettre du 9 novembre 2018 (https://maximpact-asbl.org>2018/12).
- MINANI BIHUZO (Rigobert), « L'Accord-cadre d'Addis-Abeba : vers un échec prévisible ? », *in Congo-Afrique*, n° 490, décembre 2014, pp.831-843
- Ministère du Commerce Extérieur, *Lettre portant Transmission des mercuriales des produits à marché exportés par la RDC*, 7 juin 2018, 15 p.
- Ministère des Mines de la République Démocratique du Congo, *Manuel de certification « Certified Trading Chains » (CTC) de minerais des filières aurifère, cupro-cobaltifère, stannifère et des pierres de couleur du secteur minier artisanal et à petite échelle en République Démocratique du Congo*, Version 01, Octobre 2019, 35 p. (https://www.bgr.bund.de>themen)

- Ministère des mines de la RDC, *Procès-verbal des travaux de la Commission interministérielle d'Harmonisation et de Consolidation des statistiques minières*, exercice 2016, février 2017, 39 p. (www.prominesrdc.cd>statistiques-mines)
- Ministère des mines, *Vision du ministère des mines pour la période de 2010 à 2015*, 39 p. (www.congomines.org>assets>original)
- Ministère des mines et des finances de la RDC, *Manuel des procédures de traçabilité des produits miniers : de l'extraction à l'exportation*, 2e édition, avril 2014, 75 p. (www.leganet.cd> Code Minier)
- MOFILA (Nadine) et BONGENGWA (Jean-René), « La RD-Congo lance son Certificat Régional », *in* Magazine Horizon Mines, *Les statistiques des exportations minières de la RDC de 2003 à 2012*, Mensuel N° 003 août 2013, pp. 10-11.
- MOULLE (François), « La sécurisation de la frontière ou l'apparition de territoires-frontières. Exemple de la région des hauts-de-France », *in Revue d'Économie Régionale et urbaine*, 2018 n° 3, pp. 601-618
- MUHIGIRWA RUSEMBUKA (Ferdinand), « Bonne gouvernance et secteur minier en RD Congo », *in Congo-Afrique* n°439, novembre 2009, pp. 677-691
- MUHIGIRWA RUSEMBUKA, Ferdinand, 2013, « Vers une « bonne gouvernance » du secteur minier de la République démocratique du Congo ? », *Alternatives Sud*, vol. 20, pp. 90-118
- MUPANDE KAPWA (Jean-Félix) (dir.), *Code minier révisé et annoté de la République Démocratique du Congo. Loi n° 007/2002 du 11 juillet 2002 portant Code minier, telle que modifiée et complétée par la Loi n° 18/001 du 09 mars 2018,* Coll. Codes en poche, Bruylant, Bruxelles, 2020, 385 p.
- MUTABAZI NGABOYEKA et NYASSA SANGANYI, *L'exploitation du Coltan en République Démocratique du Congo : Trafic et Guerre*, Rapport de recherche n° 1, SARW, novembre 2008, 93 p. (www.sarwatch.org)
- MUTAMBA DIBWE (David) et al., *Rapport de la commission d'enquête du Sénat de la RDC sur le secteur minier*, 2008, 125 p.
- Nations Unies, *Investir dans la région des Grands Lacs : document sur les opportunités d'investissement, Tome 1. Promouvoir l'augmentation des investissements du secteur privé dans la région des Grands Lacs*, mars 2015

- NDESHYO (Oswald), « L'accord de Pretoria, ses enjeux majeurs et ses perspectives de réussite », sujet présenté au Forum régional de l'ULPGL du 8 au 10 avril 2003 dans le cadre du thème : Accord global et inclusif de Pretoria/Les préalables pour une paix durable dans la province du Nord — Kivu, 9 avril 2003, 29 p.
- NDIATU MAVUNGU, « La Commission nationale de lutte contre la fraude minière à l'œuvre », *in Magazine Horizon Mines,* Mensuel n° 009, Janvier 2018, p. 13
- NENOT (Benjamin), *Initiative d'ITRI pour la chaîne d'approvisionnement de l'étain (iTSCi) Évaluation indépendante du processus d'évacuation des minerais de Bisie, territoire de Walikale, Province du Nord-Kivu, RDC*, Synergy Global Consulting Ltd, décembre 2015, 66 p.
- NGOY LUHAKA (David), *Fiscalité et parafiscalité dans l'exploitation minière artisanale au Tanganyika en RDC*, Voix du Congo, Anvers/Kalemie, mai 2017, 14 p.
- OCDE, *Chaînes d'approvisionnement en minerais et liens avec les conflits dans l'est de la République Démocratique du Congo conduite des affaires responsable. Cinq ans de mise en œuvre du devoir de diligence*, rapport de l'IPIS, 2015, 50 p.
- OCDE, *Recommandation du Conseil sur l'intégrité publique*, 16 p.
- Office des Nations Unies contre la drogue et le crime, *Convention des Nations Unies contre la criminalité transnationale organisée et protocoles s'y rapportant*, Vienne, 2004
- Office des Nations Unies contre la drogue et le crime, *Criminalité organisée et instabilité en Afrique Centrale. Une évaluation des menaces*, Vienne, octobre 2011, 115 p. (www.unodc.org)
- Office des Nations Unies contre la drogue et le crime, *Convention des Nations Unies contre la corruption. Stratégies nationales de lutte contre la corruption : Guide pratique d'élaboration et de mise en œuvre*, Nations Unies, New York, 2016
- Office des Nations Unies contre la drogue et le crime, *Application de la Convention des Nations Unies contre la criminalité transnationale organisée et des Protocoles s'y rapportant : outils d'évaluation des besoins*, New York, août 2017
- OFPRA, *République Démocratique du Congo : l'exploitation et l'exportation des minerais à l'Est de la RDC. Conditions d'extraction, d'exploitation et d'exportation des minerais. Implication des groupes*

armés et des autorités. Sanctions prévues par la législation et leur application, 14 août 2014, 20 p.

- OMC, *Examen des politiques commerciales* : RDC, p. 29 (WT/TPR/S/240)
- Organisation Mondiale des Douanes, *L'analyse des données pour une gestion efficace des frontières*, Actu n° 82 Février 2017, 68 p. (www.wcoomd.org)
- Organisation Mondiale des Douanes, *Glossaire des termes douaniers internationaux*, Bruxelles, juin 2018, 41 p.
- OUASHIL M. & OUHADI S. (2019) « Le contrôle interne face à l'émergence de nouvelles formes des risques : cas de la fraude », in *Revue Internationale des Sciences de Gestion* « numéro 3 : avril 2019/volume 2 : numéro 2 », pp. 805-819
- PARENT (Hugues), « L'imputabilité pénale. Mort d'un mythe, naissance d'une réalité », *in Revue Juridique Thémis*, pp. 191-239
- Partenariat Afrique Canada, *Les diamants et la sécurité humaine*, revue annuelle 2009, octobre 2009, 23 p.
- Partenariat Afrique Canada, *Tout ce qui brille n'est pas or : Dubaï, le Congo et le commerce illicite des minéraux de conflit*, mai 2014, 24 p.
- PNUD, 2020, *Rapport sur le développement humain 2020, Programme des Nations Unies pour le développement*, 27 p.
- POULARD F. et al., *Exploitation minière et traitement des minerais*, Tome 6, Collection « La mine en France », février 2017, 76 p.
- PROMINES, *Plan stratégique de développement du secteur minier (2016 – 2021)*, rapport final R-2, Kinshasa, 18 mars 2016, 31 p.
- PROMINES, *Programme complet de formation 2017-2018, Création d'un Comité de formation continue et élaboration d'une stratégie et d'un programme de deux années de formation dans le contexte de la restructuration au sein du Ministère des Mines Septembre*, rapport 4, septembre 2016, 134 p.
- PROMINES, *Rapport final sur l'Évaluation Stratégique Environnementale et Sociale Sectorielle (ESESS) du secteur minier en RDC*, Sofreco, mars 2014, 399 p.
- PROMINES, Publication des statistiques minières, 1er semestre 2017
- PROMINES, *Audit du Cadre Institutionnel et Organisationnel régissant le Secteur des Mines, Rapport sur l'organisation et le fonctionnement du Ministère des Mines*, 2016, 82 p.

- Rapport du Secrétaire Général sur la Mission de l'Organisation des Nations Unies pour la Stabilisation en République Démocratique du Congo, Conseil de Sécurité, Nations Unies, 5 mars 2014, S/2014/157
- READHEAD (Alexandra), *Contrôler la valeur des exportations de minéraux : options stratégiques pour les États, programme IGF-OCDE sur les stratégies de BEPS dans l'exploitation minière*, 2018, 48 p. (http://igfmining.org/tax-avoidance-guidance-document/)
- Réseau européen pour l'Afrique centrale, *Mesures d'accompagnement au Règlement de l'UE sur l'approvisionnement responsable en minerais, Mars 2017, Pour un renforcement de la gouvernance du secteur minier artisanal en RDC*, mars 2017, 48 p.
- SCHERLEN (Nicolas), « Recommandations de la huitième réunion du comité régional de l'initiative sur les ressources naturelles (IRRN) de la CIRGL », *in Magazine Horizon Mines*,
- SCHWARZ (Madeleine), *Coopération judiciaire régionale*, Bureau de l'Envoyé Spécial du Secrétaire général pour la Région des Grands Lacs, 5 septembre 2016, 2 p.
- SKJOELDEBRAND (Robert), « Les marchés nucléaires internationaux : problèmes et perspectives », *in AIEA Bulletin*, vol. 26, n° 3, pp. 31-36
- SMITH (Patrick), « Artisanat, contrebande…La nouvelle ruée vers l'or africain », *in Jeune Afrique*, 24 novembre 2020 à 13 heures 55 (www.jeuneafrique.com)
- SONDJI MULANZA KATING (Philippe-Alexandre), *Le projet de révision du code minier de la RDC : de l'incitation à la dissuasion ?*, Egmont – The Royal Institute for International Relations, Academia Press, janvier 2014, 30 p.
- Status report on the implementation of the Peace, Security and Cooperation framework for the Democratic Republic of the Congo and the region, 14 October 2016
- SUMATA (Claude), « La dynamisation économique de la guerre et de la paix dans la région des Grands Lacs : le processus de reconstruction post-conflit en RDC », *in Congo — Afrique* n°469, novembre 2012, pp. 664-680
- Système de certification du processus de Kimberley
- THIBAULT le PICHON (dir.), *Criminalité et développement en Afrique*, Rapport de l'office des Nations Unies contre la drogue et le crime, juin 2005, 156 p.

- Third World Network-Africa, *Expérience en matière de réforme fiscale et de renégociation des contrats miniers : le cas de la République Démocratique du Congo*, Ghana, 2017, 42 p. (www.twnafrica.org)
- TITECA (Kristof), « Pouvoir et commerce : l'Ouganda et le commerce transfrontalier avec la RDC et le Soudan », *in L'Afrique des Grands Lacs*, annuaire 2009-2010 (www.researchgate.net)
- Transnational Alliance to Combat illicit trade, *Mapping the impact of illicit trade on the sustainable development goals*, New York, July 2019, 127 p.
- Trial International et Open Society Justice Initiative, *Pillage : un homme d'affaires suisse sous enquête pour des crimes de guerre commis en RDC*, dossier de presse, Genève — New York, 12 décembre 2019, 8 p. (www.trialinternational.org)
- TRIEST (Frédéric), *Le secteur minier artisanal à l'Est de la RDC : état des lieux et perspectives*, analyses 2012, Commission Justice et Paix Belge Francophone ASBL, 12 p.
- VIRCOULON (Thierry), « Matières premières, régulation internationale et États rentiers », *in Etudes* n° 4105, mai 2009, pp. 593-604
- WATHUM JACAN WADAMBE (Denis), *Le « Code de conduite de l'Agent public de l'Etat » dans le cadre de la Réforme de l'administration publique et de la « Charte de la Fonction publique en Afrique », Administration du Parlement, République Démocratique du Congo*, février 2007, 12 p.
- YOUNG (Murray), « La modernisation de la gestion des frontières en Nouvelle-Zélande est en marche », in Organisation mondiale des douanes (OMD Actu), *L'analyse des données pour une gestion efficace des frontières*, février 2017, n° 82 (www.wcoomd.org)
- YVES BERTRAN ALVAREZ, *Audit de certification de compagnies minières suivant le standard CTC en République Démocratique du Congo*, Projet Ministère des mines de la RDC-BGR, avril 2013
- ZABUDI TANSEL (Paulin) (dir.), *Gouvernance entrepreneuriale : Guide des procédures fiscales des entrepreneurs en RD Congo*, CREGD, novembre 2018, 55 p.
- ZOBEL BEHALAL et al., *Rapport à mi-parcours du Groupe d'experts sur la République démocratique du Congo*, Conseil des Sécurité, Nations Unies, New York, 31 décembre 2018, 23 p.

- ZOBEL BEHALAL et al., *Rapport final du Groupe d'experts sur la République Démocratique du Congo*, 4 juin 2018, Conseil de Sécurité des Nations Unies, 136 p.

C. Thèses de doctorat, mémoires et cours

- BAZART (Cécile), *La fraude fiscale : modélisation du face à face Etat-contribuables*, thèse de doctorat, Faculté des sciences économiques, Université MontPellier I, 372 p.
- Centre d'Etudes Bancaires et Financières, *Techniques des opérations de change*, syllabus, 1975, Belgique, 156 p.
- DABIE NASSA (Désiré Axel), *Commerce transfrontalier et structuration de l'espace au Nord de la Côte d'Ivoire*. Géographie. Université Michel de Montaigne — Bordeaux III, 2005. Français. halshs-00009056
- DELGADO VEGA (José Manuel), *Apport des modèles géo-métallurgiques et de la catégorisation des ressources à la définition de la fosse ultime d'une mine à ciel ouvert. Application à la mine de cuivre de Mantos de la Luna au Chili*, thèse de doctorat, École nationale supérieure des mines de Paris, décembre 2012, 187 p.
- KILOSHO BURAYE (Janvier), *Industrialisation et traçabilité minières au Sud-Kivu : Quel avenir pour les exploitants miniers artisanaux ?*, Thèse de doctorat, Etudes de développement, Université d'Anvers, 233 p.
- MAMADOU SENE, *La juridictionnalisation des élections nationales en Afrique noire francophone : les exemples du Bénin, de la Cote d'Ivoire et du Sénégal. Analyse politico-juridique*, thèse de doctorat soutenue le 20 mars 2017, Université de Toulouse/Université Cheikh Anta Diop, 648 p.
- MANTILLA MARTINEZ (Marcela Ivonne), *La responsabilité des entreprises transnationales en droit international des droits de l'homme et en droit international humanitaire : le cas du secteur énergétique*, Droit. Université Paris Sud-Paris XI, 2014. Français. NNT : 2014PA111009. tel-01146317
- MICHIELS (Olivier), *Principes de droit pénal. Notes sommaires et provisoires* – 3e édition, année académique 2014-2015, 238 p.
- MOUNIR SEBBANE, *L'interventionnisme étatique et le clivage politique en termes de dépenses publiques au Québec*, mémoire de maîtrise en science politique, Université du Québec à Montréal, avril 2017

- SOUAD BENSID, *La prévention et la détection de fraude dans les organismes sans but lucratif au canada*, mémoire de la maîtrise comptabilité, contrôle, audit, mai 20I7, 125 p.
- WHANNOU (Serge), *Cours d'audit comptable et financier*, syllabus de cours, master, 61 p.

IV. Webographie

- www.transparency.org/cpi
- http:/www.globalwitness.org
- https://documents.worldbank.org
- https://miningandbusiness.com/2019
- https://24hcongo.net/

Table des matières

Structures éditoriales du groupe L'Harmattan

L'Harmattan Italie
Via degli Artisti, 15
10124 Torino
harmattan.italia@gmail.com

L'Harmattan Hongrie
Kossuth l. u. 14-16.
1053 Budapest
harmattan@harmattan.hu

L'Harmattan Sénégal
10 VDN en face Mermoz
BP 45034 Dakar-Fann
senharmattan@gmail.com

L'Harmattan Cameroun
TSINGA/FECAFOOT
BP 11486 Yaoundé
inkoukam@gmail.com

L'Harmattan Burkina Faso
Achille Somé – tengnule@hotmail.fr

L'Harmattan Guinée
Almamya, rue KA 028 OKB Agency
BP 3470 Conakry
harmattanguinee@yahoo.fr

L'Harmattan RDC
185, avenue Nyangwe
Commune de Lingwala – Kinshasa
matangilamusadila@yahoo.fr

L'Harmattan Congo
67, boulevard Denis-Sassou-N'Guesso
BP 2874 Brazzaville
harmattan.congo@yahoo.fr

L'Harmattan Mali
Sirakoro-Meguetana V31
Bamako
syllaka@yahoo.fr

L'Harmattan Togo
Djidjole – Lomé
Maison Amela
face EPP BATOME
ddamela@aol.com

L'Harmattan Côte d'Ivoire
Résidence Karl – Cité des Arts
Abidjan-Cocody
03 BP 1588 Abidjan
espace_harmattan.ci@hotmail.fr

L'Harmattan Algérie
22, rue Moulay-Mohamed
31000 Oran
info2@harmattan-algerie.com

L'Harmattan Maroc
5, rue Ferrane-Kouicha, Talaâ-Elkbira
Chrableyine, Fès-Médine
30000 Fès
harmattan.maroc@gmail.com

Nos librairies en France

Librairie internationale
16, rue des Écoles – 75005 Paris
librairie.internationale@harmattan.fr
01 40 46 79 11
www.librairieharmattan.com

Lib. sciences humaines & histoire
21, rue des Écoles – 75005 Paris
librairie.sh@harmattan.fr
01 46 34 13 71
www.librairieharmattansh.com

Librairie l'Espace Harmattan
21 bis, rue des Écoles – 75005 Paris
librairie.espace@harmattan.fr
01 43 29 49 42

Lib. Méditerranée & Moyen-Orient
7, rue des Carmes – 75005 Paris
librairie.mediterranee@harmattan.fr
01 43 29 71 15

Librairie Le Lucernaire
53, rue Notre-Dame-des-Champs – 75006 Paris
librairie@lucernaire.fr
01 42 22 67 13

www.ingramcontent.com/pod-product-compliance
Lightning Source LLC
LaVergne TN
LVHW050653051026
849532LV00002B/620